"十二五"职业教育国家规划教材

经全国职业教育教材审定委员会审定

汽车类教学改革规划教材

汽车评估

第 2 版

主　编　王海宝　胡　勇

副主编　阴丽华　贾海舰

参　编　陈　建　冯永安

机械工业出版社

本书是"十二五"职业教育国家规划教材，经全国职业教育教材审定委员会审定。

本书详细介绍了旧机动车辆在收购、销售、价值评定、伤损估算时的各种价格计算方法，书中以通俗易懂的语言，描述了车辆评估过程中的种种技巧，每学习单元中的技能操作和案例剖析，选用的都是旧机动车市场中的真实案例，配有大量现场实物照片，力求帮助学生学以致用，运用所学的知识去解决工作中的实际问题，在充分调动学生学习积极性的同时，达到最佳的学习效果。本书采用了任务驱动的编写模式，让学生在边学边练的过程中快速掌握书中讲解的内容。

本书主要供高职高专院校汽车类专业教学使用，也可作为旧机动车辆估价有关工作人员的岗位培训教材或是自学用书。

本书配有电子课件，凡使用本书作为教材的教师可登录机械工业出版社教育服务网 www.cmpedu.com 注册后下载。咨询电话：010 - 88379375。

图书在版编目（CIP）数据

汽车评估/王海宝，胡勇主编 . —2 版 . —北京：机械工业出版社，2016.8

"十二五"职业教育国家规划教材　经全国职业教育
教材审定委员会审定　汽车类教学改革规划教材
ISBN 978-7-111-58689-0

Ⅰ. ①汽… Ⅱ. ①王…②胡… Ⅲ. ①汽车 - 评估 - 职业教育 - 教材
Ⅳ. ①U472

中国版本图书馆 CIP 数据核字（2017）第 307672 号

机械工业出版社（北京市百万庄大街22 号　邮政编码100037）
策划编辑：葛晓慧　责任编辑：葛晓慧
责任校对：张　薇　封面设计：路恩中
责任印制：孙　炜
北京玥实印刷有限公司印刷厂印刷
2018 年 4 月第 2 版第 1 次印刷
184mm×260mm · 13.5 印张 · 324 千字
0 001—2900册
标准书号：ISBN 978-7-111-58689-0
定价：35.00 元

前　言

根据"十二五"职业教育国家规划教材的要求，我们对本书进行了修订。

修订后的教材，加入了旧机动车常见故障维修估价的内容，对在动静态检查中发现的车辆故障现象，给出了修复方案和预期维修费用的估算方法，这对旧机动车鉴定估价有着非常重要的意义。由于此类计算，不可避免地要涉及工时标准和零件费用问题，比较容易产生争议，所以其他版本的教材往往都刻意回避了这一类的问题讲解。我们在教材修订的过程中也征求了多方的意见，最终认为维修估价是旧机动车鉴定中一个无法回避的问题，将工作中正确的思考方法记录下来，是教材编写人员应该做的事情，此次修订就当是一次有益的尝试。

除新增章节外，我们还给各单元添加了思考练习，以丰富课堂教学的内容，当然也可以作为课后回顾总结或是课后作业。对教材中不易理解的内容我们也重新进行了说明，并增加了部分照片以提高学习的效果。

在本书中，我们力求以通俗易懂的语言，描述车辆评估过程中的种种技巧，每单元中的技能操作和案例剖析，选用的都是旧机动车市场中的真实案例，配有现场图片，力求能够帮助学生学以致用，运用所学的知识去解决工作中的实际问题，在充分调动学生学习积极性的同时，达到最佳的学习效果。

旧机动车交易，是最近几年发展最快的行业之一，有着众多的工作岗位和相对丰厚的收入，希望这本书能够帮助学生更快、更好地掌握车辆鉴定估价的技巧，为他们未来的发展打下良好的基础，也为行业的发展提供持续前进的动力。

本书由河南职业技术学院王海宝、胡勇任主编，阴丽华、贾海舰任副主编，陈建老师以及上海大众河南豫港销售服务有限公司冯永安技术总监共同参与了编写。

本书在编写过程中查阅了大量资料，得到了很多同行的帮助，在此一并表示感谢。编写过程仓促，难免存在疏漏，欢迎读者批评指正。

编　者

目　录

绪　　论

最近几年，汽车产业无疑是我国发展最快的行业之一。从 1983 年我国第一家汽车合资生产企业——北京吉普汽车有限公司的建立开始，在国家一系列政策的支持下，各国的汽车生产商纷纷进入中国，建立生产基地，从而使中国的汽车产量快速增长。以轿车为例，1978年，中国轿车（含越野车）全年总产量还不足 5000 辆。而截止到 2015 年底，中国乘用车的年生产量已经突破了 2100 万辆。

随着生产能力的提高，轿车早已经不再是市场上的稀缺产品，而且价格稳中有降，越来越多的人有能力购买一辆属于自己的汽车。这几年，国内整车市场的销售情况节节攀升，销量以每年 30% 左右的速度增长，2015 年全年的新车销售数量已超过 2400 万辆。

新车销售和汽车保有量的增加，给许多处于汽车后市场的行业提供了更多的、更广阔的市场空间和工作机会。比如随着汽车保有量的逐年增加，旧机动车辆的交易量正在快速上升，从而使得旧机动车的鉴定估价也成为一个新的行业和新的技能。按照国际上通行的做法，鉴于大多数购买者对车辆的实际性能缺乏足够的了解，旧机动车在交易前往往会找专业的估价人员对车辆的性能做一次鉴定。同时，车辆过户是要缴纳交易税的，而交易税的计量基数是以鉴定人员的估价为准，而不是以实际的交易价格。另外法院在处理一些经济案件时，也需要有专业的鉴定估价人员对案件涉及的车辆给出一个合理的价格。所有这些，最终都促成了汽车估价作为一个行业而快速发展起来。

除了专业的鉴定估价人员以外，车辆估价作为一项技能，在许多行业也有着非常重要的作用。保险公司的职员在办理保险前，需要先估算一下车辆的实际价值以确定保险的数额；旧机动车经销企业的工作人员需要估算车辆的价值，以确保在与客户的业务洽谈中处于有利的位置；银行的职员在办理贷款时需要核实一下车辆的实际价值，以防止骗贷事件的发生。所有这些，都使越来越多的人对车辆估价方法的认识和掌握产生了浓厚的兴趣。

另外，汽车估价除了整车估价以外，还包括事故车伤损估价。伤损估价由于各个企业材料和人工工时费用的差异，具体的数额往往会有很大的不同，这里不再讨论，但不可否认，伤损估价是一项很重要的技能。保险、维修、旧机动车交易，这些行业都要求员工能够熟练的对车辆的损伤进行价格评估。其需要掌握的内容，主要是熟悉车辆钣金结构的构成，以及各种碰撞损伤的维修工艺，并对常用修复材料、修复方法的选用有一个比较清晰的认识。

车辆的伤损鉴定既是一种技能，也是一个很重要的工作岗位。其主要应用于保险公司的理赔人员和维修企业的维修接待人员，他们在工作中需要在短时间内对车辆的损伤给出一个最合理的估价。这项工作的从业人员也具有较好的工作环境和较高的收入。

综上所述，在保险、信贷、维修、旧机动车交易行业的工作中，为了能够更好地开展业务，都需要对车辆的价格进行估算，于是旧机动车估价就成为一项重要的工作技能。

目前，需要掌握车辆估价的方法或者需要车辆估价数据的场合主要有以下几方面。

1. 旧机动车交易

旧机动车在交易市场上进行买卖时，交易双方对旧机动车成交价格的期望是不同的，甚

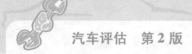

至相差甚远。因此需要工作人员或是专业的鉴定估价人员对被交易的旧机动车辆进行鉴定估价，评估的价格作为买卖双方成交的参考底价。

据中国汽车流通协会数据显示，2015年全国总共交易的旧机动车数量为941.71万辆，只占新车交易量的1/4。而同时期的德国、英国和美国等发达国家，旧机动车年销量都是新车销量的2倍以上。可见我国旧机动车交易还有着广阔的发展空间。

有关资料表明，在西方成熟的汽车市场上，汽车报废周期平均为8~12年，而汽车更新周期平均不到4年，而且越是高档的车辆更新的周期越短。之所以会出现这种现象，是由于不同层次的消费者对轿车的需求不尽相同。部分中等及以上收入的消费者买车以新车为主，他们注重的是车辆的可靠性而非价格的高低，一般最多用上四五年，在车辆的可靠性开始下降、意外故障逐渐增多时，他们就要换车了；而多数中等收入及以下的消费者以买旧机动车为主，主要出于使用成本较低的考虑。旧机动车的价格一般只有新车的一半左右，而且这类车再使用2~4年性能仍然可靠，使用后的价值损失远比购新车小得多。这样的旧机动车用过后可以再次卖掉，这时车价只有新车的20%~30%，主要流向低收入者或没有收入的学生手中。另外还有一些较旧的车价格更低，仅有新车价的5%~10%，购买这种旧机动车，虽然要花费一定的维修费用，但总体上使用成本较低，十分划算。

目前，由于管理制度等原因，国内的旧机动车交易数量还相对偏少。但随着汽车市场的逐渐成熟，旧机动车交易市场的交易数量在今后几年应该会出现一个迅猛增长的过程。逐渐达成并超过新车的销售量。按照在国外的成熟市场中，特别是发达国家中，旧机动车平均是新车销量的2~3倍的规律，以我国2015年新车销售2459.36万辆的数字来估算，我国旧机动车的销量在3000万~4000万是比较合理的，但这与国内实际的旧机动车交易量有着太大的差异。当然，这种差异的出现很大程度上是由于目前旧机动车市场混乱的管理制度造成的，但随着国家管理力度的不断加强，随着国内二手车市场的不断规范，中国旧机动车市场的潜力会在今后几年逐渐得到有效的释放。

2. 车辆的转籍与过户

按照国家有关规定，旧机动车交易需按其成交额收取一定的过户费，这里的成交额是按旧机动车鉴定估价人员评估的价格来确定的。由于旧机动车交易价格的随意性比较强，而且不便于监督，因此国家在收取管理费（过户费）的时候，会要求对车辆的价值进行重新估价，以避免恶意逃费现象的发生。这种作为收费基础的车辆估价，需要按照国家指定的计算方法进行，并且需要由国家认可的、拥有旧机动车鉴定估价师资质的专业车辆鉴定人员出具鉴定报告和估价证明。

3. 抵押贷款或担保

汽车可以作为抵押物向金融机构申请信贷资金，金融机构为了确保放贷安全，往往会要求对旧机动车辆进行价值的鉴定估价。这时贷款的安全性在一定程度上取决于对抵押物价值评估的准确性。

4. 法律诉讼

当事人遇到涉及旧机动车辆的诉讼时，委托鉴定估价师对旧机动车辆进行评估，有助于把握事实真相；同时，法院判决时，可以依据鉴定估价师的结论为法院司法裁定提供现时价值依据。

5. 拍卖

公物车辆、执法机关罚没车辆、抵押车辆、企业清算车辆、海关获得的抵税和放弃车辆等，按规定都必须以拍卖的形式进行处理。在拍卖之前，需要对车辆进行鉴定评估，为所拍卖的车辆制订拍卖底价。

6. 企业或个人的产权变动

企业合资、合作和联营；企业分设，合并和兼并；企业出售、清算或租赁等企业资产业务，事前都必须进行评估，其中必然会有旧机动车评估业务。有时这部分业务会涉及国有资产，按国家有关规定，国有资产占用单位在委托评估之前必须向国有资产管理部门办理评估立项申请，待批准后方可委托评估机构进行评估。

7. 车辆置换

车辆置换业务情况：一种是以旧换新业务，另一种是以旧换旧业务。这两种情况都会涉及对置换车辆的鉴定评估。机动车辆评估结果的公平与否，直接关系到置换双方的利益。目前，国内的许多4S店均开办有这项业务，随着旧机动车经营企业的不断发展，车辆置换会是旧机动车经营市场中一种非常重要的经营模式。

8. 汽车保险与理赔

对车辆进行投保时，所缴纳的保险费用高低直接与车辆本身的价值高低有关。同样，当保险车辆发生保险事故，保险公司需要对事故车辆进行理赔。为了保障保险双方的利益，也需要对核保理赔的车辆进行公平的鉴定评估。

作为一项技能，旧机动车估价有着非常广阔的市场，它可以帮助工作人员更好地完成所在岗位的日常工作，也对业务的开展和今后的职业发展有着重要的影响。

项目一 旧机动车辆的简易估价

学习目标

1）了解旧机动车辆简易估价的用途。
2）熟悉旧机动车辆简易估价的方法。
3）掌握使用简易估算方法估算旧机动车辆价格的运用技巧。

任务载体

许多时候，评估人员需要在工作正式开展之前，依据客户对车辆的极简单描述，或是对车辆的短时间观察，凭借以往的工作经验，给出一个对目标车辆的初步估价。这种估价虽然不十分准确，只能给出一个大致的价格区间，但简单易行，且对后期估价工作的开展奠定了基础。

相关知识

一、旧机动车估价的整车观测法

对车辆简易估价的方法，在行业中一般被称为整车观测法。所谓的整车观测法，主要是指采用人工观察的方法，辅之以简单的仪器检测，对旧机动车技术状况进行鉴定、分级以确定成新率的一种方法。对旧机动车技术状况分级的办法是先确定两头，即先确定刚投入使用不久的车辆和将报废处理的车辆，然后再根据车辆评估精细程度的要求在刚投入使用不久与报废车辆之间分若干等级。以轿车为例，其技术状况分级参见表1-1。

表1-1　旧机动车成新率评估参考表

车况等级	新旧情况	损耗率（%）	技术状况描述	成新率（%）
1	使用不久	1~15	使用不超过一年，行驶里程一般在3万km以下，在用状态良好能按设计要求正常使用	100~85
2	较新车	16~35	使用1~3年，行驶3万~15万km之间，一般没有经过大修，在用状态良好，故障率低，可随时出车使用	84~65
3	旧车	36~60	使用4~5年，在用状态一般，外观中度受损，可随时出车使用	64~40
4	老旧车	61~85	使用5~8年，发动机或整车经过一次大修，动力性能、经济性能、工作可靠性能都有所下降，外观油漆脱落受损、金属件锈蚀程度明显。故障率上升，维修费用、使用费用明显上升。但车辆符合《机动车安全技术条件》，在用状态一般或较差	39~15
5	待报废处理车	86~100	基本到达或到达使用年限，通过《机动车安全技术条件》检查，能使用但不能正常使用，动力性、经济性、可靠性下降，燃料费、维修费、大修费用增长速度快，车辆收益与支出基本持平，排放污染和噪声污染到达极限	15以下

旧机动车成新率评估参考表所记录的是判定一般车辆成新率的经验数据，仅供参考。评

估人员可以根据当地的市场行情和工作经验加以适当修改。表中的数值只是日常工作总结出来的一些平均值，它会随着地区和车型的不同而有所差异。比如某一车型在当地具有较高的普及率和完善的售后服务系统，那么该车型在当地的旧机动车售价就会比其他车型高一些，它在表中所对应的损耗数值就可以适当的调低一些，反之亦然。

目前，汽车电子商务发展很快，在一些专业的二手车网站，可以查到当地不同常见车型的三年或五年的保值率，依据网站给出的数值，对表 1-1 进行调整，可以得到更为准确的评估参数。

整车观测分析法对车辆技术状况的评判，大多数是由人工观察的方法进行的。成新率的估值是否客观、实际均取决于评估人员的专业水准和评估经验。这种方法简单易行，但评估的数值不十分准确，一般用于商业洽谈前对旧机动车的初步估算，并为后期进行车辆价值的综合分析提供参考。

二、采用重置成本法确定计价标准

整车观察法只能对车辆的新旧程度和工作状态做出一个大致的判定，而评估车辆最终价格的计算还需要有一个计价标准作为计量的依据，采用重置成本法确定计价标准是汽车估价中使用最多的方法。

这里的重置成本法是指在现时条件下重新购置一辆全新状态的被评估车辆所需的全部成本。重置成本是购买一辆全新的与被评估车辆相同的车辆所支付的最低金额。

重置成本法的理论依据是：一个精明的投资者在购买某项资产时，他所愿意支付的价钱绝对不会超过具有同等效用的全新资产的最低成本。如果该项资产的价格比重新建造或购置一全新状态的同等效用的资产的最低成本高，投资者肯定不会购买这项资产，而会去新建或购置全新的资产。这也就是说，待评估资产的重新购置成本是其价格的最大可能值。

例如，2008 年全国的房价大多数在下跌，这时如果在当地购买一套住房，该住房的售价是 40 万元的话，按照 50 年使用期限来计算，那么就意味着使用该住房每年至少会有 2% 的损失，也就是每使用一年会有 8000 元的损耗。按照这个损耗标准，如果该住房在 8 年后，也就是 2016 年估价转让，它实际的价值不会超过 33.6 万元。

但真实的情况是什么样呢？全国的房价从 2009 年开始上涨，到了 2016 年，同规格的新房在当地的售价不会低于 100 万元。试问该房主会以什么价格标准来计算这套二手房的房价，2008 年的？还是 2016 年的？很显然，他不会以 33.6 万元的价格将这套住房出售，而会选择 2016 年的 100 万元新房购置价作为衡量老房子的价值标准，最终的成交价也会高于他当初购买这套住房的价格，这就是为什么要选择重置成本作为二手产品价值计算标准的原因。

同理，车辆的价格也是一样。但与住房不同的是，住房的价格有涨有跌，而车辆的价格随着市场供应量的增加，这些年一直呈现逐步下跌的趋势。例如 2015 年 8 月 3 日，北京现代宣布旗下 2 款 SUV 车型价格调整，ix35 全系降价 2 万元，全新胜达最高降价 3 万元，平均降价幅度都超过 10%。同一天，东风悦达起亚官方正式宣布，旗下的狮跑车型全系降价 5 万，降价幅度达到 25%，智跑车型全系降价 2 万，降价幅度超过 10%。同样是在 2015 年 8 月初，三菱汽车宣布旗下欧蓝德车型，全系降价 2.5 万 ~5.5 万，降价幅度为 10% ~15%。类似的情况宝马、奥迪、丰田等众多汽车品牌，都时有发生。降价后，作为二手车计价基础的购买价格发生了重大改变，此时，如果仍然以当初购买时的售价作为计算二手车价格的标准，那么在扣除了应有的损耗之后，就会出现旧车的报价高于全新车辆的怪现象。

因此，不管当初以什么样的价格购买，计算旧机动车的价格，只能以目前该车型在市场上的新车报价作为计算的标准，这种新车的报叫作重新购买的成本，也就是重置成本。

需要说明的是，由于市场竞争的原因，许多汽车品牌经销商在实际销售过程中，最终执行的新车销售价格往往远低于官方报价，两者的差值有时可以达到10%以上。在淡季或车展促销期间，优惠幅度会更大，因此在确定重置成本时，需要把这个因素也考虑进去。

🌀 操作技能

某人由于工作需要，于2014年10月份，购买了一辆2013款的1.8L手动时尚型两厢福克斯（图1-1）。裸车价格是11.2万元，挂牌后，加上购置税、牌照费和车内装潢，总共花费了12.5万元。使用一年半后，车主因公派出国，需要将车辆出售，此时车辆已经行驶27000km。经查，由于经过2015年下半年的大降价，目前同款福克斯在当地汽车4S店的实际售价为8.08万元，试根据以上资料，初步估算该车价格。

上述内容非常简单，也没有进行详细的车况检查，按照目前已了解的这些数据，对照旧机动车成新率评估参考表，可以发现该车符合表1-1的第二行，也就是使用期限一年以上，行驶里程近30000km的类型。表1-1第二行所对应的损耗率是16%~35%，鉴于该车属于私家车，且使用时间较短，因此在未具体检查车况以前，该车的损耗定在20%左右比较合适，也就是说车辆的初步估价为64000~65000元之间。

图1-1　2013款手动时尚型两厢福克斯

这里需要说明的是，虽然该车只使用了一年半的时间，但由于经历了2015年下半年的大降价，在转让时这辆福克斯的实际价值，已经比当初新车购买时损失了近一半，可以想象当车主拿到车辆的评估报价时会觉得难以接受。但实际情况是，经过近一个月的上网询价，先后有5拨购买者前来看车，给出的采购价基本都在60000~65000元之间，该车最后以65000元成交。

🌀 知识能力拓展

一、车辆规定使用年限和已使用年限

在旧机动车成新率评估参考表中，对于损耗数值的计算是依据车辆使用年限和行驶里程数得到的，这里的使用年限涉及规定使用年限和已使用年限两方面的内容。

1. 规定使用年限

我国最新的《汽车报废标准》是2013年5月1日颁布实行的，根据该规定，不同使用性质的机动车，由于工作负荷不同，采用不同的报废年限。各类机动车的使用年限分别如下：

1）小、微型出租客运汽车可以使用8年，中型出租客运汽车可以使用10年，大型出租客运汽车可以使用12年。

2）租赁载客汽车的使用寿命是15年。

3）小型教练载客汽车使用寿命 10 年，中型教练载客汽车使用寿命 12 年，大型教练载客汽车使用寿命 15 年。

4）公交客运汽车可以使用 13 年。

5）其他小、微型营运载客汽车使用寿命 10 年，大、中型营运载客汽车使用寿命 15 年。

6）专用校车可以使用 15 年。

7）大、中型非营运载客汽车（大型轿车除外）可以使用 20 年。

8）三轮汽车、装用单缸发动机的低速货车可以使用 9 年，装用多缸发动机的低速货车以及微型载货汽车可以使用 12 年，危险品运输载货汽车可以使用 10 年，其他载货汽车（包括半挂牵引车和全挂牵引车）使用寿命为 15 年。

9）有载货功能的专项作业车可以使用 15 年，无载货功能的专项作业车可以使用 30 年。

10）全挂车、危险品运输半挂车可以使用 10 年，集装箱半挂车可以使用 20 年，其他半挂车可以使用 15 年。

11）正三轮摩托车可以使用 12 年，其他摩托车使用寿命为 13 年。

对小、微型出租客运汽车（纯电动汽车除外）和摩托车，省、自治区、直辖市人民政府有关部门可结合本地情况，制定更严格的规定，但小、微型出租客运汽车的使用年限不得低于 6 年，正三轮摩托车不得低于 10 年，其他摩托车的使用年限不得低于 11 年。

小、微型非营运载客汽车、大型非营运轿车、轮式专用机械车不作使用年限限制。但原则上小、微型非营运载客汽车和大型非营运轿车的总行驶里程不应超过 60 万 km，轮式专用机械车的总行驶里程不应超过 50km。超过规定里程数的车辆，由国家引导报废。

2. 已使用年限

已使用年限是代表汽车运行量和工作量的一种计量。这种计量是以汽车正常使用为前提的，包括正常的使用时间和使用强度。例如，有些出租车是以两班运行，每天 24h 工作，这种情况下车辆的实际损耗就是正常使用车辆的 2 ~ 3 倍。因此在实际估价过程中，运用已使用年限指标时应充分注意机动车辆的实际已使用时间以及使用强度，而不是简单的天数。对于汽车这种商品来说，它的经济使用寿命指标有规定使用年限，同时也以行驶里程数作为运行量的计量单位。从理论上讲，应该综合考虑已使用年限和行驶里程数，即汽车的已使用年限应采用折算年限。

折算年限＝累计行驶里程÷年平均行驶里程

这种使用年限表示方法既反映了汽车的使用情况（即管理水平、使用水平、维护水平），又反映了运行条件和某些停驶时间较长的汽车的自然损耗，对获得车辆估价的准确性具有非常现实的意义。但在实践操作中，里程表的读数往往很难真实地反映累计行驶里程。所以，已使用年限只能根据汽车在公安交通管理机关注册登记之日起至评估基准日的年数来判定。也因此在估算成新率时，一定要有正确的使用年限的概念，要根据车辆实际的使用强度，对通过注册登记的时间而计算获得的车辆使用时间加以适当修正。另外，在汽车评估实务的实际计算中，通常在使用等速折旧时，将已使用年限和规定使用年限换算成月数。在使用加速折旧时，已使用年限和规定使用年限按年数计算，不足一年部分按十二分之几折算。如 3 年 9 个月，整 3 年按年计算，后 9 个月按第四年折旧的 9/12 计算。汽车评估实务中通常不按不足 1 个月的天数折旧（有关等速和加速折旧的问题在下一单元中介绍）。最近几年我国各类汽车年平均行驶里程见表 1-2。

表1-2 我国各类汽车年平均行驶里程

汽车类别	年平均行驶里程/万 km	汽车类别	年平均行驶里程/万 km
微型、轻型货车	3～5	租赁车	5～8
中型、重型货车	6～10	旅游车	6～10
私家车	1～3	中、低档长途客运车	8～12
行政、商务用车	3～6	高档长途客运车	15～25
出租车	10～15		

二、重置成本法的进一步阐述

1. 重置成本的组成

重置成本又称为完全重置成本或是重置全价。用重置成本计算被评估车辆的现实价格时，需要减去被评估车辆的各种陈旧性贬值。被评估车辆的各种陈旧性贬值包括实体性贬值（又称有形损耗）、功能性贬值（功能性损耗）、经济性贬值（经济性损耗）。被评估车辆的各种陈旧贬值的内容如下。

（1）机动车辆的实体性贬值　实体性贬值也称有形损耗，是指机动车在存放和使用过程中，由于物理和化学原因而导致的车辆实体发生的价值损失，即由于自然力的作用而发生的损耗。旧机动车经过一段时间的使用，其表体及内部构件、部件必然会出现一定程度的损耗，一般用损耗率来表示这种损耗的程度。一辆全新的车辆，其实体性贬值的损耗率按零计算，而一项完全报废的车辆，其实体性贬值的损耗率为百分之百，处于其他状态下的车辆，其实体性贬值的损耗率位于这两个数字之间。

（2）机动车辆的功能性贬值　功能性贬值是由于科学技术的发展导致的车辆贬值，即无形损耗。这类贬值又可细分为一次性功能贬值和运营性功能贬值。一次性功能贬值是指由于技术进步引起劳动生产率的提高，造成现在再生产制造与原功能相同的车辆的社会必要劳动时间减少，从而使得生产成本降低而最终引起的原车辆的价值贬值。具体表现为原车辆价值中有部分成本将不被社会承认。营运性功能贬值是由于技术进步，出现了新的、性能更好的车辆，致使原有车辆的功能、技术相对于新车型显得落后而引起的价值贬值。具体表现为原有车辆在完成相同工作任务的前提下，在燃料、人力、配件、材料等方面的消耗增加所形成的那部分超额运营成本。

（3）机动车辆的经济性贬值　经济性贬值是指由于外部经济环境变化所造成的车辆贬值。所谓外部经济环境，包括宏观经济政策、市场需求、通货膨胀、环境保护等。经济性贬值是由于外部环境而不是车辆本身或内部因素造成的贬值。外界因素对车辆价值的影响不仅是客观存在的，而且对车辆价值影响还相当大，所以在旧机动车的评估中不可忽视。

2. 重置成本的计算公式

被评估车辆的评估值＝重置成本－实体性贬值－功能性贬值－经济性贬值

重置成本和实体性贬值的差值往往用机动车的成新率来表示，即

被评估车辆的评估值＝重置成本×成新率－功能性贬值－经济性贬值

又因为功能性贬值和经济性贬值确定起来比较困难，或者没有必要过于精确，在工作中往往以一个调整系数来对其进行大致的估算，即

被评估车辆的评估值＝重置成本×成新率×调整系数

按照重新购置车辆所用的材料、技术的不同，可把重置成本区分为复原重置成本和更新

重置成本。复原重置成本指用与被评估车辆相同的材料、制造标准、设计结构和技术条件等，以现时价格复原购置相同的全新车辆所需的全部成本；更新重置成本指利用新型材料、新技术标准、新设计等，以现时价格购置相同或相似功能的全新车辆所支付的全部成本。一般情况下，在进行重置成本计算时，如果同时可以取得复原重置成本和更新重置成本，应选用更新重置成本；如果不存在更新重置成本，则再考虑用复原重置成本。

重置成本法的计算公式为正确运用重置成本法评估旧机动车辆提供了思路。评估操作中，重要的是依此思路，取得各项评估技术、经济指标。

3. 重置成本及其估算

在正常情况下，复原重置成本会大于更新重置成本。在选择重置成本时，应选择更新重置成本。之所以要选择更新重置成本，一方面是由于随着科学技术的进步，劳动力生产率的提高，新工艺、新设计的采用是社会普遍接受的方式；另一方面，新型设计、工艺制造的车辆无论从其使用性能，还是成本耗用方面都会明显优于旧的机动车辆。

更新重置成本和复原重置成本的相同方面在于采用的都是车辆现时价格，不同的在于技术、设计、标准方面的差异。对于某些车辆，其设计、耗费、格式、几十年一贯制，这时更新重置成本与复原重置成本是一样的。应该注意的是，无论更新重置成本还是复原重置成本，车辆本身的功能不变。

重置成本的估算在资产评估中，其估算的方法很多，对于旧机动车评估定价，一般采用如下方法。

（1）直接法　直接法也称重置核算法。它是按待评车辆的成本构成，以现时市价为标准，计算被评估车辆重置全价的一种方法。也就是将车辆按成本构成分为若干组成部分，先确定各组成部分的现时价格，然后加总得出待评估车辆的重置全价。

重置成本的构成可分为直接成本和间接成本两部分。直接成本是指可以构成车辆成本的支出部分。具体来说是按现行市价的买价，加上运输费、购置附加税、车船税等。间接成本是指购置车辆发生的管理费、专项贷款发生的利息、注册登记手续费等。

由于世界各地对同一产品的定价会有比较大的偏差，以直接法取得的重置成本，应尽可能采用国内现行市场价格作为车辆评估的重置成本全价。市场价格可通过市场信息资料（如报纸、专业杂志和专业价格资料汇编等）和车辆制造商、经销商询价取得。

旧机动车重置成本全价的构成一般分为下述两种情况考虑。

1）属于所有权转让的经济行为，可按被评估车辆的现行市场成交价格作为被评估车辆的重置全价，其他费用略去不计。

2）属于企业产权变动的经济行为（如企业合资、合作和联营、企业分设、合并和兼并等），其重置成本构成除了考虑被评估车辆的现行市场购置价格以外，还应考虑国家和地方政府对车辆加收的其他税费（如车辆购置附加税、车船税等）一并计入重置成本全价。

（2）物价指数法　物价指数法是在旧机动车辆原始成本的基础上，通过现时物价指数确定其重置成本。计算公式为

$$车辆重置成本 = 车辆原始成本 \times \frac{车辆评估时物价指数}{车辆购买时物价指数}$$

或　　　　　　　车辆重置成本 = 车辆原始成本 × （1 + 物价变动指数）

如果被评估车辆是淘汰产品或是进口车辆，查询不到现时市场价格时，这是一种很有用

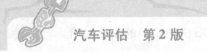

的方法。用物价指数法时应注意的问题是：

1）一定要先检查被评估车辆的账面购买原值。如果购买原价不准确，则不能采用物价指数法。

2）用物价指数法计算出的数值，即为车辆重置成本。

3）运用物价指数法时，选用的现时指数往往与评估对象规定的评估基准日之间有一段时间差。这一时间差内的价格指数可由评估人员依据近期内的指数变化趋势结合市场情况确定。

4）物价指数要尽可能选用有法律依据的国家统计部门或物价管理部门以及政府机关发布和提供的数据。或者是取自权威性的国家政府部门所管辖单位提供的数据。不能选用无依据，不明来源的数据。

4. 实体性贬值及其估算

机动车辆的实体性贬值是由于使用或是自然力损耗所形成的贬值。实体性贬值的估算，一般可以采取以下三种方法。

（1）观察法　观察法也称成新率法。是指由具有专业知识和丰富经验的工程技术人员对车辆的主要总成、部件进行技术鉴定，并综合分析车辆的设计、制造、使用、磨损、维护、修理、大修理、改装情况和经济寿命等因素，将评估车辆与其全新状态相比较，考察由于使用磨损和自然损耗对车辆的功能、技术状况带来的影响，判断被评估车辆的有形损耗率，从而最终估算出实体性贬值的一种计算方法，其计算公式为

$$车辆实体性贬值 = 重置成本 \times 有形损耗率$$

（2）使用年限法　其计算公式为

$$车辆实体性贬值 = （重置成本 - 残值） \times \frac{已使用年限}{规定使用年限}$$

式中　残值——旧机动车辆在报废时净回收的金额，在鉴定估价中一般略去不计。

（3）修复费用法　也称功能补偿法。它是通过确定被评估旧机动车恢复原有的技术状态和功能所需要的修理费用，来直接确定旧机动车的有形损耗。这种方法是对交通事故车辆进行评估的常用法。其数学公式表达为

$$旧机动车有形损耗 = 修复后的重置成本 - 修复补偿费用$$

5. 功能性贬值及其估算

（1）一次性功能贬值的测定　功能性贬值属于无形损耗，主要是指由于技术陈旧、功能落后导致旧机动车相对贬值。对目前在市场上能购买到的且有制造厂家继续生产的全新车辆，一般采用市场价，即可认为该车辆的功能性贬值已包含在市场价中了，这是最常用的方法。从理论上讲，同样的车辆其复原重置成本与更新重置成本之差是该车辆的一次性功能贬值。但在实际评估工作中，具体计算某车辆的复原重置成本是比较困难的。在实际评估时经常遇到的情况是：待评估车辆的型号是现已停产或是国内自然淘汰的车型，这样就没有实际的市场价格，只有采用参照物的价格来估算。参照物一般采用替代型号的车辆，这些替代型号的功能通常比原车型有所改进或增加，故通常会比原车型的价格要高（功能性贬值大时，也有比原车型价格低的）。在与参照物比较时，一定要了解参照物在功能方面改进或提高的情况，再按其功能变化的市场价值测定原车辆的价格。

（2）营运性功能贬值的估算　测定营运性功能贬值的步骤如下：

1）选定参照物，并与参照物对比，找出营运成本有差别的内容和差别的数量。

2）确定原车辆尚可使用的年限。

3）查明应上缴的所得税率及当前的折现率。

4）最后计算出营运性陈旧贬值。

例1-1 A、B两台8t载货汽车，重置全价基本相同，其营运成本差别为

项目	A车	B车
每百公里耗油量	25L	22L
每年维修费用	3.5万元	2.8万元

求A车的营运性贬值。

解： 按每日营运150km，每年平均出车日为250天，每升油价6元计算。则A车每年超额耗油费用为

$$(25 - 22) \times 6 \times \frac{150}{100} \times 250 \text{ 元} = 6750 \text{ 元}$$

A车每年超额维修费用为（35000 − 28000）元 = 7000元。

A车总超额营运成本为（6750 + 7000）元 = 13750元。

取所得税率33%，则税后超额营运成本为13750 × （1 − 33%）元 = 9212.5元。

取折现率为11%，并假设A车将继续运行5年，查年金现值系数表（见附录E）得折现系数为3.696。

所以，A车的营运性贬值为9212.5元 × 3.696 = 34049.4元 ≈ 34000元

有关于年金现值的介绍在项目三有具体说明。

6. 经济性贬值估算的思考方法

经济性贬值是由机动车辆外部因素引起的。外部因素不论多少，对车辆价值的影响不外乎两类：一是造成营运成本上升；二是导致车辆闲置。因为造成车辆经济性贬值的外部因素很多，并且造成贬值的程度也不尽相同。所以在评估时只能统筹考虑这些因素，而无法单独计算造成贬值的数值。

7. 采用重置成本法的优缺点

采用重置成本法的优点：①比较充分地考虑了车辆的损耗，评估结果更趋于合理；②旧机动车辆评估工作的开展比较容易；③在不易计算车辆未来收益或难以取得市场参照物条件下可广泛应用。运用重置成本法的缺点是工作量较大，且经济性贬值也不易准确计算。

案例剖析

例1-2 试根据情况介绍对2011款手动高配别克凯越的价值做初步估计。

情况介绍： 某人于2016年6月出售一辆2011款手动高配别克凯越轿车（图1-2），该车于2013年3月购买，当时的该车的厂商指导价是10.7万元，实际购买价格是8.5万元，购置税、牌照费和车内装潢共花去1.2万元。车辆一直作为市区上班代步使用，已经行驶6万km，车主有13年驾龄，对车辆很爱惜，该车一直在汽车4S店维护，至今无任何事故，没有参加商业保险。两年没有违章记录，交通强制保险还有9个月才到期。

价格分析：

（1）计价标准选择 该车的型号为2011款的别克凯越手动高配，原车购买上牌后共花去9.7万元，由于是私人产权交易，按规定购买价格中包含的牌照费，车内装潢和占车价10%的购置税是不能作为计价成本的。又因为这两年车市价格一直在下调，所以2016年的车辆价格与2013年相比已经有了很大的变化，故此该车辆的原始购买价格不能作为汽车评估的计价标准。

图1-2 2011款别克凯越手动高配车

经调查发现，2011款的别克凯越车型已于3年前停产，该车购买时已属库存产品，目前市场上没有该车型出售，故无法找到直接的参考价格。目前正在销售的是2015款的别克凯越，但2015款凯越采用了全新设计的发动机，配置上也有所不同。2015款的别克凯越与2011款在配置上的差异见表1-3。

表1-3 2015款凯越与2011款凯越配置差异表

配置参数	2015款凯越手动高配	2011款凯越手动高配
发动机	1.5L DVVT	1.6L 普通
油耗（L/100km）	6.6	7.7
单碟CD机	无	有
USB接口	有	无
蓝牙电话多媒体系统	有	无
仿桃木内饰	有	无
前雾灯	无	有
针对PM2.5的空调过滤系统	有	无
LED日间行车灯	有	无
排放标准	国5	欧四

假设上述配置的改装费用大概在2000元，2015款别克凯越手动高配在2016年6月的厂商指导价是9.6万元，实际销售价格在7.6万~8.6万元之间。另外，2015款凯越由于采用新的发动机技术，百公里油耗降低了1.1L，按每年行驶1.5万km，使用10年，每升汽油6元，银行利率3%来进行近似估算，由于油耗所带来的功能性贬值大概为8400元，其计算公式如下：

每年的油耗损失为：$15000 \div 100 \times 1.1 \times 6$ 元 $= 990$ 元，

查阅年金现值表（见附录E），在3%银行利率条件下，10年期的固定支出，其折现系数为8.53。

所以由于油耗所带来的功能性损失为：$990 \times 8.53 \approx 8400$ 元。

（2）成新率判定 该车已使用3年多，行驶里程60000km，按照表1-1所记录的数据，该车处于第三行内容的较好状态，因此，可以近似的按40%计算损耗。

（3）车况检查 该车车主具有13年驾龄，对车辆非常爱惜，又一直在4S店维护，没有出过任何事故，也没有违章记录，因此车况很好，无须另外增加任何维修维护费用。

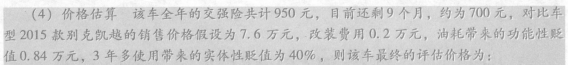

（4）价格估算　该车全年的交强险共计950元，目前还剩9个月，约为700元，对比车型2015款别克凯越的销售价格假设为7.6万元，改装费用0.2万元，油耗带来的功能性贬值0.84万元，3年多使用带来的实体性贬值为40%，则该车最终的评估价格为：

$$(76000 - 2000 - 8400) \times (1 - 40\%) 元 + 700 元 = 40000 元$$

由于各地区2015款新车的优惠幅度不同，并且具有一定的时效性，其新车的实际销售价格会在7.6万~8.6万之间浮动，所以该车的评估价值应在4万~4.5万元之间。

该评估价值只是根据简易计算方法获得的初步近似值，要获得更为准确的正式评估价格，应该按照下一章所介绍的标准流程进行计算。

思考题

1. 总结车辆简易估价的计算过程。
2. 总结车辆简易估价的优缺点。
3. 分析简易估价的应用场合。
4. 分析旧机动车成新率参考表中数值的合理性和变动规律。
5. 总结简易估价的参数选择。
6. 讨论车辆使用年限的相关规定。
7. 讨论不同用途车辆的年正常行驶里程对其使用寿命的影响。
8. 分析车辆实体性贬值、功能性贬值、经济性贬值的具体内容。
9. 比较08款别克凯越和11款、13款的配置差异和改装费用。
10. 比较08款凯美瑞和09款、13款的配置差异和改装费用。

项目二　标准流程的旧机动车辆估价

学习目标

1）了解常用的车辆折旧计算方法。
2）熟悉使用现行市价法确定旧机动车辆计价标准的前提条件和步骤。
3）掌握常用的旧机动车辆估价计算方法。
4）初步了解不同应用场合旧机动车辆计算方法的异同点。

任务载体

通过对单个车型评估过程的分析，熟悉旧机动车辆估价过程中手续检查、计价标准确定、成新率的计算、调整参数的整理、最终价格的取得等各个步骤的计算方法或操作要求。从而充分掌握车辆估价的工作方法和要求，最大限度地保证估价的准确性和有效性。

相关知识

一、计价标准的选择

旧机动车辆估价的第一步是选择该车型的计价标准，除了上一单元介绍的重置成本法，现行市价法、收益现值法和清算价格法也都是估价过程中经常采用的方法。总的来说，计算计价标准的方法主要以下几种。

（1）重置成本法　重置成本法是汽车评估中一种重要的计算方法，它根据市场上目前正在销售的近似车型的新车价格来推算所评估车辆的价格。这种方法简便易行、客观公正，在旧机动车鉴定评估的过程中被广泛采用。

（2）现行市价法　现行市价法又称市场法、市场价格比较法。是指通过比较被评估车辆与最近售出类似车辆的异同，并在类似车辆的市场价格的基础上进行调整，从而确定被评估车辆价值的一种评估方法。现行市价法是非常直接、简单的一种评估方法。它的基本思路是：通过市场调查，选择一个或几个与评估车辆相同或类似的车辆作为参照物，分析参照物的构造功能、性能、新旧程度、地区差别、交易条件及成交价格等，并与待评估车辆进行对照比较，找出两者的差别以及这些差别反映在价格上的差额，最终经过调整计算出旧机动车辆的价格。现行市价法的使用需要对二手车市场近期的交易情况有比较详细、深入的了解，使之能够及时获得近期同类型车辆在市场中的交易价格作为比照参数。

（3）收益现值法　收益现值法主要应用于未来有现金收入的车辆。比如城市出租车，有固定运营线路的小型公交车等。它是将被评估的车辆在剩余寿命期内的未来预期收益，用适当的折现率折算为现在的价值，并以此为基础最终计算出车辆价格的一种旧机动车估价方法。

（4）清算价格法　清算价格是指由于企业破产或其他原因，要求在一定的期限内将车辆快速变现，在规定日期前收回现金时的快速变现价格。清算价格法就是计算那些由于种种原因，要求在规定时间内将车辆快速变现的车主所能接受的车辆价格的一种估价方法。由于是快速变现，所以清算价格往往低于现行的市场价格。

以上四种方法，除了重置成本法以外，其余三种都有比较严格的使用条件的限制，在以后的单元中我们会陆续加以介绍。

二、汽车成新率的计算

车辆估价的第二步是计算被评估车辆的实体性损耗。也就是判断车辆由于正常使用所造成的自然磨损程度。旧机动车新旧程度的估算一般采用使用年限法、综合分析法和技术鉴定法。

（一）使用年限法估算成新率

旧机动车的新旧程度一般用成新率来表示。成新率是指旧机动车的功能和使用价值占同规格全新车辆功能和使用价值的比率，也可以理解为车辆现实状况和全新状况的比率。

根据旧机动车的使用时间来估算车辆成新率的方法主要有两种，即等速折旧法和加速折旧法。

（1）等速折旧法（又称平均年限法）　等速折旧法是将机动车的损耗平均分摊到每个可使用年度，按照已使用的时间估计旧机动车成新率的方法，其计算公式为

$$成新率 = \left(1 - \frac{已使用年限}{规定可使用年限}\right) \times 100\%$$

（2）加速折旧法　考虑到新车具有比较良好的使用状态，而旧车则需要支付一定的维修成本。所以国际上通行的做法是在新车使用的前几年提取更多的损耗，而使用的最后几年，由于车况较差且维护成本相对较高，相应的少提一些损耗显得比较合理。根据这种观点，汽车按年限计算折旧时通常采用加速折旧的方法，而不采用等速折旧。加速折旧法分为年份数求和法和双倍余额递减法两种。

1）年份数求和法

$$年折旧率 = \frac{预计使用年限 - 已使用年限}{预计使用年限 \div 2 \times （预计使用年限 + 1）} \times 100\%$$

$$成新率 = 1 - 年折旧率之和$$

2）双倍余额递减法　双倍余额递减法是根据初期固定资产账面余额和双倍的等速折旧法的折旧率来计算成新率的一种方法，其计算公式为

$$年折旧率 = \frac{2}{预计的折旧年限} \times 100\%$$

第一年的折旧率 = 1 × 年折旧率

第二年的折旧率 =（1 - 第一年的折旧率）× 年折旧率

第三年的折旧率 =（1 - 第一年的折旧率 - 第二年的折旧率）× 年折旧率

第四年的折旧率 =（1 - 第一年的折旧率 - 第二年的折旧率 - 第三年的折旧率）× 年折旧率……

成新率 = 1 - 第一年的折旧率 - 第二年的折旧率 - 第三年的折旧率 - 第四年的折旧率……

以上三种方法都是在目前车辆评估中常用的，其中等速折旧法（平均年限法）由于计

算简单，所以在缴纳与车价有关的税费以及对中低档车辆做简易估价时，常被用作计算车辆价值的方法；但在生活中采用加速折旧的方法计算出来的车辆价格更趋合理也更符合实际。加速折旧的方法中，年数总和法在最初几年计算的折旧数额比较大，因此经常被应用于 25 万元以上的中高档车辆的估价中；双倍余额递减法则主要应用于 25 万元以下的车型。

（二）综合分析法调整成新率

1. 估算方法

使用年限法计算成新率时，只考虑了车辆的使用时间和使用强度，并没有考虑车辆自身的性能。综合分析法则是以使用年限法为基础，再综合考虑影响旧机动车价值的多种因素，以系数调整确定成新率的一种方法。其计算公式为

$$综合成新率 = 使用年限成新率 \times 综合调整系数$$

2. 综合调整系数

影响旧机动车成新率的主要因素有车辆技术状况、车辆使用和维修状态、车辆原始制造质量、车辆工作性质、车辆工作条件 5 个方面（表 2-1）。为此，综合调整系数由 5 个方面构成，即

$$K = K_1 \times 30\% + K_2 \times 25\% + K_3 \times 20\% + K_4 \times 15\% + K_5 \times 10\%$$

式中　　K_1——车辆技术状况调整系数；

　　　　K_2——车辆使用和维护状态调整系数；

　　　　K_3——车辆原始制造质量调整系数；

　　　　K_4——车辆工作性质调整系数；

　　　　K_5——车辆工作条件调整系数。

表 2-1　旧机动车成新率综合调整系数

影响因素	因素分级	调整系数	权重（%）
技术状况	好	1.0	30
	较好	0.9	
	一般	0.8	
	较差	0.7	
	差	0.6	
使用和维护	好	1.0	25
	一般	0.9	
	较差	0.8	
原始制造质量	外贸进口车	1.0	20
	国产名牌车	0.9	
	走私罚没车、国产非名牌车	0.8	
工作性质	私用	1.0	15
	公务、商务	0.9	
	营运	0.7	
工作条件	较好	1.0	10
	一般	0.9	
	较差	0.8	

3. 各调整系数的选取

（1）车辆技术状况调整系数 车辆技术状况调整系数是在车辆技术状况鉴定的基础上对车辆性能进行的分级，其取值范围为 0.6 ~ 1.0，技术状况好的取上限，反之取下限。

（2）车辆使用和维护状态调整系数 它反映的是使用者对车辆使用、维护的水平，不同的使用者对车辆使用、维护的实际执行情况差别较大，这会直接影响到车辆的使用寿命和工作状态，使用和维护状态调整系数取值范围为 0.8 ~ 1.0。

（3）车辆原始制造质量调整系数 确定该系数时，应了解车辆的产地以及品牌的知名度。一般来说，国家正规手续进口的车辆质量优于国产车辆，名牌产品优于一般产品，当然也有许多例外的情况，可在确定系数时酌情考虑。对依法没收后又领取牌证的走私车辆，其原始制造质量系数建议视同国产名牌产品考虑。原始制造质量调整系数取值范围在 0.8 ~ 1.0。

（4）车辆工作性质调整系数 车辆工作性质不同，其工作的强度也会不一样，最终会造成不同的车辆性能水平。按工作性质车辆分为私人工作和生活用车，机关企事业单位的公务和商务用车，从事旅客、货运、城市出租的营运用车。以普通小轿车为例，一般来说，私人工作和生活用车每年最多行驶约 2.5 万 km；公务、商务用车每年不超过 4 万 km；而营运出租车每年行驶有些高达 12 万 km。可见工作性质不同，其使用强度差异之大，车辆工作性质调整系数的取值范围为 0.7 ~ 1.0。

（5）车辆工作条件调整系数 我国地域辽阔，各地自然条件差别很大，工作环境的差异对车辆会有很大的影响。车辆的工作条件一般可以分为道路条件和特殊使用条件。

1）道路条件分为好路、中等路和差路三类。好路：指国家道路等级中的高速公路，一、二、三级道路，好路率在 50% 以上；中等路：指符合国家道路等级的四级道路，好路率在 30% ~ 50%；差路：国家等级以外的路，好路率在 30% 以下。

2）特殊使用条件。特殊使用条件主要指特殊自然条件，包括寒冷、沿海、风沙、山区等地区。

根据工作条件适当取值，如：车辆长期在道路条件为好路和中等路行驶时，工作条件调整系数可分别取 1 和 0.9；车辆长期在差路或特殊使用条件下工作，其系数可以取 0.8。

从上面对各种影响因素的介绍中可以看出，通过对参数的调整，能够将车辆使用过程中的各种不同影响综合地反映到车辆的成新率中。由于各个地区的具体情况略有不同，表 2-1 中的各项系数可以根据当地的具体情况加以适当地调整，但综合调整系数的取值一般不要超过 1。

4. 其他因素对成新率的影响

（1）大修 一辆机动车经过一段时间的使用后（或停用受自然力的影响）会产生磨损，磨损的补偿就是修理，当某零部件完全丧失功能而又无法修理时，就必须更换零部件以恢复其功能。车辆各主要总成的技术状况下降到一定程度时，需要采用全面修理或更换车辆主要零部件的方法恢复其性能，这种以恢复车辆的动力性、经济性、工作可靠性和外观的完整美观性的全面修理方式称之为大修。大修是对车辆的一种追加投入，从理论上讲，无疑是增加了车辆的使用寿命，对成新率的估算值可适当增加。但是在实际使用和维修中大修的效果并不尽如人意：一是使用者对车辆的技术管理水平低，不清楚车辆的实际技术状况，而不能做到合理送修、适时大修；二是社会上有些维修企业，维修设备落后，维修安装技术水平差；

三是有些配件质量差。因此，经过大修的车辆不一定都能很好地恢复车辆使用性能。对于老旧的国产车辆，即使刚完成大修，很好地恢复其使用性能，其耐久性也差。更重要的是有些高档进口车辆经过大修以后，不仅难以恢复原始状况，而且有增加故障的可能性。

鉴于上述分析，评估时对于重置成本在 7 万元以下的旧车或老旧车辆，一般不考虑其大修对成新率的增加问题；对于重置成本在 7 万～25 万元之间的车辆，凭车主提供的车辆大修结算单等资料可适当考虑增加成新率的估算值；对于 25 万元以上的进口车或国产高档车，凭车主提供的车辆大修或一般维修换件的结算单等资料，在考察了车辆受托维修厂家的维修设备，维修技术水平、配件来源等情况之后，可以酌情决定是否增加成新率的估算值。

（2）重大事故　重大事故通常是指汽车因碰撞、倾覆造成汽车主要结构件的严重损伤，尤其是承载式汽车车身的主要钣金部件。汽车发生过重大事故后，车身钢板的强度和结构会发生变化，这类的改变许多都是不可修复的，给车辆的正常使用带来严重的安全隐患。因此在汽车交易实务中，必须非常重视事故车辆的检查，对出现重大事故的汽车应给予一定的折扣率。

（三）部件鉴定法

部件鉴定法是将旧机动车辆按其各组成部分对整车的重要性和价值量的大小来加权评分，最后确定成新率的一种方法。其做法是：将车辆分成若干个主要部分，根据各部分的建造费用占整车建造成本的比重，按一定百分比例确定权重。再根据车辆各组成部分的技术状况确定各组成部分的成新率，将之与权重相乘并相加，即可得到旧机动车最终的成新率数值。

这种方法费时费力，车辆各组成部分的权重难以掌握，但评估值更接近客观实际，可信度高。它将旧机动车的整体性损耗，细化到了各个部件，增加了评估工作的难度，但提高了结果的准确性。这种方法一般用于价值较高的机动车辆评估，需要与车况检查配合使用。

部件鉴定法确定成新率的基本步骤为：

1）先将车辆分成表 2-2 所示的几个部分的总成部件，再根据各总成部件的建造成本、车辆建造成本的比重，按一定百分比确定权重。

表2-2　机动车总成、部件价值权分表

总成部件 / 权重（%） / 类别	轿车	客车	货车	总成部件 / 权重（%） / 类别	轿车	客车	货车
发动机及离合器总成	25	28	25	车架总成	0	5	6
变速器及传动轴总成	12	10	15	车身总成	28	22	9
前桥及转向器前悬总成	9	10	15	电器仪表系统	7	6	5
后桥及后悬架总成	9	10	15	轮胎	4	4	5
制动系统	6	5	5				

2）以全新车辆对应的功能标准为满分 100 分，其功能完全丧失为 0 分，再根据这若干总成、部件的技术状况估算各总成部件的成新率。

3）将各总成部件的成新率与权重相乘，即各总成部件的权分成新率。

4）最后将各总成部件的权分成新率相加，即被评估车辆的成新率。

需要说明的是：对车辆主要总成或部件进行成新率的估算时也需要应用到使用年限法，

即估算总成或部件的成新率一般不可能超过采用使用年限法计算得出的整车成新率的值，除非有总成大修或换件的追加投入。

三、车况的检查

汽车技术状况的鉴定是指通过感官和运用检测设备对汽车的外观、内饰情况，各个总成和部件的完好情况，整车的各项使用性能等进行评估。其基本方法主要有两种：一种是传统的人工经验诊断法；另一种是利用现代仪器设备诊断法。

1. 人工经验鉴定法

人工经验鉴定法是通过具有一定理论知识和丰富的实践经验鉴定评估人员，在汽车不解体或局部解体的情况下，借助简单的工具，通过观察、耳听、鼻嗅、手摸等方法，对汽车技术状况做出评判的一种方法。车辆技术状况的人工鉴定需要在车辆静止状态和车辆行驶状态两种情形下分别进行，是车辆估价过程中使用最多、应用最为广泛的车辆检查方法。

2. 现代仪器设备鉴定法

现代仪器设备鉴定法是指在汽车不解体的情况下，用专用的仪器设备来检测鉴定汽车及其各总成、部件的工作情况，为分析和判断汽车技术状况提供定量的依据。仪器鉴定投资大，检测成本高，一般只针对应用人工鉴定法难以测定的一些技术性能和故障，才借助专用仪器设备对汽车的技术性能和故障进行检测和诊断，从而达到准确、定量、客观地鉴定汽车技术状况的目的。

四、手续的检查

由于国家对交通车辆实行严格的"户籍管理"制度，使得车辆在使用期间仍然需要缴纳较高的管理费用，因此车辆在估价时，不仅要考虑车辆的实体价值，而且要充分考虑各种证照和管理费用对车辆价格的影响。例如，多年未参加年检的车辆不管车况如何，在未补齐年检手续之前均无法上路正常行驶；多次违章未缴纳罚款的车辆，在缴清所有罚款之前是不允许过户的。这些，都将对车辆最终的评估价值造成影响。手续检查的内容主要如下。

1. 机动车来历凭证

进行交易的旧机动车来历凭证分新车来历凭证和旧车来历凭证。第一次进行旧车交易的车辆，其来历凭证与新车交易的来历凭证一样，是指经国家工商行政管理机关验证盖章的机动车销售发票。其中没收的走私、非法拼（组）装汽车、摩托车的销售发票是国家指定的机动车销售单位的销售发票。已经交易过的旧车再次交易，其来历凭证是指经国家工商行政管理机关验证盖章的旧机动车交易发票。除此而外，还有因经济赔偿、财产分割等所有权发生转移，由人民法院出具的发生法律效力的判决书、裁定书、调解书等相关证明。

2. 机动车行驶证

机动车行驶证（见图2-1）是机动车取得合法行驶权的凭证，与登记车辆一一对应，由公安车辆管理机关依法对机动车辆进行注册登记后核发（农用拖拉机由当地公安交通管理部门委托农机监理部门核发证件）。机动车行驶证是机动车上路行驶必须携带的证件，也是旧机动车过户、转籍必不可少的证件。一般载有该车车型、车主信息和车辆号牌、发动机号、车架号、车辆技术性能信息、检验纪录等内容。

3. 机动车号牌

机动车号牌就是车辆牌照。它是指由公安车辆管理机关依法对车辆进行注册登记时核发的金属号牌，和机动车行驶证一同核发，其号牌字码与行驶证号牌一致。没有号牌的车辆是

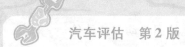

中华人民共和国机动车行驶证 [标记]

号牌号码————————车辆类型——————
车　　主————————————————
住　　址————————————————
发动机号————————车架号——————
　　　　　　厂牌型号——————————————
发证机关章　总质量————千克 核定载质量————千克
　　　　　　核定载客————人 驾驶室前排共乘——人
　　　　　　登记日期—年—月 发证日期—年—月—日

中华人民共和国机动车行驶证副页

号牌号码————————车辆类型——————
车　　主————————————————
检　　验————————————————
————————————————————
————————————————————
————————————————————

图 2-1　机动车行驶证

无法上路行驶的，也就无法对其进行估价。套牌或教学等原因没有申请号牌，以及原车牌出于种种原因不能随车转让的车辆，则需要在补办手续之后才可以进行价格评定。

4. 道路运输证

道路运输证是县级以上人民政府交通主管部门设置的道路运输管理机构对从事客货运输（包括城市出租客运）的单位或个人核发的随车携带的证件，用于证明该车能用于相应的客货运输。营运车辆转籍过户时，应到运营机构及相关部门办理营运过户相关手续。

5. 车辆购置税

为了解决我国发展公路运输事业与国家财力紧张的矛盾。1985 年 4 月 2 日国务院发文，决定对所有购置车辆的单位或个人，包括国家机关和单位一律征收车辆购置税。车辆购置税由交通部门负责征收，征收标准一般是车辆价格的 10%。2000 年国务院发布《中华人民共和国车辆购置税暂行条例》，将购置附加费改为购置税，但税率没有变化。有些车原来没有交过购置税，在过户后这些未交税、免交税的车辆会被要求补齐购置税，这可是一笔为数不菲的支出。

购置税证明（见图 2-2）平时对用车没什么影响，在车辆过户时却有相当重要的作用，如果车主遗失也可以申请补办，但过程非常烦琐，需先往报纸上发布遗失公告，在公告出来后车主携带发布公告的整张报纸以及身份证、驾驶证到购置税办公室办理购置税补办业务，整个过程大概需要半个月。

6. 机动车辆保险费

按照我国现行管理法规，机动车交强险是强制保险险种，车辆不投保该险种不能办理合法上路行驶手续。办理过交强险的车辆按照国家规定都必须在机动车前风窗玻璃右上角粘贴交强险标志（见图 2-3）。旧机动车交易完成后，交易双方应到保险公司办理批改手续以确保保险权利和义务的执行。

图 2-2　车辆购置税证明

图 2-3　交强险标志

7. 车船税

国务院 2006 年公布的《中华人民共和国车船税暂行条例》规定，凡在中华人民共和国境内拥有车船的单位或个人，都应该按照规定按年缴纳车船税。旧机动车交易前，欠缴的车船税应该补齐，否则无法办理过户相关手续。

8. 公路养路费

我国的交通管理部门规定，车辆所有者使用车辆必须缴纳公路养路费。它是国家按照"以路养路，专款专用"的原则，由交通部门向用车单位或个人征收的用于公路保养和建设的专项事业费。拥有车辆的单位或个人，必须按照国家规定，向公路养护部门缴纳养路费，缴纳养路费的车辆发给养路费缴讫证，此证曾经是机动车辆通行公路的必备条件之一。

养路费已于 2009 年 1 月 1 日起取消，但 2009 年以前欠缴的养路费仍然需要在车辆过户前补齐，否则无法办理过户手续。另外，在许多城市中，与养路费性质相近的路桥费并没有取消，仍需要每年按时缴纳，否则车辆无法正常行驶，也无法过户进行产权交易。

9. 客、货运附加费

客、货运附加费是国家本着取之于民、用之于民的原则，向从事客、货运输的单位或个人征收的专项基金。客运附加费的征收是用于公路汽车客运站、点设施建设的专项基金；货运附加费的征收用于港航、站场、公路和车船技术改造的专项基金。

10. 机动车登记证

机动车登记证书（见图 2-4）是车辆所有权的法律证明，由车辆所有人保管，不随车携带。办理转籍、过户等任何车辆登记时都要求出具。其上记录了包括车主信息、车辆信息、过户信息等 70 多个数据资料，能完整地反映车主的概况、车辆的各项性能数据和过户动态等车辆的有关情况。机动车登记证相当于车辆的身份证。

图 2-4　机动车登记证书

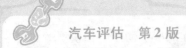

11. 违章记录

多次违章未缴纳罚款的车辆，在缴清所有罚款之前是不允许交易的。因此在估算车辆价值的过程中，如已知车辆存在未结清的交通违章罚款，则应适当调整车辆的估算价格。

操作技能

一、折旧的计算

例2-1　某客运公司购买的宇通客车，初次登记年月是 2013 年 2 月，评估基准时是 2016 年 2 月，试分别用等速折旧法，加速折旧法中的年份数求和法与双倍余额递减法计算其成新率。

解：该车已使用年限刚好为 3 年，由于是中型客车，其规定使用年限为 15 年，则成新率为

1）等速折旧法

$$成新率 = \left(1 - \frac{3}{15}\right) \times 100\% = 80\%$$

2）年份数求和法

$$年折旧率 = \frac{预计使用年限 - 已使用年限}{预计使用年限 \div 2 \times (预计使用年限 + 1)} \times 100\%，则$$

$$第一年的折旧 = \frac{15}{15 \div 2 \times (15 + 1)} \times 100\% = \frac{15}{120} \approx 13\%$$

$$第二年的折旧 = \frac{15 - 1}{15 \div 2 \times (15 + 1)} \times 100\% = \frac{14}{120} \approx 12\%$$

$$第三年的折旧 = \frac{15 - 2}{15 \div 2 \times (15 + 1)} \times 100\% = \frac{13}{120} \approx 11\%$$

$$成新率 = 1 - 第一年的折旧 - 第二年的折旧 - 第三年的折旧$$
$$= 1 - 13\% - 12\% - 11\% = 64\%$$

3）双倍余额递减法

$$年折旧率 = \frac{2}{预计的折旧年限} \times 100\% = \frac{2}{15} \times 100\% \approx 13\%，则$$

$$第一年的折旧 = 1 \times 13\% = 13\%$$

$$第二年的折旧 = (1 - 第一年的折旧) \times 年折旧率 = (1 - 13\%) \times 13\% = 11\%$$

$$第三年的折旧 = (1 - 第一年的折旧 - 第二年的折旧) \times 年折旧率$$
$$= (1 - 13\% - 11\%) \times 13\% = 10\%$$

$$成新率 = 1 - 第一年的折旧 - 第二年的折旧 - 第三年的折旧$$
$$= 1 - 13\% - 11\% - 10\% = 66\%$$

二、综合分析法调整成新率

例2-2　某人 2012 年花 12.5 万元购置了一辆大众高尔夫作为个人使用，于 2016 年 2 月，在某省旧机动车交易市场交易，评估人员检查发现，该发动机排量 1.6L，初次登记为 2012 年 8 月，基本作为个人市内交通使用，累计行驶里程 7 万多 km，维护一般，路试车况较好。试用平均年限法和综合分析法计算其成新率，其综合调整系数采用加权平均的方法确定。

解：已使用年限为 3 年 6 个月 = 42 个月，即 $Y = 42$；

假设使用年限为 15 年，即 180 个月，则 $G = 180$；

该车路试车况较好，取车辆技术状况系数为 $K_1 = 1.0$；

维护一般，取车辆使用与维护状态系数为 $K_2 = 0.9$；

桑塔纳轿车为国产名牌车，取车辆原始制造质量系数为 $K_3 = 0.9$；

该车为私人用车，且累计行驶里程 7 万多 km，则取车辆工作性质系数为 $K_4 = 1.0$；

该车为个人市内交通使用，取车辆工作条件其系数为 $K_5 = 0.9$。

则综合调整系数为

$$K = K_1 \times 30\% + K_2 \times 25\% + K_3 \times 20\% + K_4 \times 15\% + K_5 \times 10\%$$
$$= 1.0 \times 30\% + 0.9 \times 25\% + 0.9 \times 20\% + 1.0 \times 15\% + 0.9 \times 10\%$$
$$= 0.945$$

该车的成新率为

$$C = \left(1 - \frac{Y}{G}\right) \times K \times 100\% = \left(1 - \frac{42}{180}\right) \times 0.945 \times 100\% = 72.45\%$$

式中 C——成新率；

Y——已使用年限；

G——规定使用年限。

这里需要说明的是，2013 年以前的《汽车报废标准》对私人车辆使用年限的规定是 15 年，2013 年 5 月开始实施的最新的《车辆强制报废标准规定》取消了私人汽车使用年限的限制，改为要求最高行驶里程不超过 60 万 km。其本意是考虑到许多私家车使用率不高，车况较好，具有延长使用周期的潜在可能。但在实际工作中，由于我国相关法规的处罚不严，造成国内私调里程表读数的现象比较普遍，单靠里程表读数很难判断车辆的实际使用状况。因此，旧机动车市场还是习惯按照原规定的 15 年使用时间，来计算车辆的实际损耗。考虑到目前国内车辆的尾气排放标准逐年提高，15 年以上的车辆已经很难达到国家的车辆年检标准了，所以新的车辆报废标准的出台，对二手车价值评估并没有造成预期的影响。建议在核算私人性质的二手车价值时，仍然采用老法规的 15 年标准计算，可根据当地市场的实际情况做适当微调。

知识能力拓展

一、旧机动车的鉴定人员与鉴定机构

旧机动车鉴定评估直接涉及当事人双方的权益，并且它是一项政策性、专业性都很强的工作，因此对旧机动车鉴定评估业务的承担者，即旧机动车的专业评估机构和专业评估人员都有着较高的要求。

旧机动车鉴定评估人员必须掌握一定的资产评估业务理论，熟悉并掌握资产评估的基本原理和方法；具有一定的政策水平，熟悉并掌握国家颁布的与汽车交易有关的政策、法规、行业管理制度及技术标准；还应该具有一定的汽车专业知识和实际的检测技能，能够借助必要的检测工具，对汽车的技术状况进行准确的判断和鉴定；具有收集、分析和运用信息资料的能力，掌握一定的评估技巧；具备经济预测、财务会计、市场、金融、物价、法律等知

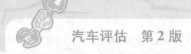

识；具有良好的职业道德，遵纪守法、公正廉明，保证汽车评估质量。

根据国家劳动部的要求，旧机动车鉴定评估的从业人员需经过严格的考试或考核，取得国家劳动和社会保障部颁发的旧机动车鉴定评估师证书，并在国家允许的旧机动车鉴定评估机构中注册登记，才可以合法的出具旧机动车的检验和估价报告。而旧机动车鉴定评估机构（一般指旧机动车鉴定评估事务所）则必须拥有符合规定的场地、设备和一定数量的持有劳动部颁发的旧机动车注册评估师资格的人员，并按照国家的有关规定，在指定的管理部门注册登记。

二、旧机动车鉴定评估的对象

旧机动车鉴定评估的对象是指待评估的车辆，被评估车辆按照不同标准可分为汽车、电车、摩托车、农用运输车、拖拉机和挂车等几类；按照车辆的使用用途，也可以将机动车辆分为营运车辆、非营运车辆和特种车辆。其中特种车辆可以分为警用、消防、救护和工程抢险等车型。科学地对机动车进行分类，有利于在评估过程中进行信息资料的搜集和应用。同一种车型，由于其用途不同，在用状态所需要的税费可能就会有较大的差别，其重置成本构成的差异往往也较大，最终会极大地影响车辆的价格。

另外，根据商务部于 2005 年 8 月发布的《二手车流通管理办法》的规定，以下车辆不允许进行交易。

1）已报废或者达到国家强制报废标准的车辆。

2）在抵押期间或者未经海关批准交易的海关监管车辆。

3）在人民法院、人民检察院、行政执法部门依法查封、扣押期间的车辆。

4）通过盗窃、抢劫、诈骗等违法犯罪手段获得的车辆。

5）发动机号码、车辆识别代号或者车架号码与登记号码不相符，或者有凿改迹象的车辆。

6）走私、非法拼（组）装的车辆。

7）不具有本办法第二十二条所列证明、凭证的车辆。

8）在本行政辖区以外的公安机关交通管理部门注册登记的车辆。

9）国家法律、行政法规禁止经营的车辆。

此外，车辆上市交易前，必须先到公安交通管理机关申请临时检验，检验合格，在其行驶证上签注检验合格记录后，方可进行交易。检验需要被交易车辆的车架号码和发动机号码的符号、数字及各种外文字母的全部拓印，发现不一致或改动、凿痕、锉痕、重新打刻等人为改变或毁坏的，对车辆一律扣留审查。

三、旧机动车鉴定估价的特点

机动车作为一类有别于其他类型的资产，有其自身的特点。其特点主要有：一是单位价值较大，使用时间较长；二是工程技术性强，使用范围广；三是使用强度、使用条件、维护水平差异很大；四是使用管理严，税费附加值高。这些车辆自身特点决定了旧机动车鉴定估价具有如下特点。

1. 旧机动车鉴定估价以技术鉴定为基础

由于机动车辆本身具有较强的工程技术特点，其技术含量较高。机动车在长期的使用中，由于机件的摩擦和自然力的作用，始终处于不断磨损的过程中。随着行驶里程和使用年数的增加，车辆实体的有形损耗和无形损耗加剧；其损耗程度的大小受使用强度、使用条件、维修水平等因素的影响很很大。因此，评定车辆实物和价值状况往往需要通过技术检测等技术手段来鉴定其损耗的程度。

2. 旧机动车鉴定估价都以单台为评估对象

旧机动车由于维护、使用情况的不同，单位价值相差往往会比较大，为了保证评估质量，一般都是分整车和分部件逐台、逐件地进行鉴定评估。只有对于以产权转让为目的，且单位价值较小的车辆，才会出于简化工作程序，节省时间的目的，采用"提篮作价"的方式进行评估。

3. 旧机动车鉴定估价要考虑其手续构成的价值

由于国家对车辆实行"户籍"管理，使用税费附加值高。因此，对旧机动车进行鉴定估价时，除了估算其实体价值以外，还要考虑由"户籍"管理手续和各种使用税费构成的价值。

四、汽车评估的工作原则

汽车评估的工作原则是评估机构与评估工作人员在评估工作中应遵循的基本原则，主要有：独立性原则、客观公正性原则、科学性原则、专业性原则、经济性原则。

1. 独立性原则

独立性原则是指汽车评估人员应始终坚持第三者立场，不为当事人的利益所影响。评估机构应是独立的社会公正性机构，不能为评估业务中的任何一方所拥有，也不隶属于任何一方。遵循这一原则，可从组织上保证评估不受有关利益方的干扰和委托者意图的影响。

2. 客观公正性原则

客观公正性原则要求评估结果应以充分的事实为依据，以公正、客观的态度收集有关数据与资料，并要求评估过程中的预测、推算等主观判断建立在市场与现实的基础之上。此外，为了保证评估的公正、客观性，按照国际惯例，评估机构收取的劳务费用应只与工作量相关，不与被评估车辆的价值挂钩，并应受到公众的监督。

3. 科学性原则

科学性原则是指在汽车评估过程中，必须根据特定目的，选择适用的标准和科学的方法进行。评估标准的选择是以特定的评估目的为依据的，尽管实现标准的评估方法有多种，但是不能以技术方法的多样性和可替代性来模糊评估标准的唯一性，影响评估结果的正确性。另外，应根据评估工作的自身规律和国家的有关规定，科学地确定评估程序。这样，有助于降低评估成本，提高评估工作的效率和评估结果的准确性。

4. 专业性原则

专业性原则是指汽车评估人员必须具有良好的教育背景、专业知识、实践经验和职业道德。汽车评估人员的专业技术水平是保证汽车评估方法正确，评估结果准确的技术基础。

5. 经济性原则

评估的经济原则包括预期收益原则、替代原则和最佳效用原则。

（1）预期收益原则　预期收益原则是指在对营运性车辆评估时，必须充分考虑它在未来可能为投资者带来的经济效益。车辆的市场价格，主要取决于其未来的有用性或获利能力。未来效用越大，评估值越高。预期收益原则要求在进行评估时，必须合理预测车辆的未来获利能力及取得获利能力的有效期限。

（2）替代原则　替代原则是商品交换的普遍规律，即价格最低的同质商品对其他同质

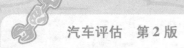
商品具有替代性。据此原理，汽车评估的替代原则是指在评估中，面对几个相同或相似车辆的不同价格时，应取较低者为评估值，或者说评估值不应高于替代物的价格。这一原则要求评估人员从购买者角度进行汽车评估，因为评估值应是车辆潜在购买者愿意支付的价格。

（3）最佳效用原则　效用原则是指一辆汽车若同时具有多种用途，在公开市场条件下进行评估时，应按照其最佳用途来评估车辆价值。这样既可保证车辆出售方的利益，又有利于车辆的合理使用。

五、影响汽车评估准确性的环境因素

汽车评估不管采用什么方法，其最终目的都是要尽可能准确地估算出车辆在市场中的实际价值。但事实上，市场行情在不停地变化，单纯依靠公式推算，最终会造成评估价格和市场行情之间的差值越来越大，最终不被市场所认可。所以，评估时对方法和参数的选择，要充分考虑该车型在市场中价格的变动规律。对某一单一车型而言，造成其价格异常变化的因素主要有以下几条：

1. 时间因素

所有车辆的评估结果，一般都有最长三个月的有效期，这是因为汽车销售市场有淡季和旺季的差异。每年五一、十一、元旦、春节，基本都是销售高峰，旺季由于车源紧张，所以车辆价格就有明显上升的趋势。旧机动车是这样，新车销售价格也同样有类似的变化，但两者并不同步。所以，评估的结果只能在短时间内有效，评估参数的选择也必须充分考虑当时的市场环境。

2. 市场保有量

评估的目的是给市场销售提供依据，但市场销售价格会明显受到购买者心态的影响。人们总是对陌生的事物抱着谨慎、怀疑的态度。不同车型由于当时销售的数量不同，旧机动车交易的数量会有明显的差异，对于经常交易的车型，由于有充分的价格参考对象，购买者往往更容易接受较高的价格。而交易量非常小的车型，由于需求量小，价格参照少，也不容易再次销售，市场价格就会明显偏低了。这也是为什么宾利、林肯的保值率，不如奔驰、宝马、奥迪的原因。在评估价格时，对这种现象要充分考虑。

3. 配件供应

某些进口车型或是销量不大的车型，当地的配件供应商会很少，库存零件也不全，维修时需要去厂家订购零件，这就造成这些车型的维修周期特别长，配件价格高昂。这种情况自然会影响旧机动车的市场价值，但单就这些车型而言，品牌、质量、车况也许都相当良好。所以，在评估时要充分了解车辆信息，根据实际情况选择评估参数，而不能生搬硬套。

4. 维修服务

对于某些价值较高的车型，在当地可能没有特约服务网点，又不太放心去一些非专业的修理厂修理。出现事故或是一些疑难故障，就得去一些更大的城市维修。不仅需要支付更多的路费和住宿费用，而且也耽误日常工作和车辆使用。存在这种现象的城市，该种车型的价格往往低于实际价值，在评估时要充分考虑。

5. 常见故障

每年都会有不同车型的负面新闻出现。较大的如丰田的制动门，福特的断轴门，大众的双离合变速器故障门，较小的常见故障如烧灯泡、发动机漏油、减振器寿命短、半轴易磨损等更是比比皆是。每一种车型从推出到成熟，都有一个不断改进的过程，老款的问题在不断

出现，才会有新款的不断改良。评估时，要充分考虑同类型车辆常见故障出现的可能性，在参数选择或是维修费用计算时要把相关费用考虑进去，只有这样，所得到的评估结果，才更接近实际价值，才更具有现实的指导意义。

案例剖析

例2-3 计算大众朗逸轿车的评估价。

情况介绍：某先生于 2012 年 10 月共花 12.5 万元购得 2011 款 1.6L 手动高配大众朗逸车一辆，用于家庭自备，并于当月登记注册，2016 年 5 月出售，请汽车评估师对其进行鉴定评估。经评估师了解，现该型号的车已不生产，替代产品为 2015 款 1.6L 手动舒适型，官方定价依然为 12.5 万元，但优惠后的实际售价为 10.3 万元。2015 款大众朗逸与 2011 款的主要区别是：2015 款用新款的全铝发动机替代了原来的铸铁发动机，用电动助力转向替代了原来的液压助力转向，安装了 LED 的日间行车灯和尾灯，安装了 8 探头的前后倒车雷达以及 PM2.5 的粉尘过滤装置。另外，前脸、尾部和内饰的设计都进行了多处优化。这几处的改装费用差异大概为 3000 元。该车路试车况良好，静态检查未发现有重大事故痕迹，外表有多处擦伤，修理与做漆约需 0.1 万元。内饰稍显凌乱，轮胎磨损较严重，维护一般。行驶里程 8 万 km。请用重置成本法、双倍余额折旧法、鉴定调整系数法计算评估值。

价格分析：

（1）扣除改装费用后的重置成本为

$$重置成本 = 10.3 - 0.3 \text{ 万元} = 10 \text{ 万元}。$$

（2）假设车辆使用期为 15 年，采用双倍余额递减法计算每年的折旧

$$第一年折旧额 = 重置成本 \times \frac{2}{预计的折旧年限} = 10 \times \frac{2}{15} \text{万元} \approx 1.3 \text{ 万元}$$

$$第二年折旧额 = (重置成本 - 第一年折旧) \times \frac{2}{预计的折旧年限}$$

$$= (10 - 1.3) \times \frac{2}{15} \text{万元} \approx 1.2 \text{ 万元}$$

$$第三年折旧额 = (重置成本 - 第一年折旧 - 第二年折旧) \times \frac{2}{预计的折旧年限}$$

$$= (10 - 1.3 - 1.2) \times \frac{2}{15} \text{万元} \approx 1 \text{ 万元}$$

$$第四年折旧额 = (10 - 1.3 - 1.2 - 1) \times \frac{2}{15} \text{ 万元} \approx 0.9 \text{ 万元}$$

由于第四年实际只使用了 7 个月，故该车第四年的折旧额实际为

$$0.9 \div 12 \times 7 \text{ 万元} \approx 0.5 \text{ 万元}$$

（3）采用年限法双倍余额折旧后的折旧额为

$$10 - 1.3 - 1.2 - 1 - 0.5 \text{ 万元} = 6 \text{ 万元}$$

（4）综合调整系数

因为车况较好，技术状况调整系数取 $K_1 = 1$；

维护一般，取车辆使用与维护状态系数 $K_2 = 0.9$；

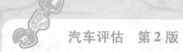

大众朗逸车为合资名牌车，考虑地域因素，品牌调整系数取 $K_3 = 0.9$；

工作性质虽然为私用，但年平均行驶里程达到 2.2 万 km，已经和办公用车近似，取车辆工作性质系数 $K_4 = 0.9$；

该车主要在市内使用，取车辆工作条件系数 $K_6 = 1$。

则综合调整系数为

$$K = K_1 \times 30\% + K_2 \times 25\% + K_3 \times 20\% + K_4 \times 15\% + K_5 \times 10\%$$
$$= 1 \times 30\% + 0.9 \times 25\% + 0.9 \times 20\% + 0.9 \times 15\% + 1 \times 10\%$$
$$= 0.94$$

（5）扣除修理费用后的评估价格实际为

$$6 \times 0.94 - 0.1 \text{ 万元} = 5.54 \text{ 万元}$$

说明：

1）此题为交易性评估，故未计算车辆购置税，如属于投资、合作、分立等产权类评估，其重置成本需加入购置税的金额，其计算方法为车辆销售价格扣除17%增值税部分后的10%，计算公式为：

$$购置税金额 = 销售价格 \div (1 + 17\%) \times 10\%$$

2）此题中的修理费用是单独计算的，也可以不单独计算，直接将车辆技术状况降一个等级。一般用于需要修理的内容较多，且每项的金额都不大的时候。

例2-4 采用重置成本、年份数求和、鉴定调整系数法计算奥迪A6L舒适型2.5L排量轿车的评估价。

情况介绍： 某公司2012年6月购得一辆一汽大众奥迪A6L舒适型2.5L排量轿车作为公务使用，2016年6月由于股权变动需要对车辆价值进行评估，同时期该车型的官方指导价格是46万，市场上的实际售价是40万元。2016款的新车型，相对于2012款而言，简配了定速巡航和换档拨片，增加了胎压监测和前部倒车雷达，并且对进气格栅和后部的排气管进行了外观设计上的改变，总体来说对价值影响不大。经鉴定，该车技术等级评定为二级车，无重大事故痕迹，该车外表有少数划痕无须进行修理。维护好，路试车况好。行驶里程15万km，采用重置成本、年份数求和、鉴定调整系数法计算评估值。

价格分析：

（1）计算购置税

因为车辆的报价中含有17%的增值税，所以在计算过程中应先减去17%的增值税，再按照10%的比例计算购置税。即

$$40 \div 1.17 \times 10\% \text{ 万元} \approx 3.42 \text{ 万元}$$

（2）重置成本

重置成本 = （40 + 3.42）万元 ≈ 43.42 万元

（3）假设使用年限为15年，采用年份数求和法计算成新率

$$成新率 = \left(1 - \frac{15 + 14 + 13 + 12}{(15 + 1) \times \dfrac{15}{2}}\right) \times 100\% = 55\%$$

（4）综合调整系数

该车为二级车，且表面有划痕，车辆技术状况调整系数取 $K_1 = 0.9$；

维护好，取使用与维护状态调整系数取 $K_2 = 1.0$；

一汽大众奥迪车为合资名牌车，车辆原始制造质量调整系数取 $K_3 = 1.0$；

该车为公务用车，工作性质调整系数取 $K_4 = 0.9$；

该车主要在市内行驶，工作条件好，工作条件调整系数取 $K_5 = 1.0$。

则综合调整系数为

$$K = K_1 \times 30\% + K_2 \times 25\% + K_3 \times 20\% + K_4 \times 15\% + K_5 \times 10\%$$
$$= 0.9 \times 30\% + 1.0 \times 25\% + 1.0 \times 20\% + 0.9 \times 15\% + 1.0 \times 10\%$$
$$= 0.955$$

（5）评估价格计算

$$评估价格 = 43.42 \times 55\% \times 0.955 \ 万元 \approx 22.8 \ 万元$$

思考题

1. 讨论计价标准的选择对车辆估价准确性的影响。

2. 讨论不同折旧计算方法对车辆估价准确性的影响。

3. 参考表2-1，讨论车辆成新率各影响因素对车辆价值影响。

4. 总结车辆手续检查的内容和过程。

5. 讨论旧机动车鉴定估价和二手车交易估价的差异。

6. 总结旧机动车鉴定的特点。

7. 总结旧机动车鉴定的步骤和每一步需要完成的工作。

8. 对身边已成交的二手车，用综合分析方法和多种折旧方法计算后，比较价值差异，并分析其合理性。

9. 总结不允许交易的车辆类型并分析原因。

10. 尝试对身边车辆进行估价，并对结果的合理性进行讨论。

项目三　经营性旧机动车辆的估价

学习目标

1) 理解未来收益和支出对车辆现在价值的影响。
2) 掌握车辆未来收支的正确计算方法。
3) 掌握采用收益现值法估算车辆价值的方法。

任务载体

对于未来有可预知固定收益的经营性旧机动车辆,在估价时已经不能简单地将其作为普通旧机动车辆来对待,这些旧机动车辆实际上已经成为一种盈利的工具,是作为一种投资而存在的。估算其价格需要仔细核对它在未来所能带来的收入,根据未来可能的收入按一定的方法折算出现在合理的投资额,以此来认定这些经营性车辆的价值。

相关知识

对于经营性车辆而言,未来每年都会有一定的收入,这些收入是在不同的年份获得的,因此计算总数的时候,不能简单地累加。毕竟未来的收入和现在的实际收入之间是有本质区别的,两者不能等同。如果一定要比较,就需要将两者换算到同一时间点。

同理,在购买旧机动车的时候,不同品牌、不同车型、不同技术状况的车辆,在未来几年的使用过程中,每年都会有修理费用和油耗支出,由于车况不同,不同车辆之间该项费用的差异会很大,这些费用到底会对现在的车辆价格造成多大影响,就需要计算;需要把未来的支出,换算成现在的成本。

在进行计算之前,首先要明确不同时间点的货币价值差异。

一、货币的时间价值

货币如果用来投资,经过一段时间的循环和周转后,其数额会出现不同程度的增加。这种货币经历一定时间的投资和再投资所增加的价值,称之为货币的时间价值。

在商品经济中,有这样一种现象:现在的1元钱和1年后的1元钱其经济价值不相等,或者说其经济效用不同。现在的1元钱比1年后的1元钱经济价值要大一些,即使不存在通货膨胀也是如此。为什么会这样呢?例如,将现在的1元钱存入银行,1年后可得到1.10元(假设存款利率为10%)。这1元钱经过1年时间的投资增加了0.10元,这就是货币的时间价值。在实际生活中,人们习惯使用相对数字表示货币的时间价值,即用增加价值占投入货币的百分数来表示,如前述货币的时间价值为10%。

企业资金循环和周转的起点是投入的货币资金,企业用它来购买新的资源,然后生产出新的产品,产品出售时得到的货币量大于最初投入的货币量。资金的循环和周转都需要一定的时间,每完成一次循环,货币就增加一定的数额,周转的次数越多,增值额也越大。货币总量在循环和周转中按几何级数增长，使得货币具有时间价值。

从量的规定性来看，货币的时间价值是在没有风险和没有通货膨胀条件下的社会平均资金利润率。由于竞争，市场经济中各部门投资的利润率趋于平均化。每个企业在投资某项目时，至少要取得社会平均的利润率，否则不如投资另外的项目或另外的行业。因此，货币的时间价值成为评价投资方案的基本标准。

由于货币随时间的延续而增值，现在的1元钱与将来的1元多钱甚至是几元钱在经济上是等效的。换一种说法，现在的1元钱和将来的1元钱经济价值不相等。由于不同时间单位货币的价值不相等，所以不同时间的货币收入不宜直接进行比较，需要把它们换算到相同的时间基础上，然后才能进行大小的比较和比率的计算。由于货币随时间的增长过程与利息的增值过程在数学上相似，因此在换算时广泛使用计算利息的各种方法。

二、时间价值的相关概念

1. 现值与终值

终值是指资金经过一段时间后的价值，包括本金和时间价值，又称"本利和"。现值是以后年份收到或付出资金的现在价值。进行现值和终值的计算，目前有单利和复利两种计算方法。付款方式可分为一次性收（付）款，等额系列收（付）款和不等额系列收（付）款三种。由于资金随时间的增长过程与复利的计算过程在数学上相似，因此，在换算时广泛使用复利计算的各种方法。一次性收付款的现值和终值有时也称为复利现值和复利终值。

2. 复利

复利是计算利息的一种方法。按照这种方法，每经过一个计息期，要将所生利息加入本金再计利息，逐期滚算，俗称"利滚利"。这里所说的计息期是指相邻两次计息的时间间隔，如年、月、日等。除非特别指明，计息期为1年。

3. 年金

年金是等额、定期的系列收支款项，如分期偿还贷款、每年相同营业收入等都属于年金的形式。年金由于产生的现金流量的每个时间点的间隔都相同，因此可以推导出简化的计算方法。普通年金又称后付年金，是指每期期末收付的年金，营业性车辆的每年等额经营收入的统计，就属于普通年金的形式。

4. 折现率

折现率是指未来报酬折算成现值的比率，它是一种特定条件下的报酬率，代表着投资者对投资报酬的期望，不同性质的投资者具有不同的要求报酬率。折现率通常和当时的利率水平紧密相连，最低的折现率不应该低于当时的银行利率。

5. 风险报酬率

风险报酬率是投资者因承担风险而获得的超过时间价值的那部分额外报酬率，即风险报酬额与原投资额的比率。风险报酬率是投资项目报酬率的一个重要组成部分，如果不考虑通货膨胀因素，投资报酬率就是时间价值率与风险报酬率之和，资金的时间价值是无风险的最低报酬率。

6. 收益

收益是指净收益流量，即现金流入量减去现金流出量。它尚未扣除投资的资本成本。表现收益大小的方式有两种：

1）收益的数额或金额。如一辆从事营运的汽车，一年内净收入10万元，10万元就是

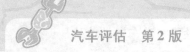

这辆汽车的收益数额。

2）收益率。收益率是指收益数额对投资数额的比率。它表明每元投资所得的收益。收益多少和投资大小有关。为了比较各项投资收益的大小，用收益率作标准。

$$收益率 = 收益 \div 资本$$

三、汽车估价的收益现值法

1. 收益现值法及其原理

收益现值法是将被评估车辆在剩余寿命期内的预期收益用适用的折现率折现为评估基准日的现值，并以此确定评估价格的一种方法。

采用收益现值法对旧机动车辆进行评估所确定的价格，是指为获得该机动车辆未来预期收益的权利所支付的货币总额。

旧机动车购买者购买该车时所支付的价格不会超过该车未来预期收益折合成的现值。从原理上讲，收益现值法是基于这样的事实，即人们之所以占有某辆车，主要考虑这辆车能为自己带来一定的收益。如果该车的预期收益小，其价格就不可能高；反之，其价格肯定高。投资者在投资购买车辆时，一般要进行可行性分析，只有在预计的内部回报率超过评估的折现率时，投资者才肯支付货币购买车辆。

旧机动车买主在完成这项交易前必须考虑买车后几种经济风险：①买车会失去买股票，买房地产，开商店等投资机会。②买车是为了未来获利的，但未来变化不可知，可能获利，也可能损失。③由于货币有时间价值，获得一定收益是肯定的，如存银行、买国债等。如果将钱用于买旧机动车，虽然有比存银行、买国债获取更大效益的可能性，但同时承担着失去获得固定收益的风险。对于旧机动车购买者来说，这些未来不确定的收益和损失，由于发生的时间各不相同，使得相互之间无法进行比较，此时使用收益现值法进行价值估算，将其换算成同一个时间点的可比较价格，就变得非常有意义。运用收益现值法，价格评估人员可以根据未来现金流入量（收益）来判断是否有必要付出此代价。

另外需要注意的是，运用收益现值法进行评估时，是以车辆投入使用后连续获利为基础的。在机动车的交易中，人们购买的目的往往不是在于车辆本身，而是车辆获利的能力。因此该方法较适用于投资营运的车辆。

2. 收益现值法运用的前提条件

1）被评估的旧机动车必须是经营性的，具有继续经营能力，并不断获得收益。消防车、救护车和自用轿车等非经营性的旧机动车不能用收益法进行评估。

2）被评估的旧机动车继续经营的收益能够而且必须用货币金额来计量。

3）影响被评估旧机动车未来经营风险的各种因素能够转化为数据加以计算，并体现在折现率中。

3. 收益现值法评估值的计算

收益现值法评估值的计算，就是对被评估车辆的未来预期收益进行折现的过程。被评估车辆的评估值等于剩余寿命期内各期的收益现值之和。

设每年的收益金额为 A，利率为 i，期数为 n，收益现值为 P，则其基本计算公式为

1）当每年的收益金额不同时

$$P = A_1(1+i)^{-1} + A_2(1+i)^{-2} + \cdots + A_n(1+i)^{-n}$$

式中　$(1+i)^{-n}$——复利现值系数，可以从复利现值系数表（见附录 E）中查取。

2）当每年的收益金额相同时

$$P = A(1+i)^{-1} + A(1+i)^{-2} + \cdots + A(1+i)^{-n} \qquad (3-1)$$

等式两边同乘（$1+i$）得

$$P(1+i) = A + A(1+i)^{-1} + \cdots + A(1+i)^{-(n-1)} \qquad (3-2)$$

式（3-2）减式（3-1）得

$$P(1+i) - P = A - A(1+i)^{-n}$$

$$P \cdot i = A[1 - (1+i)^{-n}]$$

$$P = A \times \frac{1 - (1+i)^{-n}}{i}$$

式中，$\dfrac{1 - (1+i)^{-n}}{i}$——为年金现值系数，可以从相应的数学用表中查取（见附录 E）。使用时，只需要将利率和时间代入公式，就可以得到每年的固定收入和支出，与现在价值之间的倍数关系，如果再乘以每年的具体金额，就可以得到现在的价值了。

四、收益现值法中各评估参数的确定

1. 剩余经济寿命期的确定

剩余经济寿命期是指从评估基准日到车辆到达报废的年限。如果剩余经济寿命期估计过长，就会高估车辆价格；反之，则会低估其价格。因此，必须根据车辆的实际状况对剩余寿命做出正确的评定。各类汽车参数可以按《机动车强制报废标准》确定。

2. 预期收益额的确定

在收益法运用中，收益额的确定是关键。收益额是指被评估对象在使用过程中产生的超出其自身价值的溢余额。对于收益额的确定应把握两点：

1）收益额是指车辆使用后带来的未来收益期望值，是通过预测分析获得的。无论是所有者还是购买者，判断某车辆是否有价值，首先应判断该车辆是否会带来收益，这里所说的收益，不仅仅是指现在的收益能力，更重要的是未来的收益能力。

2）收益额的构成。以企业为例，目前有几种观点：第一，企业所得税后利润；第二，企业所得税后利润与提取折旧额之和扣除投资额；第三，利润总额。

关于选择哪一种作为收益额，鉴于旧机动车的评估特点与评估目的，推荐估算方便的第一种观点，它可以准确地反映预期收益额。为了避免计算错误，可以列出车辆在剩余寿命期内的现金流量表。

3. 折现率的确定

在确定折现率时，首先应该明确折现的内涵。折现作为一个时间优先的概念，认为将来的收益或利益低于现在同等数量的收益或利益。同时，折现作为一个算术过程，把一个特定比率应用于一个预期的未来收益流，从而换算出当前的价值。从折现率本身来说，收益率越高，车辆的评估值越低，因为在收益一定的情况下，收益率越高，意味着单位资产增值率高，所有者拥有资产价值就低。折现率如何确定是运用收益现值法评估车辆时比较棘手的问题。确定折现率时必须谨慎，折现率的微小差异会给评估值带来很大的差异。确定折现率时，不仅应使用定性分析方法，还应寻求定量分析方法。折现率与利率不完全相同，利率是资金的报酬，折现率是管理的报酬。利率只表示资产（资金）本身的获利能力，而与使用条件、占用者和使用用途没有直接联系；折现率则与车辆以及所有者使用效果有关。一般来说，折现率应包含无风险利率、风险报酬率和通货膨胀率。无风险利率是指资产在一般条件下的获利水平，也就是我们所说的时间价值；风险报酬率则是指承担行业风险时所取得的报酬与投资中所付出代价的比率。其所承担的无风险收益比较好确定，但其所承担的行业风险会由于投资人的专长和行业背景而各不相同，因此不容易计算出来风险收益率，只要求选择的收益率中包含这一因素即可。

每个行业、每个企业都有具体的资金收益率。因此在利用收益法对机动车评估，并选择折现率时，应该进行本企业、本行业历年收益率指标的对比分析。但是，最后选择的折现率应该不低于国家债券或银行存款的利率。此外还应注意，在使用资金收益率这一指标时，要充分考虑年收益率的计算口径与资金收益率的口径是否一致；若不一致，将会影响评估值的正确性。

五、收益现值法评估的程序

1）调查、了解营运车辆的经营行情和消费结构。

2）充分调查、了解被评估车辆的技术性能和由此带来的各项可能的支出数额。

3）确定评估参数。即预测预期收益，确定折现率。

4）将预期收益折现处理，确定旧机动车评估值。

六、采用收益现值法的优缺点

采用收益现值法的优点是：①与投资决策相结合，容易被交易双方接受；②能真实和较准确地反映车辆本金化的价格。但采用这种方法，预期收益额的预测难度大，并受较强的主观判断和未来不可预见因素的影响。

操作技能

例3-1　某企业欲将一辆城郊线路的运营客车转让，某个体工商户准备将该车用作载客营运。试求该车评估值。

价格分析：按国家规定，该车辆剩余年限为3年，由于车辆使用频繁，维修费用逐年增多，经预测得出3年内各年预期收益的数据如下。

	收益额/元	折现率	折现系数	收益折现值/元
第一年	50000	8%	0.9259	46295
第二年	45000	8%	0.8573	38579
第三年	40000	8%	0.7938	31752

由此可以确定评估值为

$$评估值 = （46295 + 38579 + 31752）元 = 116626 元$$

例3-2　某人拟购置一辆从事城市出租运营的丰田花冠轿车，试求该车评估值。

情况介绍：车辆登记之日是2014年4月，已行驶里程数为18万km，目前车况良好，能正常运行。若用于出租使用，全年可出勤300天，每天平均毛收入为450元。评估基准日是2016年4月。

价格分析：从车辆登记之日起至评估基准日止，车辆投入运行已2年。根据行驶里程数、车辆外观和发动机等技术状况来看，该车辆原投入出租营运，属于正常使用、维护之列。根据国家有关规定和车辆状况，车辆剩余经济寿命为6年。预期收益额的确定思路为将1年的毛收入减去车辆使用的各种税和费用，其中包括驾驶人员的劳务费等，以计算其税后纯利润。根据目前银行储蓄年利率、国家债券、行业收益等情况，确定资金预期收益率为15%，风险报酬率为5%。

具体计算如下。

预计年收入为 450×300 元 =13.50 万元

预计年支出为每天耗油量为 75 元，年耗油量为 75×300 元	2.25 万元
日常维修费	1.20 万元
平均大修费用	0.80 万元
牌照、保险及各种规费、杂费	3 万元
人员劳务费	1.50 万元
出租车标付费	0.60 万元

故年毛收入为 （13.5 −2.25 −1.2 −0.8 −3 −1.5 −0.6）万元 =4.15 万元

按个人所得税条例规定年收入在 3 万 ~5 万元，应缴纳所得税率为 30%。故年纯收入为

$$4.15 \times (1-30\%) \text{ 万元} =2.9 \text{ 万元}$$

该车剩余使用寿命为 6 年。资金预期收益率为 15%，风险报酬率为 5%，故折现率为 15% +5% =20%。假设每年的纯收入相同，则收益现值法求收益现值，即评估值为

$$P = A[1 - (1+i)^{-n}]/i = 2.9 \times [1 - (1+0.2)^{-6}]/0.2 \text{ 万元} = 9.6 \text{ 万元}$$

知识能力拓展

在收益现值法的学习过程中，不可避免的涉及了现值和年金的概念，现将有关现值、终值和年金的计算方法介绍如下。

一、现值与终值的计算

1）已知现值 P，折现率 i，时间 n，求终值 F。则 n 期末的终值 F 与现值 P 的关系为

$$F = P(1+i)^n$$

简记为

$$F = P(F/P, i, n)$$

式中，$(1+i)^n$ 称为复利终值系数，记为 $(F/P, i, n)$，其值可查表（见附录 E）求得。在系数符号中，F 表示所求的未知数，P，i，n 表示已知数。即系数符号 $(F/P, i, n)$，表示已知 P、i、n，求 F。

2）已知终值 F，折现率 i，时间 n，求现值 P。则现值 P 与 n 期末的终值 F 的关系为

$$P = F \frac{1}{(1+i)^n} = F(1+i)^{-n}$$

简记为

$$P = F(P/F, i, n)$$

式中，$(1+i)^{-n}$ 称为复利现值系数，简称贴现系数。系数符号 $(P/F, i, n)$，表示已知 F，i，n，求 P。

二、年金与终值的计算

1）已知每年有一个现金流量 A（年金），折现率为 i，求在 n 年内积累的资金总量 F。则年金 A 与终值 F 的关系为

$$F = A[(1+i)^n - 1]/i$$

简记为

$$F = A(F/A, i, n)$$

式中，$[(1+i)^n-1]/i$ 称为年金终值系数。系数符号 $(F/A, i, n)$，表示已知 A、i、n，求 F。

2）已知在 n 年内累积资金 F，收益率为 i，求每年的积累资金 A。则终值 F 与年金 A 的关系为

$$A = Fi/[(1+i)^n-1]$$

简记为

$$A = F(A/F, i, n)$$

式中，$i/[(1+i)^n-1]$ 称为偿债基金系数。系数符号 $(A/F, i, n)$，表示已知 F，i，n，求 A。

三、年金与现值的计算

1）现在投资金额为 P，收益率为 i，要求在 n 年内全部收回投资，求每年收回的资金 A。即已知现值 P，折现率 i，时间 n，求年金 A，则

$$A = P[i(1+i)^n]/[(1+i)^n-1] = Pi/[1-(1+i)^{-n}]$$

简记为

$$A = P(A/P, i, n)$$

式中，$i/[1-(1+i)^{-n}]$ 称为资金回收系数。系数符号 $(A/P, i, n)$，表示已知 P、i、n，求 A。

2）已知收益率为 i，为了 n 年内每年回收 A 元，求现在的投资 P。即已知年金 A，折现率 i，时间 n，求现值 P。则

$$P = A[(1+i)^n-1]/[i(1+i)^n] = A[1-(1+i)^{-n}]/i$$

简记为

$$P = A(P/A, i, n)$$

式中，$[1-(1+i)^{-n}]/i$ 称为年金现值系数。系数符号 $(P/A, i, n)$，表示已知 A、i、n，求 P。

现将各系数的计算公式列于表3-1，具体的系数值在计算时可通过查阅专用的数学用表取得（见附录 E）。

表3-1 各系数的计算公式

系数名称	符号	用途
终值系数	$(F/P, i, n) = (1+i)^n$	由现值求终值
复利现值系数	$(P/F, i, n) = 1/(1+i)^n$	由终值求现值
年金现值系数	$(P/A, i, n) = [1-(1+i)^{-n}]/i$	由年金求现值
资金回收系数	$(A/P, i, n) = i/[1-(1+i)^{-n}]$	由现值求年金
年金终值系数	$(F/A, i, n) = [(1+i)^n-1]/i$	由年金求终值
偿债基金系数	$(A/F, i, n) = i/[(1+i)^n-1]$	由终值求年金

思考题

1. 讨论货币时间价值对投资项目营利性的影响。

2. 讨论折现率的选择标准和合理性判断。

3. 讨论一下所在城市出租车经营权购买的合理价格计算方法。

4. 分析一下不同人购买出租车经营权的折现率选择。

5. 总结收益现值的计算方法。

6. 分析收益现值计算方法在使用过程中需要注意的问题。

7. 分析预期收益额的计算方法及其差异。

8. 讨论城市出租车的实际经营行情和支出结构。

9. 讨论城际客运车辆的经营行情和支出结构。

10. 讨论所在城市城际客运线路及车辆购买的合理价值估算方法。

项目四　其他类型的车辆估价

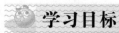 **学习目标**

1）了解现行市价的优缺点和应用场合。
2）掌握应用现行市价估算车辆价值的估算方法。
3）掌握应用清算价格法估算车辆价值的估算方法。
4）了解车辆鉴定报告的主要内容。

任务载体

当被评估的车辆在当地的交易数量较大，且交易信息公开透明的时候，通过和这些已达成的交易价格相比较，可以为被评估的车辆计算出一个更符合市场行情的公正价格。另外，车主由于种种原因有时需要在短时间内完成车辆交易，此时因为急于成交，对价格会有一定影响，可以通过计算对这些损失给予正确估计。

相关知识

一、采用现行市价法估算车辆的价格

现行市价法又称市场法、市场价格比较法，是指通过比较确定被评估车辆价值的一种评估方法。它是一种最直接、最简单的评估方法。这种方法的基本思路是：通过市场调查，选择一个或几个与评估车辆相同或类似的车辆作为参照物，分析参照物的构造、功能、性能、新旧程度、地区差别、交易条件及成交价格等，并与被评估车辆——对照比较，找出两者的差别以及差别所反映地在价格上的差额，经过适当调整，推算出被评估旧机动车辆的价格。

决定现行市场价格的基本因素有：

1）基础价格。即汽车的生产成本价格。

2）供需关系。根据现代经济学理论，一项商品或劳务的价格与需求量成正比例关系，与供应量成反比例关系。即需求量大于供应量时其价格就高，反之，其价格就低。

3）质量因素。是指汽车本身技术参数。一般情况，汽车和其他商品一样，价格是"优质优价"，同类汽车质量好的价格高，质量差的价格低。

（一）现行市价法应用的前提条件

1）要有一个活跃的、公平的市场，要有充分的参照物可取。只有有了充分发育、活跃的旧机动车交易市场，才会有大量的旧机动车交易信息，与被评估相类似的车辆价格才会容易得到。

2）至少要有三个以上近期成交的参照物车辆。所谓近期，是指参照物交易时间与车辆评估基准日时间相近，时间差一般在一个月之内。这些作为参照物的车辆与被评估车辆在规格、型号、功能、性能、内部结构、新旧程度及交易条件等方面应该近似。

3）参照物与被评估车辆比较的指标、技术参数等资料是可收集到的，并且价值影响因素明确，可以量化。

4）要有一个相对健全的汽车交易信息系统。

（二）采用现行市价法评估的步骤

（1）收集资料　收集评估对象的资料，包括车辆的类别名称，车辆型号和性能，生产厂家及出厂年月，车辆目前使用情况，实际技术状况以及尚可使用的年限等。

（2）选定旧机动车交易市场上可进行类比的对象　所选定的类比车辆必须具有可比性，所谓可比，是指车辆在规格、型号、功能、性能、内部结构、新旧程度及交易条件等方面近似。可比性因素包括：

1）车辆型号。

2）车辆制造厂家。

3）车辆来源，是私用、公用、商务车辆，还是营运出租车辆。

4）车辆使用年限，行驶里程数。

5）车辆实际技术状况。

6）车辆的市场状况。是指市场的经济处于衰退萧条还是复苏繁荣；其供求关系是买方市场还是卖方市场。

7）车辆的交易动机和目的。车辆出售是以清偿或是以淘汰转账为目的；买方是获利转手倒卖或是购建自用。不同情况的交易作价往往有较大的差别。

8）车辆所在的地区。同一车辆在不同地区的交易市场中的价格有较大的差别。

9）车辆的成交数量。单台交易与成批交易的价格会有一定差别。

10）车辆的成交时间。应尽量采用近期的车辆作为类比对象。由于通货膨胀及市场供求关系变化的影响，处于不同时间点的车辆价格，会有很大的差异。

按以上可比性因素选择参照对象，一般选择与被评估对象相同或相似的三个以上的参考对象。某些情况找不到多个可类比的对象时，应按上述可比性因素，仔细分析选定的类比对象是否具有一定的代表性和成交价的合理性，才可作为参照物。

（3）分析类比　综合上述可比性因素，应对被评估车辆与选定的类比对象做认真的分析类比工作。

（4）计算评估值　分析调整差异，并做出结论。

（三）现行市价法的具体计算方法

现行的市价法确定单台车辆价值通常采用直接法和类比法。

1. 直接法

直接法是指在市场上能找到与被评估车辆完全相同的车辆的现行市价，并依其价格直接作为被评估车辆评估价格的一种方法。所谓完全相同是指车辆型号相同，但是在不同的时期中，寻找同型号的车辆有时是比较困难的。参照车辆与被评估车辆类别相同，主参数相同，结构性能相同，只是生产序号不同，并做局部改动的车辆，则还是认为完全相同。

2. 类比法

类比法是指评估车辆时，在公开市场上找不到与之完全相同的车辆，但在公开市场上能找到与之相类似的车辆，以此为参照物对其价格做相应的差异调整，从而确定被评估车辆价格的一种方法。所选参照物与评估基准日在时间上越近越好，其基本计算公式为

$$评估价格 = 市场交易参照物价格 + \sum 评估对象比参照物优异之金额$$
$$- \sum 交易参照物比评估对象优异之金额$$

或者 $$评估价格 = 参照物价格 \times (1 \pm 调整系数)$$

用市价法进行评估时，了解市场情况是很重要的，了解的情况越多评估的准确性越高。市价法评估应该说已包含了该车辆的各种贬值因素，包括有形损耗的贬值，功能性贬值和经济性贬值，因为市场价格综合反映了车辆的各种因素，因而用市场法评估时不再专门计算功能性贬值和经济性贬值。

（四）对现行市价法的评价

1. 优点

1）现行市价法是国际上公认的资产评估三大基本方法之一，人们对于其基本原理与概念较易理解和掌握。评估结果易于被各方面理解和接受。

2）能够客观地反映旧机动车在目前的市场中情况，其评估的参数、指标是直接从市场中获得的，评估值能反映市场现实价格。

3）运用现行市价法时，一般不需要对外界因素影响带来的经济性差异做对比分析。

4）运用现行市价法时，一般也不需要对评估对象的未来收益做预测和对比分析。

5）在各项可比因素基本相同的情况下，该方法使用简便又准确。

2. 缺点

1）运用现行市价法评估资产价值时，必须具备一个公平、活跃的交易市场。

2）选择参照物很困难。

3）可比项目范围很广，资料搜集工作量大，而且可比项目之间的对比与分析也很复杂。即使是同一个生产厂家、同一的型号、同一天登记的产品，也会因为不同的车主使用，其使用强度、使用条件、维护水平等多种因素作用，其实体损耗、新旧程度都各不相同。

4）鉴定可比项目的差异很难，而确定其差异表现出的金额就更困难。

二、采用清算价格法估算车辆的价格

清算价格法是以清算价格为标准，对旧机动车辆进行的价格评估。所谓清算价格是指企业由于种种原因，要求在一定的期限内将车辆变现，在预期之日以前出卖车辆的快速变现价格。清算价格法在原理上基本与现行市价法相同。不同的是，由于急于在规定时间内完成交易，所以清算价格往往大大低于现行市场价格。

1. 清算价格法的适用范围和前提条件

清算价格法适用于企业破产、抵押、停业清理时要售出的车辆。

（1）企业破产 当企业或个人因经营不善造成的严重亏损不能清偿到期债务时，企业应依法宣告破产，法院以其全部财产依法清偿其所欠的债务，不足部分不再清偿。

（2）抵押 它是以所有者资产做抵押物进行融资的一种经济行为，是合同当事人一方用自己特定的财产向对方保证履行合同义务的担保形式。提供财产的一方为抵押人，接受抵押财产的一方为抵押权人。抵押人不履行合同时，抵押权人有权利将抵押财产在法律允许的范围内变卖，从变卖抵押物价款中优先受偿。

（3）清理 它是指企业由于经营不善导致严重亏损，已临近破产的边缘或因其他原因将无法继续经营下去，为弄清企业财物现状，对全部财产进行清点、整理和查核，为经营决策（破产清算或继续经营）提供依据。

在上述 3 种经济行为的资产业务中，若有机动车辆进行评估，可用清算价格为标准进行。

以清算价格法评估车辆价格的前提条件有：①具有法律效力的破产处理文件、抵押合同及其他有效文件为依据；②车辆在市场上可以快速地出售变现；③所得收入足以补偿因出售车辆导致的附加支出总额。

2. 决定清算价格的主要因素

在旧机动车评估中决定清算价格的有以下几项主要因素。

（1）破产形式　如果企业丧失车辆处置权，出售的一方无讨价还价的可能，那么以买方出价决定车辆售价；如果企业未丧失处置权，出售车辆一方尚有讨价还价余地，那么以双方议价决定售价。

（2）债权人处置车辆的方式　按抵押时的合同契约规定执行，例如公开拍卖或收回已有。

（3）清理费用　在破产等评估车辆价格时应对清理费用及其他费用给予充分的考虑。

（4）拍卖时限　一般时限长售价会高些，时限短售价会低些，这是快速变现原则的作用所决定的。

（5）公平市价　是指车辆的成交双方都满意的价格。在清算价格中卖方满意的价格一般不易求得。

（6）参照物价格　是指在市场上出售相同或类似车辆的价格。一般情况下，市场参照物价格高，被评估车辆出售的价格就会高，反之则低。

3. 评估清算价格的方法

旧机动车评估清算价格的方法主要有：

（1）现行市价折扣法　是指对清理车辆，首先在旧机动车市场上寻找一个相同或相似的参照物；然后根据快速变现原则估算出一个折扣率并据此确定其清算价格。例如，一辆丰田汉兰达轿车，经调查在旧机动车市场上成交价为 20 万元。根据销售情况调查，折价为 20% 时可以当即出售，则该车辆清算价格为 20 × （1 - 20%）万元 = 16 万元。

（2）模拟拍卖法（也称意向询价法）　这种方法是根据向被评估车辆的潜在购买者询价的办法取得市场信息，最后经评估人员分析确定其清算价格的一种方法。用这种方法确定的清算价格受供需关系影响很大，要充分考虑其影响的程度。例如，有一台大型客车，模拟评估其拍卖清算价格。评估人员经过对多个企业的有关负责人征询，其评估价格分别为 60 万元、73 万元、48 万元、50 万元、65 万元和 70 万元，平均价为 61 万元。考虑对资金支付条件等因素的限制，评估人员最终确定清算价格为 58 万元。

（3）竞价法　它是由法院按照法定程序（破产清算）或由卖方根据评估结果提出一个拍卖的底价，在公开市场上由买方竞争出价，谁出的价格高就卖给谁。

操作技能

例4-1　现有日产奇骏2014款手动高配轿车一辆待估价，试根据所选择的两辆近期成交的奇骏轿车的车辆信息，估算一下被评估车辆的价值，具体参数见表4-1。

表 4-1　被评估车辆与参照物的技术经济参数

序号	技术经济参数	参照物 1	参照物 2	被评估车辆
1	车辆型号	日产奇骏 2012 款 2.5LCVT 豪华版	日产奇骏 2014 款 2.5LCVT 豪华版	日产奇骏 2014 款 2.5LCVT 豪华版
2	销售条件	公开市场	公开市场	公开市场
3	交易时间	2016.5	2016.6	2016.6
4	行驶里程	4 万 km	2.8 万 km	3.2 万 km
5	初次登记时间	2013.4	2014.5	2014.3
6	已使用时间	3 年 1 个月	2 年 1 个月	2 年 3 个月
7	成新率	60%	72%	70%
8	交易数量	1	1	1
9	付款方式	现金	现金	现金
10	地点	河南郑州	河南郑州	河南郑州
11	物价指数	1.03	1	1
12	价格	12.5 万	14.2 万	待求（评估值）

1. 对比参照物 1 做差异调整

（1）结构性能的差异调整　参照物 1 的车身为老式车身，被评估物为新式车身，评估基准时点该项结构价格差异为 0.5 万元。参照物 1 的发动机为普通发动机，被评估车辆的发动机为 CVT 发动机，评估基准时点该项结构价格差异为 0.3 万元。该项调整的最终数值为 $(0.5 + 0.3) \times 70\%$ 万元 = 0.56 万元。

（2）销售时间的差异调整　参照物 1 成交时物价指数为 1，被评估车辆评估时的物价指数为 1.03，该项内容的调整系数为 $1/1.03 = 0.97$。

（3）新旧程度的差异调整　该项调整值为 $12.5 \times (70\% - 60\%)$ 万元 = 1.25 万元。

（4）付款方式无差异

$$\text{评估值} = (12.5 + 0.56 + 1.25) \times 1.03 \text{ 万元} = 13.88 \text{ 万元}$$

2. 对比参照物 2 作差异调整

（1）结构性能无差异

（2）新旧程度的差异调整　该项调整的最终数值为 $14.2 \times (70\% - 72\%)$ 万元 = −0.284 万元。

（3）销售时间和付款方式无差异

$$\text{评估值} = (14.2 - 0.284) \text{ 万元} \approx 13.92 \text{ 万元}$$

3. 计算被评估汽车评估值

综合依据参照物 1 和参照物 2 所获得的相关计算数值，可得出被评估汽车评估值为 $(13.88 + 13.92) / 2$ 万元 = 13.9 万元。

知识能力拓展

一、评估方法的正确选择

旧机动车鉴定估价的基本方法：现行市价法、收益现值法、清算价格法、重置成本法。这些方法有各自的特点，同时相互又有关联。评估方法的多样性，为鉴定估价人员提供了适当的选择途径。选择合适的评估方法，有利于简易、准确地确定被评估对象的价值。旧机动车鉴定估价方法的选择主要应考虑的因素有：

1）旧机动车评估方法的选择必须严格地与机动车评估的计价标准相适应。

2）旧机动车评估方法的选择还要受收集数据和信息资料的制约。

3）在选择旧机动车评估方法时，要充分地考虑旧机动车鉴定估价工作的效率，应选择简单易行的方法。

鉴于以上因素，在四种评估方法中，若采用现行市价法评估，则需要寻找到与被评估车辆相近的车辆，具备相近的使用日期、使用强度、使用条件等；若采用收益现值法，则会遇到预期收益额预测难度大，受较强的主观判断和未来不可预见因素的影响等问题；而采用清算价格法评估车辆时，又会受其适用条件的局限。所以，对于旧机动车鉴定评估人员而言，重置成本法由于其具有收集资料信息便捷，操作简单易行，评估理论贴近旧机动车的实际等特点，是最常被采用的评估方法。而对于旧机动车经营人员而言，由于他们常年在市场中从事收购和销售工作，对市场价格比较熟悉，使用更多的则是现行市价法。

二、汽车估价方法适用范围的总结

1. 重置成本法的适用范围

重置成本法是汽车评估中一种常用方法，它适于对那些能够继续使用的汽车进行的评估。对在用车辆，可直接运用重置成本法进行评估，无需作较大的调整。

2. 收益现值法的适用范围

多数情况下汽车的评估采用重置成本法，但在某些情况下，也可运用收益现值法。运用收益现值法进行汽车评估的前提是被评估车辆具有独立的、能连续用货币计量的可预期收益。在这些车辆的交易中，人们购买车辆的目的往往不在车辆本身，而在车辆的获利能力。因此，该方法较适用于从事营运的车辆。

3. 现行市价法的适用范围

现行市价法的运用首先必须以活跃旧机动车交易市场为前提，它是借助参照物的市场成交价或变现价运作的（该参照物与被评估车辆相同或相似）。因此，一个发达活跃的旧机动车交易市场是该方法得以广泛运用的前提。此外，现行市价法的运用还必须以可比性为前提。运用该方法评估车辆市场价值的合理性与公允性，在很大程度上取决于所选取的参照物的可比性。可比性包括两方面内容：

1）被评估车辆与参照物之间在规格、型号、用途、性能、新旧程度等方面应具有可比性。

2）参照物的交易情况（诸如交易目的、交易条件、交易数量、交易时间、交易结算方式等）与被评估车辆将要发生的情况具有可比性。

以上所述的市场前提和可比性前提，既是运用现行市价法进行汽车评估的前提条件，也是对运用现行市价法进行汽车评估的范围界定。

4. 清算价格法的适用范围

清算价格法适用于企业破产、抵押、停业清理时要售出的车辆。这类车辆必须同时满足以下条件，方可利用清算价格法进行出售。

1）具有法律效力的破产处理文件、抵押合同及其他有效文件为依据。

2）车辆在市场上可以快速地出售变现。

3）清算价格足以补偿因出售车辆所付出的附加支出总额。

三、旧机动车的计价形式

旧机动车一般有以下几种计价形式，这些形式在旧机动车的鉴定估价中都可能出现。

1. 旧机动车的原值

旧机动车的原始价值也称为原价或原值。它是指车主在购置或者以其他方式拥有某辆全新机动车时所发生的全部货币支出，包括买价、运杂费、车辆购置附加费，消费税、新车登记注册等所发生的全部费用。为简化计算，旧机动车原值除了购置车辆的买价以外，只考虑车辆购置附加费和消费税，其他费用略去不计。

2. 旧机动车的净值

旧机动车随着使用的过程逐渐磨损，其原始价值也随之减少而转入企业成本。企业提取折旧额用于车辆磨损的补偿。提取折旧后，剩余的账面价值就是旧机动车的净值。

3. 旧机动车的残值

旧机动车报废清理时回收的材料、废料的价值称为残值，它体现旧机动车丧失生产能力以后的残余价值。

4. 旧机动车的重置完全价值

它是指在某段时间内重新生产或购置同样的机动车所需要的全部支出，包括购置价及其他费用，当企业取得无法确定原价的车辆（如接受捐赠车辆）以及经济发生重大变化要求对企业车辆进行重新估价时，通常按重置完全价值计价。

5. 旧机动车评估价值

它是遵循一定的计价标准和评估方法，重新确定的旧机动车现值。

四、二手车鉴定评估技术规范

为了规范旧机动车评估的技术标准，引导相关从业人员正确开展工作，国家于2013年底颁布了《二手车鉴定评估技术规范》，该规范详细介绍了旧机动车的价格计算和技术鉴定的方法和要求，是目前国内最权威的关于旧机动车鉴定评估工作的指导性文件。

该规范对旧机动车鉴定的作业流程、检查内容、技术状况的判定、价格的计算、评估报告的书写、鉴定机构鉴定人员的资质等内容都做了具体规定。其中车况的检查需要完成104项内容，并要求鉴定评估人员在评估工作结束后出具规定格式的二手车技术状况表和二手车鉴定评估报告（具体内容见附录B）。

思考题

1. 总结现行市价法使用的限制条件。
2. 使用现行市价法时，需要对类比车辆的哪些参数进行比较？
3. 总结现行市价法的优缺点。
4. 分析不同品牌不同车型使用现行市价法对车辆实际价值的不同影响。
5. 总结清算价格法的适用范围和前提条件。
6. 总结影响车辆清算价格的主要因素。
7. 分析不同清算价格评估方法的优缺点。
8. 谈谈影响现行市价法评估准确性的因素有哪些？
9. 上网查阅最近成交的车辆，尝试运用现行市价法对身边的车辆估价。
10. 尝试使用清算价格法对身边的车辆估价，并和现行市价法获得的结果做比较。

项目五 车辆技术状况静态检查

学习目标

1) 了解车辆静态检查的项目。
2) 掌握观察车辆涂装缺陷的方法。
3) 掌握观察车辆钣金修理痕迹的方法。
4) 掌握车辆机械部件的检查方法。

任务载体

车辆在修理过程中，由于技术、环境和设备的原因会或多或少地留下修理加工的痕迹。运用正确的方法去观察这些痕迹，可以帮助评估人员对车辆的使用和运行状况做出基本的判断。

相关知识

在旧机动车的交易中，准确、客观地评估旧机动车的价值是至关重要的。其价值除受车型档次、市场供求关系、国家宏观政策的影响外，最主要的是旧机动车技术状况的好坏。

汽车在使用过程中，随着行驶里程和使用年限的增加，机械磨损会使汽车的技术状况不断地下降。其损耗程度的大小，视其使用强度、使用条件、使用性质、维修维护水平而定。不同的汽车，差异性很大。因此，估价前往往需要通过技术检验等手段来鉴定其损耗程度，据此来评定汽车实体的价值。此外，检验旧机动车时，还要验明其身份，从而识别非法和事故车辆，对维护社会的安全与稳定有着重要作用。

旧机动车静态检查是指在静态情况下，根据评估人员的经验和技能，辅之以简单的工具，对旧机动车的技术状况进行直观检查。其目的是快速、全面地了解旧机动车的大概技术状况。通过全面检查，发现一些较大的缺陷，如严重碰撞变形，车身、车架锈蚀或有结构性损坏，发动机或传动系统损伤，车厢内部设施的工作情况等，为其进行准确的价值评估提供依据。

旧机动车的静态检查主要包括识伪检查和外观检查两大部分。其中识伪检查主要包括鉴别走私车辆、拼装车辆和盗抢车辆等工作；外观检查包括鉴别事故车辆、检查发动机舱、检查客舱、检查行李箱和检查车底等内容。

一、识伪检查

1. 鉴别走私车和拼装车

在旧机动车交易市场中可能会有一些走私车辆、拼装车辆、盗抢车辆以及事故车辆，如何识别这部分车辆，是一项十分重要而又艰难的工作。它必须凭借技术人员所掌握的专业知识和丰富经验，结合有关部门的信息材料，对评估车辆进行全面细致的检查。

走私车辆是指没有通过国家正常进口渠道进口的，并未完税的车辆。拼装车辆是指一些不法厂商和不法商人为了牟取暴利，非法组织生产、拼装无产品合格证的假冒、低劣汽车。

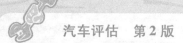
这些汽车有些是境外整车切割，境内焊接拼装车辆；有些是进口汽车散件，国内拼装的国外品牌汽车；有些是国内零配件拼装的国内品牌汽车；有些是旧车拼装车辆，即用多台车拼装成一台汽车；甚至有的是国产或进口零配件拼装的杂牌汽车。

对走私车辆、拼装车辆，在旧机动车交易鉴定评估中，首先确定这些车辆的合法性。因为有些走私、拼装车辆技术状况较好的车辆，从性能上符合国家有关机动车行驶标准和要求，可能已经经国家有关执法部门通过拍卖等方式处理，在公安机关车辆管理部门（以下简称公安车管部门）注册登记上牌，取得了合法地位。

走私车辆、拼装车辆的一般鉴别方法为

1）运用公安车管部门的车辆档案资料，查找车辆来源信息，确定车辆的合法性。这是一种最直接有效的判别方法。

2）查验旧机动车的汽车产品合格证、维护手册。对进口车必须查验进口产品商验证明书和商验标志。

3）检查旧机动车外观。查看车身是否有全部重新涂装的痕迹，特别是顶部下沿部位。车身的曲线部位线条是否流畅，尤其是一些小曲线部位经过再加工后会留下明显的加工痕迹。检查门柱和车架部分是否有焊接的痕迹，很多走私车辆是在境外把车顶切割后，运入国内再进行焊接拼装起来的。

4）查看车门、发动机盖、行李箱盖与车身的接合缝隙是否整齐、均匀。

5）查看旧机动车内饰。检查内饰是否平整，内饰压条边沿部分是否有明显的手指印或有其他工具碾压后留下的痕迹，车顶饰板是否更换过。

6）打开发动机盖，检查发动机和其他零部件是否有拆卸后重新安装的痕迹，是否缺少零部件。查看电线、管路布置是否整洁、有序。核对发动机号码和车辆识别代码（车架号码）字体和部位，是否有凿痕和重新焊接过。

2. 鉴别盗抢车辆

盗抢车辆一般是指公安车管部门已登记上牌的，在使用期内丢失的或被不法分子盗窃的，并在公安部门已报案的车辆。这类车辆被盗窃方式多种多样，它们被盗窃后所遗留下来的痕迹也会不同。如撬开门锁、砸车窗玻璃等，它们都会留下相应痕迹。这些被盗车辆大部分会经过一定涂装修饰后再卖出。

盗抢车辆的鉴别方法一般有：

1）根据公安车管部门的档案资料，及时掌握车辆情况，防止盗抢车辆进入市场交易。这些车辆从车主丢失报案到最终找到的这段时期里，公安车管部门会将其档案材料锁定，不允许进行车辆过户、转籍等一切交易活动。

2）根据盗窃的常用手段，应该主要检查车门锁芯有无被更换过的痕迹，门窗玻璃是否更换过，窗框四周的密封胶是否有插入玻璃升降器开门的痕迹，转向盘锁或点火开关是否有破坏或更换过的痕迹。

3）有些盗抢车辆被销赃时，会对车辆有关证件进行篡改和伪造，检查的重点是核对行驶证与车身或机舱内发动机号码和车辆识别代码。看车身或机舱内代码周围是否有变形或凿削的痕迹，是否有重新焊接的痕迹。

4）查看车辆外观是否全身重新做过涂装，或者改变原车辆颜色。

二、外观检查

外观检查一般是通过目测来进行，目测检查通常只做定性分析。定量分析则要借助一般的通用仪器设备来进行。汽车在进行外观检查之前，通常应进行外部清洗，以确保检查的可靠性。一般情况下，旧机动车的厂牌、型号、年份、款式等信息都是比较容易看出来的。汽车的使用情况、使用强度、可能出现过的事故等信息，则需要有一定实践经验的评估人员才能检查出来。在外观检查时，有些检查项目需在底盘下进行，因此应设有地沟或有汽车举升机构，以便将车体升起。

（一）检查车身

（1）检查车身的周正情况　汽车制造时，汽车车身及各部件的装配是由生产线上经过严格调试的装、夹具来完成的，装配出的车辆车身对称、周正。而维修企业对车身的修复则是靠维修人员目测和手工操作，装配精度难以保证。因此检查车身是否发生过碰撞，可通过对车的前部来观察车身各部的周正、对称状况。车身各接缝的焊接情况，如出现不直、缝隙大小不一、线条弯曲、装饰条有脱落或新旧不一等情况，则说明该车可能发生过事故或修理过。

在目测检查时，如发现有较严重的横向或纵向歪斜，可用高度尺、水平尺检查车体歪斜是否超过规定值。此时，还应考虑到车架、车身是否变形，悬架刚度是否下降，轮胎气压是否正常。若有异常，应及时排除。否则，车体歪斜会越来越严重，最终引起汽车行驶跑偏，重心偏移，操纵失灵不稳，轮胎磨损加剧等种种不良后果。《机动车运行安全技术条件》规定，车体应周正，左右对称部位高度差不得大于 40 mm。

（2）检查车门严密性　检查车门窗框是否变形、翘曲，门缝是否均匀整齐，密封胶条是否硬化、脱落；检查开关车门时是否有不正常的响声，门窗玻璃升降是否灵活，门锁是否开关灵活有效。

（3）检查油漆脱落情况　首先应检查风窗玻璃四周边缘的油漆是否平整，如果有不平整或是脱落的现象。则说明该车已做过涂装或翻新。其次，要注意车身和车门等表面的油漆是否光洁平整，颜色统一。修补过的车身零件表面，粗糙度会和其他零件有差别，反光不一样，甚至出现凹凸不平或有明显的桔皮现象。查看排气管、镶条、窗户四周和轮胎等处是否有多余油漆。如果有，说明该车已做过涂装或翻新。用一块磁铁，在车身周围移动，如遇到突然减少磁力的地方，说明此局部补了灰，做了涂装。用手敲击车身时，如敲击声发脆，说明车身没有补灰涂装；如敲击声沉闷，则说明车身曾做过补灰涂装。汽车车身原厂油漆的厚度一般为 0.1 ~ 0.15mm，个别高档车可能会达到 0.2 ~ 0.25mm。如果条件许可，可以找个漆膜厚度测试仪测一下油漆厚度（图5-1），如果漆膜厚度远超出正常值，且各处的厚薄也不均匀，基本就可以判定是后期重做的修补漆了。漆膜较厚的位置可能经过翻新或是出现过局部事故。

图5-1　使用漆膜测厚仪测量油漆厚度
（单位：微米）

（4）检查轮胎磨损情况　检查时，应从汽车的外侧检查轮胎，而后检查轮胎的内侧。检查是否有对胎侧的修理，是否有割痕或磨损，是否有严重的风雨侵蚀。轿车轮胎胎冠上的花纹深度不得小于 1.6mm，其他车辆转向轮的胎冠花纹深度不得小于 3.2mm，其余轮胎胎冠花纹深度不得小于 1.6mm。

（5）检查减振弹簧　汽车减振弹簧主要有钢板弹簧和螺旋弹簧两种。对于钢板弹簧，应检查车辆钢板弹簧是否有裂纹、断片和碎片现象；两侧钢板弹簧的厚度、长度、片数、弧度、新旧程度是否相同；钢板弹簧 U 形螺栓和中心螺栓是否松动；钢板弹簧销与衬套的配合是否松旷。对于螺旋弹簧，应检查有无裂纹、折断和疲劳失效等现象。螺旋弹簧上、下支座有无变形损坏。

（6）检查减振器　观察四个减振器是否有漏油现象，如果有漏油，说明减振器已失效，需要更换。而更换减振器需要全部更换，而不是只更换其中一个，所以成本较高。观察前后减振器的生产厂家是否一致。减振器上下连接处有无松动、磨损等现象。

（7）检查稳定杆　稳定杆主要用于前轮，有时也用于后轮，两端固定于悬架控制臂上。其功用是保持汽车转弯时车身平衡，防止汽车侧倾。检查稳定杆有无裂纹，与车身连接处的橡胶衬有无损坏，与左右悬架控制臂的连接处有无松旷现象。

（8）检查汽车玻璃的生产日期　除个别车型外，大多数的车辆在汽车玻璃的左下角或是右下角，都会有一个生产标记。在这个标记中包含有所配套的汽车品牌、玻璃生产厂家、玻璃类型、质量认证和生产日期的信息（图 5-2）。

照片中倒数第二行，由数字和圆点组成的标记，就是汽车玻璃的生产日期，数字表示年份，圆点表示月份。数字有用一位数表示的，也有用两位数表示的，如果用一位数的话，每十年周转一次，使用十年的玻璃磨损应该是很明显的，是不会和新出厂的玻璃混淆的。圆点有两种表示方法，在数字的两侧标注和在数字的后部标注。图 5-2 是在两侧标注的，点在数字前就意味着是上半年，

图 5-2　福特车的汽车玻璃生产标记

在后就是下半年，几个点就代表着是向前或向后几个月，在前就用"7 减去点数"，在后就用"13 减去点数"。图 5-2 中的··0 正确的意思是 2010 年 5 月份生产或是 2000 年 5 月生产的，具体时间结合车身使用情况应该很容易判断。

还有一种圆点在数字后的表示方法，此时圆点一般会分两组，第一组表示季度，第二组表示该季度中的第几个月，如图 5-3 所示。

图 5-3 最下面一行的意思是，汽车玻璃的生产日期是 2011 年第一季度的第三个月，也就是 2011 年 3 月生产的。现在的汽车生产企业为了降低成本，都采用主要部件零库存配套成产方式，因此，汽车玻璃的生产日期和整车出厂日期相差很小，一般都在新车出厂前 1～3 个月生产制造。如果玻璃的生产时间和整车出厂时间相差较大，则该车很有可能是发生过

较严重事故。

（二）检查发动机舱

1. 检查发动机外部

（1）检查发动机清洁情况　打开发动机罩，观察发动机表面是否清洁、是否有油污、是否锈蚀、是否有零部件损坏或遗失，导线、电缆、真空管是否松动。如果发动机上灰尘多，说明该车的日常维护不够。若发动机表面特别干净，可能是车主在此前对发动机进行了特别的清洗，不能由此断定车辆状况一定很好。对于车主而言，为了使汽车能更快售出且卖个好价钱，有的车主会将发动机舱进行专业清洁。

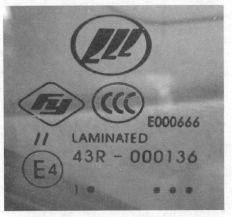

图 5-3　力帆轿车的玻璃标志

（2）检查发动机铭牌和标牌

1）检查发动机铭牌。查看发动机上有无发动机铭牌。如果有，检查上面是否有发动机型号、出厂编号、主要性能指标等，这可以判别发动机是不是正规厂制造。

2）查看排放信息标牌。排放信息标牌应该在发动机罩下的适当位置或在风扇罩上。

3）检查车架号或 17 位编码。一般位于风窗玻璃下或发动机隔墙上，看是否正确或被更改。

（3）检查发动机润滑油　发动机润滑系统对发动机各个运动部件进行润滑。若发动机润滑系统不良将严重影响发动机的使用寿命和价值。

1）检查润滑油气味。拔下机油尺，闻一下机油尺上的润滑油有无异味，判断是新润滑油还是旧润滑油。如有汽油味，则说明润滑油中混入了汽油，可能是个别缸不工作或发动机混合气过浓的原因。发动机在此条件下长时间运转燃油会冲刷掉气缸壁上的润滑油油膜，造成缸壁的过度磨损。如润滑油有煳味，则说明发动机过热。进一步检查机油尺自身的颜色，如果发动机曾严重过热，则机油尺会变色。

2）检查润滑油油位。检查之前应将车停放在平坦的场地上。将起动开关钥匙拧到关闭位置，把驻车制动杆放到制动位置，变速杆放到空档位置。

打开发动机舱盖，抽出机油尺，将机油尺用抹布擦净油迹后，插入机油尺导孔，拔出查看。油位在上下刻线之间，即为合适（图 5-4）。如果超出上刻线，应放出多余润滑油；如果低于下刻线，可从加油口处添加。添加时应严格注意清洁并检查是否有渗漏现象。待10min 后，再次检查油位。若润滑油油位过低，应注意观察是否有润滑油泄漏的现象。若无泄漏现象，看排气管在着车时是否冒蓝烟。若冒蓝烟，则说明发动机烧润滑油。若油平面过高，则可能有水混入曲轴箱。此时，打开润滑油加注口的端盖，会发现盖底有一层黏稠的浅棕色乳状物，这样的发动机技术状况就差，还将面临大修。

3）检查润滑油泄漏。润滑油泄漏的地方主要有：气门室盖；气缸垫；油底壳垫；曲轴前、后油封；油底壳放油螺塞，放油螺塞松动或密封垫损坏，润滑油渗漏；机油滤清器；机油散热器的机油管；机油散热器；机油压力感应塞。

2. 检查冷却系统

发动机冷却系统对发动机有很大影响，应仔细检查发动机冷却系统的相关零部件，主要

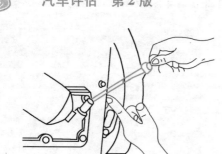
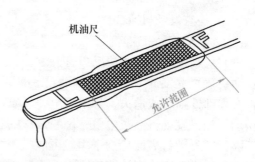

图 5-4　检查润滑油油位

检查冷却液、散热器、水管、冷却风扇、风扇传动带等。

（1）检查冷却液　检查冷却液时，对于没有膨胀水箱的冷却系统，可以打开散热器盖进行检查，要求液面不低于排气孔 10mm。如果使用防冻液时，要求液面高度应低于排气孔 50～70mm（这是为了防止防冻液因温度升高而溢出）；对于装有膨胀水箱的冷却系统，应检查膨胀水箱的冷却液量应在规定刻线（H～L）之间（图 5-5）。检查冷却液量时，应在冷车状态下进行，检查后应扣紧散热器盖。添加冷却液时，应选用同种防冻液。在添加前要检查冷却系是否有渗漏现象。

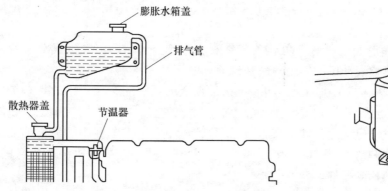
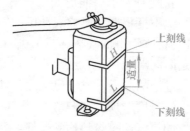

图 5-5　冷却液的检查

（2）检查散热器　仔细全面检查散热器上下水室和散热器芯子。查看是不是有褪色或潮湿区域。芯子上的所有散热片应该是同一颜色的。当看到芯子区域呈现浅绿色（腐蚀产生的硫酸铜），这说明在此区域有针孔泄漏，有针孔泄漏的散热器是无法修理的，必须更换。检查散热器的散热效果时，如果发动机温度过高，可能是散热器堵的缘故。若是散热器外部堵可用高压水冲洗。若是内部堵则应该冲洗散热器。

（3）检查水管　用手挤压散热器和暖风器软管，看是否有裂纹或发脆情况。仔细观察软管上卡紧的两端，是否有鼓起部分和裂口。一般暖风器和散热器软管通常可以使用16 万 km以上。

（4）检查风扇传动带　汽车散热器风扇有通过传动带来驱动的，也有电子风扇驱动的。带传动的冷却风扇应检查散热器风扇传动带的磨损情况。仔细检查风扇传动带的外部，查看是否有裂纹或风扇传动带层片脱落。检查风扇传动带与带轮接触的工作区是否磨亮。如果磨亮，则说明风扇传动带已经打滑。同时检查风扇传动带的松紧度，如图 5-6 所示。风扇传动带磨损、抛光或打滑可能引起"尖啸声"并使蓄电池充电不足，甚至产生过热问题。

（5）检查冷却风扇 检查冷却风扇叶片是否变形或损坏。变形或损坏时其排风量相应减少，会影响发动机冷却效果使发动机温度升高，因而需要更换冷却风扇。

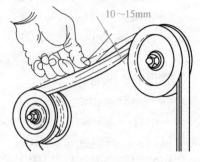

10~15mm

图5-6 检查风扇传动带的松紧度

3. 检查点火系统

点火系统的工作性能直接影响发动机的动力性和经济性。点火系统的外观检查主要是检查蓄电池、点火线圈、高压线、分电器、火花塞等零件的外观性能。

（1）检查蓄电池 检查标牌，确定蓄电池的寿命。如果蓄电池的有效寿命快接近极限，则需要考虑更换蓄电池的价格。蓄电池的寿命一般为两年。

检查蓄电池的表面情况。检查蓄电池表面清洁情况可以看出车主对汽车的维护情况。蓄电池盖上有电解液、尘土等异物，或蓄电池端子、接线柱处有严重铜锈或堆满腐蚀物时，可能会造成接触不良，使蓄电池自行放电、电解液消耗过快、充不进电等情况。

（2）检查高压线 高压线有中央高压线和分缸高压线。高压线应该清洁、布线整齐、无切割口、无擦伤、无裂纹或无排气烧焦处，否则高压线可能会漏电。高压缸线应该成组更换。

（3）检查分电器 有分电器的点火系统应仔细检查分电器的工作情况。观察分电器盖有无裂纹、炭痕、破损等现象，这些现象均可使分电器漏电、点火能量不足，引起发动机动力不足。

（4）检查火花塞 用火花塞套筒扳手拆下任意一个火花塞，观看火花塞的燃烧情况。若火花塞电极呈现灰白色，而且没有积炭，则表明火花塞工作正常，燃烧良好。若火花塞严重积炭、电极严重烧蚀、绝缘体破裂、漏气、侧电极开裂，均使点火性能下降，造成发动机动力不足，则需要更换火花塞。火花塞需要成组更换。

（5）检查点火线圈 观察点火线圈外壳有无破裂。若点火线圈外壳破裂，则容易受潮从而使点火性能下降，影响发动机的动力性。在工作时需要检查点火线圈是否发热。如果发热，则要检查电路或更换。

4. 检查供给系统

（1）检查燃油管路是否老化。

（2）检查进气软管 检查进气软管是否老化变形，是否变硬，是否有损坏或烧坏处。如果进气软管光亮如新，则可能喷过防护剂喷射液，应仔细检查，以防不能检查出必须更换的零部件。

（3）检查真空软管 用手挤压真空软管情况。软管应富有弹性，而不是又硬又脆。软管会随时间的推移而变硬、易于开裂，从而造成泄漏，使汽车发生故障。许多真空软管用各种各样的塑料T形管接头互相连接，随着发动机工作时间的推移，这些塑料T形管接头可能被折断。在检查时，如果塑料T形管接头破碎或裂开，则需要更换。同时，应注意真空软管管路布置，查看软管是否是原来出厂时那样的整齐排列，是否有软管从零件上明显拔出、堵住或夹断。这些均能体现软管是否有人动过，是否可能隐瞒了某些不能工作的系统或部件。

（4）检查空气滤清器 空气滤清器是易损件，需要定期更换。如果空气滤清器太脏，

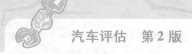

则说明车辆维护差。而且可能经常行驶在灰尘较多的地方，即车辆使用条件较差。

（5）检查节气门拉索 检查节气门拉索是否阻滞，是否有毛刺等现象。

5. 检查发动机附件

（1）检查发动机支架 检查发动机支架减振垫是否有裂纹。如有损坏，则发动机振动大，使用寿命也会下降。

（2）检查同步带（正时带） 轿车采用了顶置凸轮轴，一般采用同步带来驱动。同步带噪声小且不需润滑，但耐用性不及链传动。通常每行驶 8 万 km 时必须更换同步带。拆下同步带罩，仔细检查同步带内、外两侧有无裂纹、缺齿、磨损等现象，若有，则表明此车行驶了较长的里程。若是 V 形发动机，则更换同步带的费用是较高的。

（3）检查发动机各种带传动附件的支架和调节装置 检查发动机各种带传动附件的支架和调节装置是否有松动、螺栓丢失或裂纹等现象。支架断裂或松动可能引起风扇、动力转向泵、水泵、交流发电机和空调压缩机等附件运转失调。它不仅能使传动带提前损坏，甚至能造成传动带丢失。

6. 检查发动机舱内其他部件

（1）检查制动主缸及制动液 检查制动主缸是否锈蚀或变色。制动主缸锈蚀和变色表明有制动液泄漏问题，或是主缸盖橡胶垫处泄漏，或是制动液经常加多，从而使一些油液漏在系统上造成锈蚀。

（2）检查离合器液压操纵机构 液压操纵的离合器使用制动主缸同样的油液，应该检查油液是否和制动主缸中的油液相同。

（3）检查继电器盒 在发动机舱内有电器系统总继电器盒，它在蓄电池附近或沿着发动机舱壁区域。打开继电器的塑料盖，查看内部。通常在塑料盖上有图指明哪一继电器属于哪一系统。对照电路图检查继电器盒内，继电器与熔断器的完好情况。

（4）检查发动机线束 查看发动机舱中导线是否擦破或是裸线，导线是否露在保护层外，导线是否固定在导线夹中，导线是否用非标准的胶带包裹，是否有旁通原有线束的外加导线。有胶带或外加导线时预示着有早期的电路问题，或预示着非专业安装了一些附件，如立体声收音机、附件驱动装置或雾灯、民用频带收音机或防盗报警器等。这些附件如果是专业安装，通常导线电路和线束整齐，固定在原来的线束卡或线束中，使用非焊接的卷边接头，而不是使用许多绝缘胶带。

（三）检查驾驶室

1. 检查驾驶操纵机构

（1）检查转向盘 将汽车处于直线行驶的位置，左右转动转向盘，最大游动间隙由中间位置向左或向右应不超过 15°。如果间隙超过标准，则说明转向系统的各部分间隙过大，需要维护和维修。两手握住转向盘，将转向盘向上下、前后、左右方向摇动推拉，应无松旷的感觉。如果有松旷的感觉，则说明转向机内轴承松旷，需要调整。

（2）检查加速踏板 观察加速踏板是否磨损过度而发亮。若磨损严重，则说明此车行驶里程已很长。踩下加速踏板，测试踏板有无弹性，如图 5-7 所示。若踩下很轻松，则说明节气门拉索松弛，需要检修。若踩下加速踏板较费劲，则说明节气门拉索有阻滞、破损，可能需要更换。

（3）检查制动踏板 检查制动踏板的踏板胶皮是否磨损过度。通常制动踏板胶皮寿命

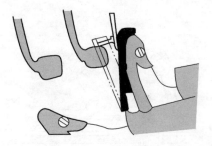
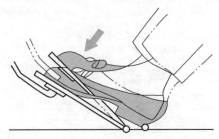

图 5-7 检查加速踏板的运动情况

是 3 万 km 左右。如果换了新的，则说明此车已经行驶 3 万 km 以上。

用手轻压制动踏板，自由行程应在规定范围内，如图 5-8 所示。若超过标准，则应调整踏板自由行程。将制动踏板踩到底时制动踏板与地板之间应有一定的距离。踩下液压制动系统的制动踏板时，踏板反应要适当，过软说明制动系统有故障；过硬则可能是真空助力有问题。

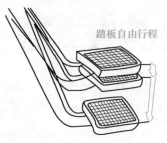

踏板自由行程

踏板储备行程

图 5-8 检查制动踏板的自由行程

（4）检查离合器踏板 检查离合器踏板的踏板胶皮是否磨损过度，如果已更换了新的踏板胶皮，则说明此车已行驶 3 万 km 以上。

轻轻踩下或用手推下离合器踏板，试一试踏板有没有自由行程，如图 5-9 所示。离合器踏板的自由行程一般在 30 ~ 45mm 之间。如果没有自由行程或自由行程小，则会引起离合器打滑。如果自由行程过大，则会引起离合器分离不彻底。

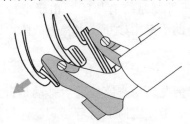

自由行程

图 5-9 检查离合器踏板的自由行程

（5）检查驻车制动操纵杆 放松驻车制动，再拉紧驻车制动，检查驻车制动操纵杆是否灵活、有没有失效（图 5-10），锁止机构是否正常。

大多数驻车制动操纵杆拉起时应在发出 3 ~ 5 声"咔嗒"声后使后轮制动。多次"咔嗒"声后不能拉起制动杆可能是因为太紧的缘故。脚踏板操纵的驻车制动器释放机构踏下轮制动时也应发出 3 ~ 5 声"咔嗒"声。

（6）检查变速杆 用手握住变速杆球头，根据档位位置，逐一将变速杆换至各个档位，

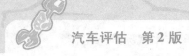
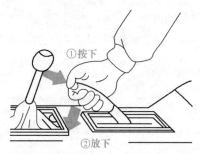
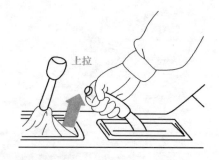

图 5-10 检查驻车制动操纵杆

检查变速杆换档时是否灵活。观察变速杆的防护罩是否破损，若有破损，则必须更换。

2. 检查开关

汽车一般有点火开关、转向灯开关、车灯总开关、变光开关、刮水器开关、扬声器开关等。分别依次开启这些开关，检查这些开关是否完好，能否正常工作。

3. 检查仪表及指示灯

一般汽车设有气压表（气压制动）、车速里程表、燃油表、机油压力表（或机油压力指示器）、冷却液温度表、电流表等仪表。应分别检查这些仪表是否能正常工作，有无缺失损坏。

汽车上有很多指示灯或警告灯，如制动警告灯、机油压力警告灯、充电指示灯、远光指示灯、转向指示灯、燃油量警告灯、驻车制动指示灯等，应分别检查这些指示灯或警告灯是否能正常工作。

新型轿车上采用了大量的电子控制设备，这些电子控制设备均设有故障灯。当这些灯亮时，表明此电子控制系统有故障，需要维修，因此应特别注意观察。汽车上电子控制设备主要故障灯有发动机故障灯、自动变速器故障灯、ABS 故障灯、SRS 故障灯、电控悬架故障灯等。

电控系统的故障灯一般在仪表盘上，其检查方法是：打开点火开关，观察这些故障灯是否亮 3s 后自动熄灭。若在 3s 内自动熄灭，则表明此电子控制系统自检通过，系统正常；若在 3s 内没有熄灭或根本就不点亮，则说明此电子控制系统有故障。由于电控系统的故障较复杂，对汽车的价格影响很大，若有故障，应借助于专用诊断仪来检查故障原因，以判断此系统的故障位置。

4. 检查座椅

检查座椅罩是否撕破或裂开、是否有油迹等情况。检查座椅前后移动是否灵活、能否固定。检查座椅高低能否调节和座椅后倾调节角度。坐在座椅上，若感到座椅弹簧松弛，弹力不足，则说明该车已行驶了很长里程。另外应确保所有座椅安全带数量正确，且在合适位置并工作可靠。

5. 检查地毯和地板

抬起车内的地板垫或地毯，检查是否有霉味，是否有水淹的痕迹。地板或板胶是否有残损，若有生锈，则说明该车可能漏水。如果发现地板上有被水浸泡的迹象，则汽车的价格要大打折扣。

6. 检查杂物箱和托架

一般汽车设有杂物箱和托架，用以放置汽车维修手册、汽车维护记录等物件。汽车维修手册里面有许多关于汽车上各项操作、油液容量和一般规范的信息，可根据汽车维修手册查阅工厂推荐的维护时间表。如果工厂推荐了主要维护项目，并要求多少里程时检查和调整，那么将它与汽车里程表读数比较。如果读数接近汽车维修手册中的一项维护里程，而没有维护记录，则要维护该车时将需要一定的费用。

7. 检查电气设备

（1）检查刮水器和风窗玻璃洗涤器　打开刮水器和风窗玻璃洗涤器，观察风窗玻璃洗涤器能否喷出洗涤液；刮水器是否在所有模式下都能正常工作；刮刷是否清洁；刮水器运转是否平稳；刮水器关闭时，刮片能否自动返回初始位置。

一般刮水器有高速、低速两个位置，新型轿车一般还设有间歇位置，当间歇开关开后，刮水器能以 2~12 次/s 的速率自动停止和刮拭。

（2）检查电动车窗及后视镜　按下电动车窗开关，各车窗升降器应能平稳、安静地工作，使各车窗升起和落下且无卡滞现象。

按下电动后视镜开关上的 UP（上升）按钮，然后再按 DOWN（下降）按钮，后视镜平面应先向上移动，再向下移动。按下电动后视镜开关上的 LEFT（向左）按钮，再按下 RIGHT（向右）按钮，电动后视镜平面应先向左移动，再向右移动。

（3）检查电动座椅　如果是电动座椅，则应检查是否所有调节方向都能工作。

（4）检查电动门锁　如果汽车有电动门锁，则应试用并确保从外面能打开所有门锁。同时，确保操作门锁按钮能使所有车门开锁。

（5）检查点烟器　按下点烟器，观察点烟器能否正常工作。点烟器插座是许多附件共用的插座，如电动剃须刀、冷却器、民用频带收音机等。若点烟器不能工作，则说明其他电路可能有故障。

（6）检查收音机和音响　用一盒式录音带和一张 CD 唱盘来检查磁带机和音响系统，观察磁带机或 CD 机能否正常工作，音质是否清晰。打开收音机开关，检查收音机能否正常工作。许多汽车在静止和发动机停机时才能正常收听，所以应在发动机运转时检查音响系统或收音机，检查是否有发动机电气系统干扰或由于松动、断裂或低标准天线引起的不良接收信号。

如果汽车安装了电动天线，则当打开点火开关或按下天线按钮时，天线应能自动升高和降低，否则需要更换电动天线。

（7）检查电动天窗　如果有电动天窗，操作并观察是否工作平稳。当关闭时是否密封良好。当打开天窗时，检查轨道上是否有漏水的痕迹。特别是在旧机动车上，这是天窗典型的问题。如果天窗上有玻璃板或塑料板，则应察看玻璃板或塑料板是否清洁、有没有裂纹。许多天窗上有遮阳板，当不想让阳光射进来时，可以向前滑动或转动从内部遮住天窗。确保遮阳板良好，工作正常。

（8）检查除雾器　当汽车配备了后窗除雾器且系统工作正常时，打开后窗除雾器几分钟后，后窗玻璃摸上去应该是热的。还须检查暖风器（即使是夏天）并确保风速开关在所有速度档时均能正常工作。试一试风窗玻璃除霜器位置并在风窗玻璃底部感受一下热空气。如果没有热气，则意味着除霜器导管可能丢失或破裂。

（9）检查防盗报警器　先设置报警，然后再振动翼子板，观察防盗报警器能否起动报警，但在试验之前应确保知道如何解除报警。

（10）检查空调鼓风机　打开空调鼓风机，依次将风速开关旋转至不同的速度位置，观察鼓风机是否能正常运转。

（四）检查行李箱

（1）检查行李箱锁　行李箱的锁只能用钥匙才能打开。则应检查行李箱锁有无损坏。

（2）检查行李箱开关拉索或电动开关　有些汽车在乘客舱内部有行李箱开启拉索或电动开关，应确保其能够正常工作，并能不费劲地打开行李箱或箱盖。

（3）检查行李箱地板　拉起行李箱中的橡胶地板垫或地毯，观察地板是否有铁锈、修理和焊接痕迹或行李箱密封条不严而引起的发霉的迹象。

（4）检查备胎　如果是一辆行驶里程较短的汽车，其备胎应该是新标记，且与原车上的标记相同，而不是花纹几乎磨光的轮胎。

（5）检查随车工具　检查千斤顶、灭火器、警示牌及随车工具是否齐全。

（五）检查车身底部

将汽车用举升机举起后，就可对底下各部件进行检查。而车主在买车之后，一般不会对车底下各部件进行维护。所以，车底下各部件的技术状况更能真实地反映出汽车整体的技术状况。

1. 检查泄漏

在汽车底下很容易检查出泄漏源，从车底下可以检查出的泄漏有冷却液泄漏、润滑油泄漏、制动液泄漏、变速器油泄漏、转向助力油泄漏、主减速器油泄漏、电控悬架油泄漏、减振器油泄漏、排气泄漏等。

（1）检查冷却液泄漏　冷却液泄漏通常从上部最容易看见，但是如果暖风器芯或软管泄漏，液滴可能只出现在汽车下方，所以应在离合器壳或发动机舱壁周围区域寻找那些冷却液污迹。注意不要把水滴和冷却液泄漏混淆。来自空调的水是蒸汽凝结成的，无色无味，不像冷却液呈绿色（防冻剂的颜色）并有一点甜味。

（2）检查润滑油泄漏　检查油底壳和油底壳放油塞区域是否有泄漏的迹象。行程超过 8 万 km 的汽车有少量污迹是常见的。当泄漏持续很长时间时，行车气流抽吸型通风装置和发动机风扇将把油滴抛到发动机、变速器或发动机舱壁下部区域各处，所以严重的泄漏不难发现，除非汽车的下侧最近用蒸汽清洁过。

（3）检查动力转向油泄漏　动力转向液看起来像变速器油液泄漏，因为两种油液相似，但是动力转向泵泄漏通常造成的污迹集中在动力转向泵或转向器（或齿条齿轮）本体附近。

（4）检查变速器油泄漏　对于自动变速器，一般有自动变速器冷却装置，其管道较长，容易出现泄漏。其检查方法为在冷却管路连接到散热器底部的地方察看是否有变速器液泄漏，沿着冷却管路本身、变速器油底壳和变速器后油封周围的区域查看。变速器的金属冷却管应该成对布置，有几个金属夹子沿着管路将它们固定，管路不应该悬下来。还应该检查在局部管路修理的过程中，是否用橡胶软管代替金属管进行连接的现象。只有几种具有足够强度和足够耐油耐热的橡胶软管才可以用在变速器上。像燃油软管那样的常规软管，在这种应用中，短期使用后可能失效，会引起变速器故障。

（5）检查制动液泄漏　诊断前、后制动器是否有制动油液的痕迹。查找制动钳、鼓式制动器后板和轮胎上是否有污迹。从汽车的前部到后部，循着制动钢管，寻找管路中是否有扭结、凹陷或是泄漏的痕迹。

（6）检查排气泄漏 排气系统紧固是很重要的。这不仅使汽车行驶时更安静，而且使驾驶更舒适。但如果排气系统泄漏，使一氧化碳流入汽车内部，这样会给驾驶人造成致命的危害。可以在汽车路试前发动汽车并且注意倾听一些特定区域，那里听起来发出的声音是否有泄漏声。如果没有听到，那么再发动汽车并稍稍变化发动机转速，同时让另一人在汽车旁蹲下，仔细倾听是否有"嘶嘶"声或"隆隆"声。关闭发动机并滑行，进一步注意汽车下侧。这时千万不要让身体的任何部分或衣服接触到很热的排气管道。

排气泄漏通常呈现为白色、浅灰或者黑色条纹。它们可能来自排气管、催化转化器或消声器上的针孔、裂缝。特别注意查看消声器和转化器接缝，以及两个管或排气零件的接合处。有排气垫的地方，就有排气泄漏的可能性。

当检查排气系统时，寻找明显的排气泄漏痕迹。例如焊接不当的排气管连接处周围的黑色污迹。在浅色排放管上，泄漏通常容易造成棕色或黑色污迹。这些小孔周围的污迹是排气管需要更换的迹象。如果装有橡胶环形圈，则检查橡胶环形圈排气管吊架的情况。检查排气管支座是否损坏，支座损坏容易引起排气系统泄漏或产生噪声。

2. 检查排气系统

观察排气系统上所有吊架，看它们是否都在原来位置并且是否像原来部件。现在大多数汽车具有带耐热橡胶环形圈的排气管支承，它连接车架支架与排气管支架。当这些装置在一些消声器商店里更换为通用金属带时，排放系统将承受更大的应力并产生更多的噪声、热量和振动将传递到汽车上。

要注意察看排放系统零件看上去是否标准，排气管是否更换，要确保它们离制动管不能太近。在后轮驱动的汽车上，排气管越过后端部，要确保紧靠后桥壳外表的制动钢管没有因为与排放系统上的凸起相遇而变形。

3. 检查传动轴

对于后轮驱动的汽车，检查其传动轴、中间轴及万向节等处有无裂纹和松动；传动轴是否弯曲；传动轴轴管是否凹陷；万向节轴承是否因磨损而松旷；万向节凸缘盘连接螺栓是否松动等（图5-11）。

对于前轮驱动的汽车，要密切注意其等速万向节上的橡胶防尘套。绝大多数汽车的每一

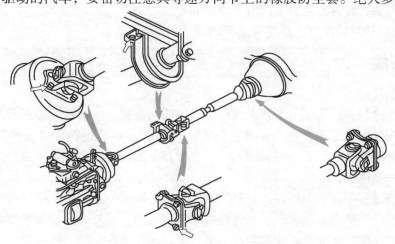

图5-11 传动轴检查的主要部位

侧都有内、外万向节，每一个万向节都是橡胶防尘套罩住的，而且它里面填满润滑脂。橡胶防尘套保护万向节避免污物、锈蚀和受潮。用手弯曲或挤压橡胶防尘套，查找是否有裂纹或擦伤。没有润滑脂的、有划痕的橡胶防尘套是一个信号，它说明万向节由于污物和潮气的侵蚀需要立即更换（图5-12）。

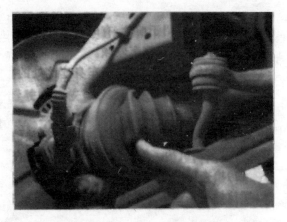

图5-12 检查橡胶防尘套

4. 检查轮毂轴承是否松旷

用手晃动车轮，若感觉有旷动，说明轮毂轴承松旷，车轴轴承磨损严重，需要更换车轮轴承。若车轮摆动情况较严重，可用百分表触点触及轮胎前端胎冠外侧，然后用手前后扳动轮胎，测量其横向摆动量。再将百分表移至轮胎的上方，使表的触点触及胎冠中部，然后用撬杠往上撬动轮胎，测量轮胎的径向摆动量。车轮横向和径向摆动量如果超过规定值，在汽车行驶时，会引起转向盘抖动，行驶不稳定。《机动车运行安全技术条件》规定，车轮横向和径向摆动量，小型汽车不大于5mm，其他车不大于8mm。

5. 检查底盘线束及其连接情况

应认真观察车底锈蚀程度与车体上部检查的是否相符；是否有焊接痕迹，车辆转向节臂、转向横直拉杆及球头销有无裂纹和损伤；球头销是否松旷，连接是否牢固可靠；车辆车架是否有弯、扭、裂、断、锈蚀等损伤；螺栓、铆钉是否齐全、有无变形、裂纹；固定在车身上的线束是否整齐，这些都可以判断车辆是否发生过事故。

6. 检查转向机构

1）检查转向盘与转向轴的连接部位是否松旷；转向器垂臂轴与垂臂连接部位是否松旷；纵、横拉杆球头连接部位是否松旷；纵、横拉杆臂与转向节的连接部位是否松旷；转向节与主销之间是否松旷。

2）检查转向节与主销之间是否配合过紧或缺润滑油；纵、横拉杆球头连接部位是否调整过紧或缺润滑油；转向器是否无润滑油或缺润滑油。

3）检查转向轴是否弯曲，其套管是否凹瘪。

操作技能

一、油漆的检查

在正常使用过程中，车辆由于轻微剐蹭造成的漆面破损，其修补也是正常的。所以外观补漆并不代表车辆曾受过严重撞击。这里所指的撞击伤害最轻程度也是需要进行钣金修复的，所以车漆面的检查是为了发现补漆问题，至于补漆的真正原因，还需要在钣金检查和动态检查中做进一步确定。

在车辆生产过程中，每个部件被分别涂装，然后装配到一起。由于使用同型号油漆，所以同一批次生产的车辆中不会出现各部件漆面色差的现象。另外，车辆涂装需要在密闭无尘的环境下进行，才能保证部件着漆均匀、靓丽、无瑕疵。而在车辆维修过程中，由于维修标准不统一，维修的效果就取决于维修人员的技术水平和维修设备的硬件水平。一般车辆外观补漆修理需要经过脱漆、补腻子、磨平和分次着漆等工序。由于硬件设施和维修水平的参差不齐，很多车辆涂装维修后都很难达到原有新车漆面的效果。例如，由于节省成本补漆未进烤漆房，而在露天环境下进行，漆面未完全晾干时就会粘上灰尘，形成瑕疵；由于使用的油漆成本过低，造成漆面存在色差；由于天气及湿度的影响，漆面形成气泡或漆雾等。这些恰恰也都是在检查漆面过程中发现问题的线索。挑选车辆时，漆面的检查不能忽略。

除由于技术水平和工作环境引起的油漆表面的瑕疵以外，车辆在进行涂装修补之前，先要对受伤部位进行打磨以消除原有的氧化漆层，所以在加工部位与车身连接件相交的位置，经常会出现油漆的脱落，图 5-13 所示为一辆经过涂装加工的标志 307。

图 5-13　改过颜色的标志 307

图 5-14 所示为车左侧前门在车窗密封件处的脱漆现象。橡胶件与油漆件相交的位置由于无法打磨，所以出现了油漆脱落现象。

图 5-15 所示为挡泥板边缘的脱漆现象。由于打磨板件边缘时容易把油漆磨穿，使得工作人员非常小心，从而造成遗漏，最终造成油漆的局部脱落。

图 5-16 所示为汽车右侧前后门中间位置的油漆脱落。

图 5-17 所示为车的顶棚密封胶条处的油漆堆积现象。可以看到顶棚四周的密封

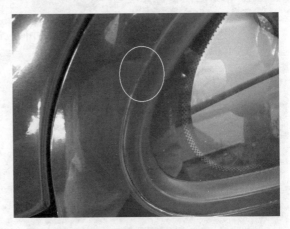

图 5-14　密封胶条处的脱漆现象

胶条的位置油漆发生了变化。原车在出厂安装时是先涂装后装密封条，所以不会出现这种现象。而修理涂装时，如果不拆密封条，涂装后流动的漆液会被密封条挡住，从而造成漆面不平。

注意如图 5-18 所示的减振器托架。由于是在安装完成的状态进行的发动机罩和翼子板涂装，减振器托架的连接螺钉和紧固螺母难免会被喷上油漆，失去其本来颜色，其他位置的螺钉也存在这种现象，这是判断车辆是否大面积涂装的一个重要标志。

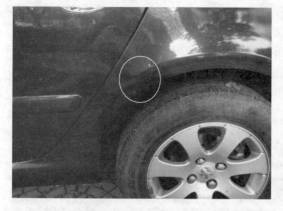

图 5-15 挡泥板边缘的脱漆现象

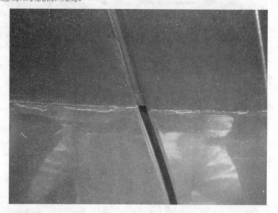

图 5-16 前后门中间位置的油漆脱落现象

图 5-17 密封胶条处的油漆堆积现象

二、钣金的检查

钣金修复和涂装修复一样，会受到很多条件的制约。一块平整的铁皮，如果被严重撞击变形后再想回复原来的样子，几乎是不可能的。试想，一张崭新的复印纸是非常平整的，但如果将它揉搓几下后再想让其回复原来的样子，也一样是不可能做到的。钢板刚刚轧制出来时是最符合设计要求的，在受到外力冲击变形后会凹陷、变形，钣金修复可以将这些凹陷和变形的地方通过拉伸回复原样。但就算技艺再高超的钣金技师，也难以保证完全将钢板回复得和事故前一模一样。修复后的钢板表面由于加工的原因，会留下一些细小的起伏，这些痕迹通过肉眼是完全可以检查出来的。

1. 发动机罩

图 5-19 所示为车辆的发动机罩与前保险杠。发动机罩表面平整，弧线平滑，面积大。在日常使用中，它是最容易受到损伤的汽车部件之一。判断发动机罩是否有过钣金修理，最简单的办法是查看边缘。发动机罩有四个边，分别连接左右翼子板的接缝、前风窗玻璃的接缝和进气格栅的接缝。

图 5-18 涂装后减振器托架上的螺钉会沾上油漆

注意如图 5-20 所示的发动机罩边缘。原厂漆面的边缘是非常圆滑的，用手摸上去没有任何的粗糙感，而且缝隙均匀，宽窄一致。用中指的指肚从缝隙的一端慢慢地滑到另一端，全长范围内不应该有起伏和宽窄变化的现象。

发动机罩是由内外双层钢板咬合、并经定位焊加工而成的，在连接部分大都涂有保护胶漆（个别美系车辆没有这样的胶漆），以防止因振动而造成焊接点开裂和液体侵蚀。胶漆一般是在涂装前涂抹的，所以一旦有碰撞事故，其边缘的胶漆必然

图 5-19 观察前发动机罩

会有破损。这种胶漆修补后的外观会和出厂时的效果有着明显地不同。

图 5-21 所示为发动机罩内侧靠近前照灯位置的孔槽。这些孔槽能起到排水、通风、散

 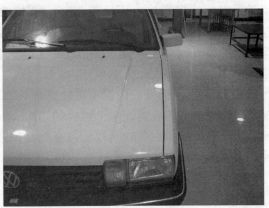

图 5-20 发动机罩与翼子板之间的缝隙

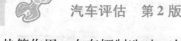
热等作用,在车辆制造时一次冲压成形的。如果发动机罩受到较大的撞击,这些孔就会扭曲变形。车辆维修时,虽然可以将发动机罩拉伸回复原状,但只能保证发动机罩外面油漆层的完整,而内侧由于不能靠油漆层来遮盖,钣金修复后会有很明显的加工痕迹。这些位置的痕迹是我们判断车辆正前方有无碰撞事故的关键。

图5-22所示为发动机罩内侧顶端钢板整形修理后的褶皱细节图。可以明显地看出原厂胶漆有断点,靠左边一侧的胶漆正常,表面平滑,宽度、厚度都很均匀。而在断点右边,原厂胶漆已经脱落,而且内侧的钢板表面可以看到明显的褶皱。这些都是变形修复后留下的加工痕迹。有些车辆由于碰撞比较轻微,原厂胶漆只是开裂,并没有整体变形,但即使是轻微的变形或断裂也是可以检查出来。

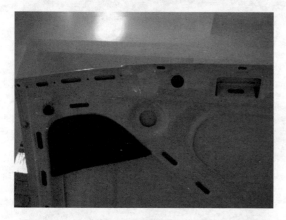

图5-21　发动机罩内侧靠近前照灯位置的孔槽

图5-22　钢板整形修理后的褶皱细节图

图5-23所示为发动机罩内侧整形修理后的包边与孔槽的细节图。可以清楚地看到脱落的胶漆,还可以看到原厂冲压的孔洞已经严重变形,孔洞边缘变得粗糙并且有脱漆现象,内侧的褶皱也比较明显。

如果事故使发动机罩严重变形到无法修复的状态时,一般会更换整个发动机罩。此时,用于固定的连接螺栓由于反复拆卸,螺栓表面以及与之接触的油漆层都会留下拆装的痕迹。新更换的发动机罩需要重新补漆,而补喷的油漆也一样会在螺栓表面留下痕迹。

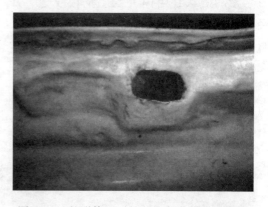

图5-23　整形修理后的包边与孔槽的细节图

图5-24所示为发动机罩中螺栓拆卸后的油漆脱落现象。这两个螺栓是用来连接发动机罩和车体的。仔细观察这两个螺栓的边缘,可以看到原有的白色油漆有脱落的现象,螺栓侧面的油漆被磨掉了。有时,螺栓边缘处有被扳手扳拧的痕迹,这都可以证明发动机罩曾因某种原因被拆卸过。

图5-25所示为一个完整的发动机盖合页部位。通过与前面几幅图中螺栓外观的比较我们可以发现修复和未经修复的状况差别。

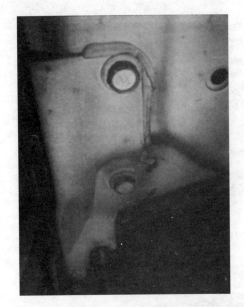

图 5-24　连接螺栓拆卸后的油漆脱落现象

图 5-25　完整的发动机盖合页部位

2. 保险杠

检查保险杠时主要检查漆面和固定螺栓。保险杠处在车辆的前后两端，在使用中最容易受到剐蹭或碰撞。如果是一般剐蹭，经过简单的涂装处理就可以得到修复。但如果是猛烈的撞击，保险杠的外罩就会发生严重变形甚至破裂，塑料保险杠内侧起支承作用的 U 形槽钢、左右翼子板和翼子板内楦都会随之变形，散热器框架会损坏，散热器破裂，纵梁梁头受损变形。这些部件的损伤，对车辆今后的安全行驶会带来比较大的隐患。因此在检查车辆时，判断处于车身最外侧的保险杠是否受过严重的伤害，就成为进一步仔细检查车头其他各部件工作情况的前提。

检查车辆的保险杠是否经过涂装修复，最简单的检查方式就是观察接缝。可以仔细查看保险杠和其他部件的接缝处，这些地方往往会存在弧线的过渡或是修理加工的死角，后期的涂装处理往往会留下很多流漆、漆雾或是掉漆的痕迹。

图 5-26 所示为一辆白色马自达补漆修理过的左后方保险杠，图 5-27 是图 5-26 中圆圈标注部位的局部放大图。可以看出，涂装位置的缝隙有流漆和变形现象。

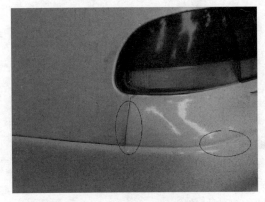

图 5-26　补漆修理过的保险杠

图 5-28 所示的圆圈位置是车辆前保险杠与小横梁连接的固定螺栓。保险杠整体涂装、拆装、更换都会影响到这个螺栓，所以在检查时应格外注意。检查人员可以从螺栓的完整性、统一性两方面入手。螺栓的完整性体现在有扳拧的痕迹，如果螺栓的侧面有明显的划痕和扳手拧过的痕迹，则可以判断该部件被拆装过。统一性则是指新车出厂时，各部位的固定螺栓均使用同一型号，在维修时会由于滑丝、变形等原因需要更换螺栓，而实际操作中是很难找到与出厂时款式一致的螺栓的。由于更换

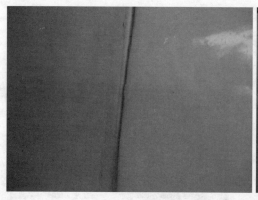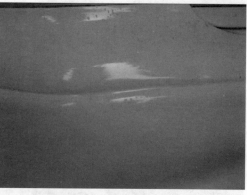

图 5-27 保险杠修理位置的局部放大图

图 5-28 保险杠与小横梁连接的固定螺栓

的螺栓颜色不一，所以维修时往往会进行涂装处理加以掩盖。

3. 翼子板

翼子板在车上的前后左右共有四块，与发动机罩一样，也是从外侧和内侧两个方面进行观察。前翼子板内侧称为翼子板内楦（以下简称内楦），是构成发动机舱的主要侧板。内楦钢板和外侧钢板共同构成整个翼子板总成。

车辆前翼子板外观（图 5-29a）和内楦（图 5-29b）这两个部件非常重要，通常在检查中如果这两个部位发现异常，都要格外小心。异常情况包括：翼子板固定螺栓有扳拧痕迹，外观件有补漆痕迹，内楦有烧焊痕迹。扳拧痕迹证明翼子板外观件曾经被拆卸过，原因有可能是涂装，也有可能是更换。外观件有补漆则明显证明车辆曾经受过剐蹭或碰撞的伤。内楦有烧焊则证明车辆曾发生过比较大的碰撞事故以致需要进行焊接处理。

图 5-30 所示为翼子板的固定螺栓。它将翼子板外观件和内楦连接在一起。从螺栓表面可检查出是否有过扳拧痕迹，而且螺栓连接位置的金属钣金结构有明显的起伏变化，一旦碰撞变形，很难恢复原状。

翼子板与发动机罩有着较长的接缝，观察这两个部件接缝的均匀程度可以发现车辆是否

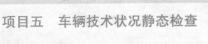

a)　　　　　　　　　　　　　　　　b)

图 5-29　翼子板的检查

a）前翼子板外观　b）内楦

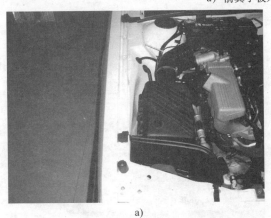
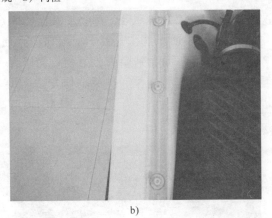

a)　　　　　　　　　　　　　　　　b)

图 5-30　翼子板连接位置的检查

a）整体位置图　b）局部放大图

受到过外力碰撞。由于目测会有误差，所以可以采用触摸的检查方法。检查时用手指沿接缝行进，仔细感觉接缝宽度的变化，有时会感觉接缝突然变细或有轻微的阻挡。这有可能是涂装造成的，也有可能是部件存在不同程度的变形。另外，左右翼子板与发动机罩的接缝要对比查看，仔细比对左右两边接缝的宽度是否一致（图 5-31）。通过接缝处的仔细检查，还有可能会看到修理涂装时留下的流漆或漆雾痕迹。细致观察下有可能会发现漆面上有补漆时留下的小气泡或灰尘。

　　车辆翼子板维修时，维修技师一般会在不拆卸的基础上进行修补。这样可以减小维修的工作量，此时翼子板的固定螺栓上不会有扳拧的痕迹。但是由于与翼子板接触的部件很多，不将其拆卸而直接涂装就有可能在这些接触件上留下多余的漆雾。所以在检查翼子板涂装时，应该重点查看像前照灯、轮眉、前风窗玻璃底边两角这样的边角位置，以便发现涂装痕迹。

　　图 5-32 所示为翼子板内楦连接减振器顶端的位置。涂抹在边沿处的物质，是车辆出厂时涂抹在外观钢板部件接触部位的减振阻尼胶。一般车辆正面发生力度较大的碰撞或高速情

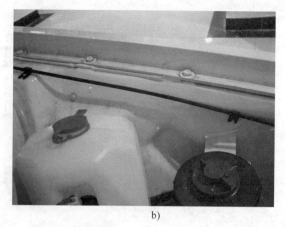

a)　　　　　　　　　　　　　　　　　b)

图5-31　翼子板和发动机罩接缝处的检查

a) 接缝外侧　b) 接缝内侧

况下车身发生较大的颠簸，都会使减振器固定位置的减振胶损坏。

图5-33中所示部位是翼子板极易受到损伤的地方。这个位置是翼子板连接小横梁的地方。如果车辆正面受到撞击，力度只要稍大一些，就会波及这里。在检查时要用手摸、用眼看，仔细检查此处是否经过钣金修复。主要看螺栓的扳拧痕迹和螺栓孔附近是否有褶皱出现，以及整个部件是否有脱漆、锈蚀的痕迹。

图5-32　减振器托架边缘处的减振胶　　　　　图5-33　翼子板与小横梁连接处的检查

图5-34所示为经过钣金修复的翼子板与小横梁连接处。可以明显看出小横梁和翼子板连接的部分已经脱漆，螺栓孔附近也有修复时的剐蹭痕迹，但整体没有太多的褶皱。所以可以通过上述情况判定这辆车前部曾经发生过轻微的撞击。

在了解了前翼子板检查的要领之后，来学习后翼子板的检查要领。图5-35所示为后翼子板外观。与后翼子板接触的部件包括后门、后风窗玻璃、行李箱盖、尾灯、后保险杠。后翼子板如果进行钣金或涂装修复，在外观上体现更多的是漆面修复痕迹。技术人员应仔细检查外观部件的漆面是否有重新涂装的痕迹，观察这些部件与后翼子板的接缝处是否有流漆、漆雾或细小的灰尘痕迹。

图 5-34　整形修复过的翼子板与小横梁的连接处

图 5-35　后翼子板

　　较重的碰撞会损坏翼子板，如果碰撞的程度很深，就需要更换翼子板来实现修复，但后翼子板更换的成本较高，许多车主会由于价格的原因而不愿更换。此时通常的做法是找到相同车型的拆车件，将损坏的部位用气割的方法取下，然后将拆车件直接焊接在事故车辆上。这种修理方式如果操作的较好，在进行表面涂装处理后是很难被发现的，但技术人员可以通过观察 C 柱延长线的平顺度来判断，也可以通过观察处于后翼子板中间位置的腰线的平顺度来判断。这些曲线应该是非常平顺的，没有任何起伏。如果发现这些曲线表面某一点有凹凸痕迹，则很可能是钣金修复的痕迹。

　　与前翼子板一样，后翼子板也有内楦。后翼子板的内楦同样是检查的重点。图 5-36a 所示为行李箱盖打开状态，图 5-36b 所示为裸露在外的后翼子板内楦。虽然内楦面积较小，但也足够技术人员检查了。后翼子板与前翼子板一样，也是内外两层钢板连接的一个部件。连接部位在焊接时也会涂上减振胶，由于大都采用点焊连接，所以有的车辆在这个部位有时还会留下圆形熔核。注意观察减振胶是否完整，漆面有无脱漆或开裂现象，减振胶附近的钢板有无褶皱变形或脱漆锈蚀。图 5-36b 中这个位置是后翼子板的折角，也是和行李箱盖接触的位置，由于这个位置的钢板的折角呈接近 90°，所以一旦受到撞击，变形往往很难完全修复。

a)

b)

图 5-36　后翼子板内楦

a）行李箱盖打开状态　b）后翼子板内楦

图 5-37 所示为行李箱侧壁开口的位置，两个箭头所指的位置是行李箱的两个侧壁，轿车大都在这个位置被覆盖了织物的内饰，但会留下开口供维修或是放置工具时使用。

注意图 5-38a 中箭头所指的塑料螺钉，取下这个螺钉，就可以打开行李箱侧壁的内饰板，看到后翼子板内侧的钢板。应注意观察这里的钢板有无烧焊、补胶、捶打、褶皱的痕迹，看不到的地方可以用手摸，重点放在后翼子板折角的位置。

图 5-37　行李箱侧壁

　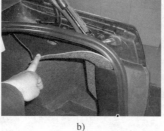　

a)　　　　　　　　　b)　　　　　　　　　c)

图 5-38　行李箱侧壁的放大图

a）完好时　b）打开内饰板　c）露出钢板

4. 车门

车门分左右和前后，四个车门覆盖了车辆的 A、B、C 三根立柱（图 5-39）。这三个支柱支承起了整个车体，它们的完整程度是证明一辆汽车是否有过重大碰撞伤害的重要证据。

检查车门时要注意车门与 A、B、C 三根立柱的结合面，侧重于检查各部件表面是否存在钣金修复和烧焊修复的痕迹。同时要检查车门与立柱之间的间隙是否均匀一致，由于目前轿车车身的承载式设计，受过严重撞击的车辆，车门缝隙在冲击力量的传导下，往往会出现比较大的变形。立柱做过焊接修理时缝隙尤其明显。

图 5-40 所示为车辆右侧前、后门的全貌。可以看到，车门在关闭情况下与车辆前、后翼子板、A柱、B柱、C柱、车顶、后视镜、车窗玻璃都有连接。这些关联部位的连接缝隙

图 5-39　车身的三根立柱

图 5-40　右侧车门全貌

是检查的重点。这里需要说明一点，由于车门是属于可开启的部件，出于驾驶室密封的需要，所以车辆在出厂时会在车门的四周及车窗玻璃的四周加装密封条。车辆在进行涂装修理时，工作人员为了节约成本和减少工作量，一般都不会拆卸这些密封条。因此经过涂装修复过的车门，密封条上往往会找到漆雾的痕迹。当然，也可以通过检查车门钢板的四周边缘是否平顺，有无涂装留下的漆雾和灰尘痕迹来判断车门是否经过涂装修复。

车门钣金的检查，可以通过光线折射的方法来进行。经过钣金修复的车门，不管维修技术有多好，其表面都会留下工具捶打的痕迹，车门表面会有明显的高低起伏，远不如一次冲压成形的钢板光洁。当然，修理人员的技术水平越好，这种变化就较小，一般在普通修理的过程中，钣金修复人员如能将车门表面的平面度误差控制在 2mm 以内，就已经算是合格了。车门表面的这些高低起伏，在经过涂装处理后会变得很轻微，站在近前是不容易发现的。此时，可以站在距离车辆 1.5m 左右的地方呈 45°斜角观察日光或是灯光在车门油漆表面的反光。一次冲压成形的车门会呈现镜面反射的效果，而经过钣金修复车门，表面会留下轻微的凹凸痕迹，其反射的光线方向不一致。另外，在车身侧边靠近玻璃的位置有贯穿前后门和前后翼子板的一条钢板弯折线，这条线就是车身腰线。在生产加工时，腰线是一次冲压成形的，所以出厂后的车身腰线应该是清晰、平顺的。如果这个部位受到撞击再经钣金修复，腰线的线条一定会发生变化。而且在前后门和前后翼子板四个部件结合的接缝处，有时会出现腰线不等高的现象。这种情况很可能是曾经发生过撞击事故致使腰线变形或部件整体变形，当然也可能是由于长期使用，前、后门开启的次数不一致，致使经常使用的门出现下垂现象。

检查完车门外观，应进一步观察车门内侧的情况。图 5-41 所示为一侧车门开启后车门内侧下角的位置。有的车会在边沿的接缝处涂上减振胶，而且这种减振胶还会涂在车门上框、车门合页等有接缝的地方。但是，也不是所有的车都具备这样的减振胶。世界各大品牌厂商的车辆制造技术也会有所差别。一些欧美汽车也可能出现没有减振胶现象。

图 5-42 是车门内边下角位置的照片，可以看到这辆汽车的内外钢板接缝处就没有减振

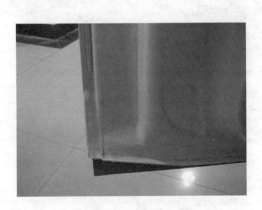

图 5-41　车门边角处的包边及减振胶

图 5-42　没有减振胶的车门边角

胶。对于这样的车辆，检查时就需要仔细地观察内外钢板接缝处是否有凹凸和褶皱，从而判断车门是否被撞击。当然，有的车辆在发生事故后更换了整个车门，这时的减振胶和内外钢板就会像新的一样。因此，车门内侧检查的另一个重点就是检查门轴。通过检查门轴就可以看出车门是否曾经被拆卸过。

图5-43所示为一侧车门的合页。合页中间的橡胶管是遥控门锁、电动门窗等各种电器设备的电线套管。上下两个合页被焊接在车门和车辆的门柱上，为了坚固，在焊接的同时还需要螺栓固定。如果车门需要更换或拆卸下来进行维修，这些合页上的螺栓就会有扳拧的痕迹。另外，如果能够将车门的密封胶条揭开的话，可以清楚地看到车门内外钢板的连接螺栓和定位焊时的焊接位置（图5-44）。仔细观察，就可以轻易地从这些地方发现曾经的维修痕迹。揭开密封胶条的另一个目的是查看漆面，车辆进行维修时，车门涂装修复大都不会将这些密封胶条取下的。这样一来，在胶条上或者胶条内侧多少都会留下残漆。

图5-43　车门的合页

图5-44　车门内、外钢板的定位焊痕迹

5. 行李箱及后保险杠

检查行李箱时，重点是内部检查。图5-45是行李箱盖内侧边缘的特写照片，可以看到一个类似发动机罩内侧孔洞的部分，观察这些孔洞的边缘是否平滑，有无脱漆、褶皱和锈蚀

a)

b)

图5-45　观察行李箱盖内侧的孔槽

a）整体位置图　b）局部放大图

的现象可初步判断行李箱盖是否受过撞击。行李箱盖内、外钢板焊接接缝处也有减振胶，它的完整性可以说明车辆后部是否受过撞击、撞击的位置和伤害程度。也可以检查行李箱盖内部着漆部位的平顺度，查看是否有褶皱或脱漆、腐蚀的现象。

行李箱内部的地板上一般会有挡板覆盖，揭开挡板就会露出了底板。图5-46所示的就是车辆的行李箱底板。可以看到，地板表面有规则的加强肋设计，这些规则的凸起结构，在碰撞变形后是无法完全恢复的。车辆后部如果受到严重的撞击，最直接伤害的就是这些行李箱地板。所以在检查时我们要仔细查看每一寸钢板，查看其有无褶皱、锈蚀。如出现不规则的褶皱，则往往是由于碰撞损伤后的修理所带来的痕迹。

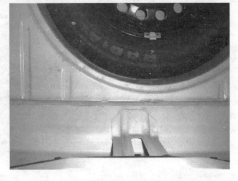

图5-46　行李箱地板的加强肋设计

6. 发动机舱与驾驶舱之间的分隔钢板

从图5-47a中可以看到，发动机舱与驾驶舱之间的分隔钢板横向贯穿了整个发动机舱。图5-47b所示为密封胶条贯穿整个隔板的上沿。该分隔钢板本身也是发动机罩的边框之一，这条密封胶条的作用就是保证发动机舱内的密封性。而一旦分隔钢板在事故中发生变形，修复最多的也是边缘部分。所以可以将这条密封胶条拆卸下来观察隔板边缘的全貌。正常的分隔钢板边缘应该是平滑无凹凸感的，整个线条比较流畅，不应有敲打或烧焊过的痕迹。另外，有些车辆分隔钢板表面会有很多制造时冲压成形的凸起，这些凸起在撞击变形后是无法完全修复的。对裸露的分隔钢板进行检查，表面不应有褶皱、敲打或烧焊的痕迹。

a)　　　　　　　　　　　　　　　　　　　　b)

图5-47　发动机舱与驾驶舱之间的分隔钢板

a）整体位置图　b）局部放大图

7. 小横梁

小横梁是指发动机罩前沿与之接触的边框，用于连接左右翼子板，固定散热器、前照灯等重要部件。图5-48中基本反映了车辆小横梁的全貌。可以看出，小横梁两端连接了两块前翼子板的最前端，前照灯、中网、散热器等部件均安装在小横梁上。

图5-49所示为小横梁两端的一侧。可以看到小横梁在末端与翼子板相连，通过螺栓连接固定。这个部位在维修时被拆卸的概率较高，因此一般都是使用螺栓连接。如果检查时发

图 5-48　小横梁

现这里有焊接痕迹，就要对该部件是否
被维修产生疑问了。安装在这个位置的
前照灯属于比较脆弱的部件，车辆发生
轻微碰撞，都有可能损坏，但这对车辆
使用安全的影响并不大，所以前照灯是
否曾经被拆卸或更换并不是检查的重
点。小横梁的检查重点在于程度较深的
碰撞，即在损坏前照灯的同时引起灯架
或小横梁变形的碰撞。校正过的小横梁
表面一般都会留下拉拽或加热退火的痕
迹。如果变形较严重，无法维修，也会
采用更换的形式进行修复。判断小横梁

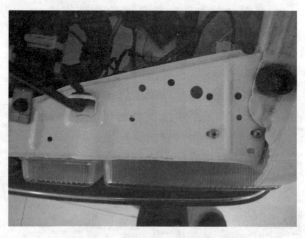

图 5-49　观察小横梁的一端

是否更换过，主要是观察确定小横梁是否曾经被拆卸过。另外还需要注意小横梁表面是否贴
有原厂生产标签和特殊提示性标签。一般来说更换后的新小横梁不具备原厂的一些标签，但
在横梁正中靠近发动机罩锁头的地方会有打印的出厂编号。

　　8. U 形槽钢

　　平时所说的保险杠，其实不过是真正保险杠的外观塑料件，而塑料外观下的 U 形槽钢
才是真正的汽车保险杠。U 形槽钢的特殊位置导致检查人员观察起来很不方便，在检查时要
确保人身安全，尤其是在车辆起动时，检查人员要小心突然起动的风扇。检查 U 形槽钢主
要是看槽钢是否完整，表面是否平顺。完好的 U 形槽钢表面绝对不会出现焊接的痕迹。

　　9. 底盘

　　图 5-50 所示为车辆举升之后的底盘全貌图。在实际购买挑选车辆时，由于场地和设备
的限制，不可能将车辆举升起观察。但仍然应该了解车辆底盘的各个部件以及这些部件所反
映的问题。

　　（1）油底壳（图 5-51）　油底壳位于发动机最底部，是储存发动机润滑油的装置，并且
安装机油泵。由于位置偏低，在行进过程中，如果路面上有石块或是台阶，就容易发生碰
撞。通过对这个装置的观察，可以了解车辆的拖底情况。

（2）半轴（图5-52）　半轴是车辆传动系统的重要部件，半轴的一端连接的是变速器，另一端连接的是车轮。由于汽车前轮在驱动的同时还承担着转向的任务，所以半轴与车轮之间的角度会经常发生变化。通常两者之间会安装一个球笼式万向节，由于万向节需要加油润滑，而地面的灰尘很大，所以万向节通常会密封在一个可伸缩的橡胶防尘套内。在长期的使用过程中，橡胶防尘套有可能因反复的大角度折动而造成开裂的现象。一旦开裂，沙石就非常容易进入球笼，对球笼造成不可弥补的伤害。所以在检查车辆底盘时，一定要在静态检查中检查球笼防尘套，在动态检查时检查转向轮球笼工作是否正常。

（3）排气总成（图5-53）　它是发动机燃烧后的废气排放部件，贯穿车辆整个底盘。在大多数前置发动机的民用轿车中，排气总成一般分为三段，每段都具备各自的消声器。最后一段消声器一般被安放在车尾，可以站在车尾观察到。

图5-50　车辆的底盘

图5-51　发动机的油底壳

图5-52　半轴的防尘套

发动机排出的废气温度很高，废气在导出的过程中会逐渐被冷却。废气中的化学物质被冷却后会凝结成水汽，在废气到达排气管尾段时，温度下降很快，水汽也逐渐增多。水积存在尾端排气管的消声器中，时间长了会造成排气管或消声器腐蚀，形成砂眼。形成砂眼后的消声器，排气噪声明显加大，有一种赛车般的轰鸣声。但需要说明，消声器属于易损件，维修的费用较低，也不影响车身的使用安全。

（4）底板　底板是承载车身的最底部。

图5-53　排气管尾端的消声器

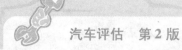

一般来说，车辆发生大的碰撞事故，都会伤及底板。底板维修后会留下烧焊的痕迹。在平地检查中，观察车辆底板比较困难，所以可改为观察车辆的底边（或称"大边"），从而基本判断车辆底盘的情况。

在检查中可以从图 5-54 所示的拍摄角度来观察车辆底边，必要时可用手触摸检查。主要检查车辆底边有无凹凸和褶皱，从而判断车辆是否曾经因碰撞而伤及底板。

图 5-54　观察车辆的底边

（5）车轮　轮胎属于易损件，事实上旧机动车的购买人在买车后很多都会花钱更换轮胎、前照灯、装饰件。当然，如果轮胎不需更换那是最好，但轮胎的观察不是看新旧，关键是看车架有没有问题。如果轮胎发生异常磨损（图 5-55），要么说明车架有问题，要么说明车主对车辆非常的不爱惜。产生各种异常磨损的主要原因有：

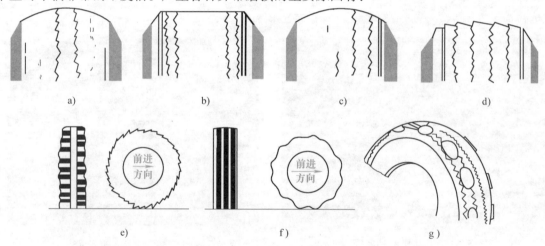

图 5-55　轮胎常见的异常磨损

a）胎肩磨损　b）正中磨损　c）外侧磨损　d）羽片状磨损　e）锯齿状磨损
f）波浪状磨损　g）胎肩蝶片状磨损

1）两侧胎肩磨损严重。主要原因是轮胎气压过低或轮胎换位不够。

2）胎面中部磨损严重。主要原因是轮胎气压过高或轮胎换位不够。

3）胎面外侧胎肩单边磨损严重。主要原因是前轮外倾过大。

4）胎面内侧胎肩单边磨损严重。主要原因是前轮负外倾、轮胎长期不换位或前梁在垂直平面内中部向下弯曲。

5）胎面磨损是内侧重、外侧轻且磨痕是从外向内。主要原因是前轮负前束或前梁在水平面内弯曲。

6）胎面磨损是外侧重、内侧轻且磨痕是从内向外。主要原因是前轮前束过大或前梁在水平面内弯曲。

7）胎面呈羽片状磨损。主要原因是前束过大或负前束。当前束过大时，左右前轮胎面上羽片的尖部指向汽车纵向中心线；当为负前束时，左右前轮胎面上的羽片尖部背离汽车纵向中心线。

8）胎面呈锯齿状磨损。主要原因是车辆长期在超载情况下频繁使用制动而又未按期换位。

9）胎面呈波浪状磨损。主要原因是车轮旋转质量不平衡、车轮轴向圆跳动误差太大或轮毂轴承、转向节、横拉杆、悬架等处松旷。

10）胎面呈碟片状磨损。主要原因是车轮旋转质量不平衡或车轮径向圆跳动太大。

知识能力拓展

一、车身钣金零件的分布

图 5-56a～c 三幅图展示了车辆的全部外观。其中编号的部分是普通车辆着漆的部件。当今的乘用轿车，无论三厢、两厢、掀背、溜背都具备图 5-56 中编号所指示的这些部分。

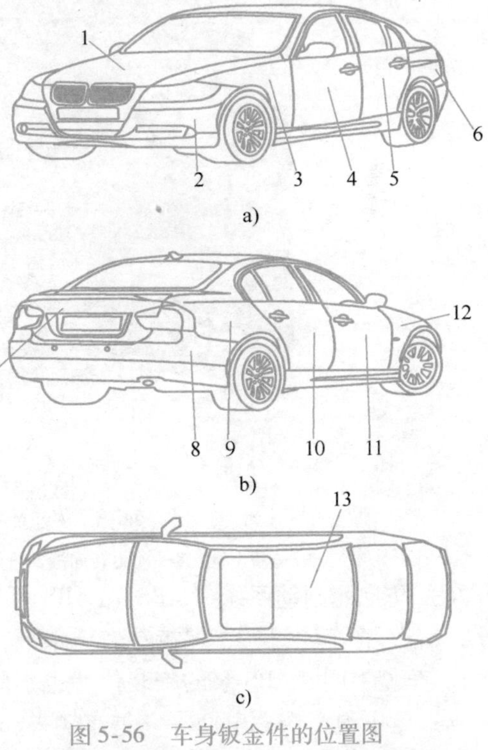

二、发动机舱的结构

图 5-57 所示为发动机舱全貌，发动机舱内有十个最重要，也是最清晰可见的部件。

1）空气滤清器。它是发动机配气机构的组成部分。黑色方盒中是空气滤芯，通过它将进入发动机的空气过滤净化。黑色方盒上面的黑色管道连接的是发动机的进气总管。空气滤清器的滤芯需要适时清理和更换，以确保进入气缸的是洁净的空气。

2）发电机。它是汽车的主要电源，由汽车发动机驱动，其功用是在发动机正常运转时，向除起动机以外的所有用电设备供电，同时给蓄电池充电。

3）发动机。它是车辆动力的来源。发动机总成由配气机构、曲柄连杆机构、供给系统、点火系统、冷却系统、润滑系统和起动系统组成。发动机舱内各主要部件中绝大部分是属于发动机总成的分支机构的组成部分。

图 5-56　车身钣金件的位置图

a）车辆左前方　b）车辆右后方　c）车辆顶部
1—发动机罩　2—前保险杠　3—左前翼子板
4—左前门　5—左后门　6—左后翼子板
7—行李箱盖　8—后保险杠　9—右后翼子板
10—右后门　11—右前门　12—右前翼子板
13—车顶

4）分电器。发动机点火的电力输出来源是蓄电池，由点火线圈将蓄电池输出的低压电转化为高压电，再经导线传递给各气缸的火花塞。分电器的工作是将这高压电按点火顺序依次分配给各个火花塞进行点火。在现代汽车中分电器以逐渐被电控系统取代，使用电子控制单元来代替分电器点火。电控系统可以使点火更加精密，点火时机更准确，当然造价也更高。

5）制动助力泵。它是汽车强大制动力的来源。制动助力泵总成由制动助力油杯、传感器、泵体组成。图 5-57 中带盖的白色塑料小盒就是制动助力油杯，它一般都是半透明塑料制成，表面有上下两个刻度，分别代表的是上下限。在油杯的后面，有个圆形黑色的金属部件，这就是制动助力泵的泵体了。一般轿车的制动助力泵安放的位置都在发动机舱与驾驶舱分隔钢板前方靠近右侧边缘的位置。在检查车辆时，需要仔细观察制动助力泵是否有油液渗漏现象。另外，制动助力油杯内一般会分为前后两格，分属于两套制动回路，两格内的制动液面应该是等高的。如果高度相差太大，则很可能是制动回路中存在渗漏现象。

图 5-57　发动机舱全貌

1—空气滤清器　2—发电机　3—发动机　4—分电器　5—制动助力泵　6—防抱死制动系统
7—蓄电池　8—动力转向液储液罐　9—玻璃清洗液储液罐　10—副散热器

6）防抱死制动系统（ABS）。ABS 可以在汽车紧急制动时，迅速而准确地控制车轮的运动状态，将车轮滑移率保持在较低水平，使车辆具有良好的抗侧滑能力以及制动时的转向能力。车型不同，ABS 泵的安装位置也不同，但外观基本一致。

7）蓄电池，俗称电瓶。它是车辆未起动时和起动瞬间的电力供给设备和储存设备。车辆起动后，电力供应就主要依靠发电机了。蓄电池属于损耗品，使用寿命为两年。蓄电池根据车型不同，所处位置也会不同。

8）动力转向液储液罐。它为转向助力泵提供所需的转向助力液。车型不同，它的位置和形状也不同。

9）玻璃清洗液储液罐。根据车型不同，所处位置也会不同。

10）副散热器，也称副水箱。它与主散热器连接，主要作用是为主散热器补充冷却液或储存主散热器因受热膨胀而回流的冷却液。日常车辆维护中，要时刻注意副散热器的液面高度。一般来说，副散热器箱体都由半透明塑料制成，表面有上下两个刻度，代表的是冷却液的上下限。正常情况下冷却液液面应保持在上下限刻度之间。如果高度低于标准线，则要加注。

三、油漆的常见涂装缺陷

事故车辆在修理过程中，由于技术和设备的原因，其油漆的涂装质量，往往不如原厂，会存在各种各样的缺陷。通过仔细观察车辆表面涂层的质量，可以判断车辆的受损位置，掌握车辆实际的技术性能。涂装后的常见缺陷主要有以下几方面。

1）颗粒（图5-58）。油漆表面有小的颗粒状物体，大多是由于露天进行涂装工作，流动的风带来空气中的沙尘，在油漆未干时，被附着在油漆表面而产生。

2）灰尘（图5-59）。油漆表面不亮，肉眼可见有小的灰尘和絮状物。这通常是涂装工作环境的空气过滤装置过滤不彻底造成的。涂装后的抛光工艺可以消除这种缺陷，但修理过程中出于成本考虑，许多小的修理厂会省掉最后的抛光工序。

3）砂纸纹（图5-60）。车身的油漆在涂装后应该能产生镜面的效果，如出现细密的纹路，则多数由于在涂装前的底材打磨

图5-58　油漆表面的颗粒

过程中，使用了过粗的砂纸所导致。涂装前底材的处理是一个非常烦琐的过程，为了得到镜面的效果，需要极细的砂纸，但过细的砂纸，会降低工作的效率。所以部分小修理厂的工作人员会采用较粗的砂纸以保证尽快地完成工作，但涂装的质量也因此而降低。

图5-59　油漆表面的灰尘

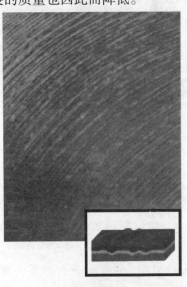

图5-60　油漆表面的砂纸纹

4）针孔（图5-61）。针孔是指油漆表面在涂装完成后出现的一些细小的圆坑，小如针尖，大如米粒。这种现象产生的原因有很多，例如底材处理时过快过厚，会使底材在自然硬化的过程中，由于稀释剂的挥发而产生收缩，从而出现细小的圆孔。增加底材处理的工序和时间，可以最大限度地避免这种现象的发生。另外，涂装时由于高压气体中所含水分过多，也会使涂装的油漆产生细小的气泡，最终造成油漆表面密如麻点的细小圆坑。

图5-61　油漆上的细小针孔

5）流挂（图5-62）。流挂是指涂装的油漆无法附着在工作表面，造成垂直平面的涂料向下流动，使漆膜产生不均匀的条纹和流痕的现象。流挂产生的原因有很多，例如油漆调配得过稀、涂装时喷枪与工作表面的距离过近，喷枪喷嘴的直径过大，涂装的厚度过大、多遍涂装时间隔的过短、涂装时周围环境温度过低等，均可能造成油漆的流挂现象。流挂可通过抛光工艺消除，但因流挂位置的涂层较厚，所以抛光工序的难度和工作量会很大。

6）桔皮（图5-63）。桔皮是指涂装时油漆不能形成平滑的漆膜表面，而是出现类似于桔皮的凹凸现象。桔皮的产生是由于涂料黏度过大，涂装到工作表面后无法流平；或是涂装时喷枪距离过远，导致漆料中的稀释剂挥发过快；周围温度过高；涂装厚度过低；喷枪压力不足等，都会出现桔皮现象。桔皮可通过抛光消除，但抛光研磨时的工作量较大。

图5-62 流挂的油漆

图5-63 凹凸不平的油漆表面（桔皮）

案例剖析

例5-1 旧机动车普桑（图5-64）的钣金检查。

情况描述：在旧机动车普桑的车身碰撞检查中发现以下问题。

1）车身颜色与底板颜色不一致。车身为黑色（图5-65a），底板为红色（图5-65b）。

2）前风窗玻璃有更换的痕迹（图5-66）。

3）左侧前翼子板有钣金修复痕迹（图5-67）。

4）左前轮后方车底板有钣金修复的褶皱痕迹（图5-68）。

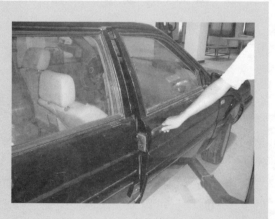

图5-64 旧机动车普桑的侧面

a)

b)

图 5-65 底边与车门颜色不符

a）车身颜色 b）底板颜色

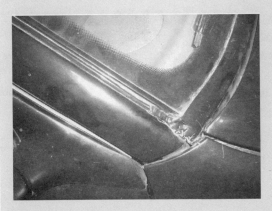

图 5-66 风窗玻璃边角的维修痕迹

图 5-67 钣金修复过的翼子板边角

5）左前轮下摆臂是新换的零件，连标签都没去掉（图 5-69）。

6）左侧前纵梁完好（图 5-70）。

7）右侧前纵梁完好（图 5-71）。

图 5-68 车底板上修复过的褶皱

图 5-69 新换的下摆臂

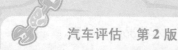

图 5-70　左侧前纵梁

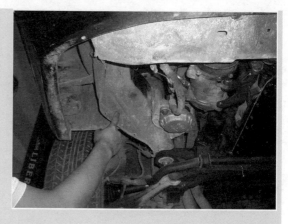

图 5-71　右侧前纵梁

问题分析：该车前部左右纵梁完好，但更换了左前轮下摆臂。左侧的车底板有撞击痕迹。左侧翼子板有钣金修复痕迹。则说明该车曾经出过事故，冲击力由左前翼子板处斜向撞击车身，造成前悬架损伤，车身变形，风窗玻璃损坏，并可能影响到转向系统。

该车底板是红色，但车身是黑色。则说明车辆已经翻新处理，即原车是红色，整车涂装后改为黑色。

最终结论为该车属于事故车辆，并且经过改色翻新。

思考题

1. 总结判断走私、拼装、盗抢车辆的方法。
2. 总结车身静态检查的项目有哪些。
3. 总结发动机静态检查的项目有哪些。
4. 总结驾驶室静态检查的项目有哪些。
5. 总结底盘静态检查的项目有哪些。
6. 总结车身油漆的常见涂装缺陷有哪些，原因是什么。
7. 总结轮胎常见异常磨损的类型有哪些，原因是什么。
8. 总结油漆缺陷的观察位置一般在哪里。
9. 总结行李箱静态检查的项目有哪些。
10. 找一辆身边的旧机动车，对上述内容进行一一演练，并指出车辆的问题所在。

项目六 车辆技术状况动态检查

学习目标

1）熟悉车辆动态检查和路试检查的内容。
2）掌握车辆油漆和钣金检查的方法。
3）了解车辆仪器检查的项目和内容。

任务载体

车辆技术状况的检查除了静态检查以外，还需要对车辆的运行工作状态进行检查。检查车辆在起动和行驶状态下各部件的运行工作情况，可以帮助评估人员充分了解车辆的工作性能。对于有条件的车辆，评估人员可以使用各种检测仪器检查车辆各项性能参数的具体数值。

相关知识

机动车的动态检查是指车辆的路试检查。路试的主要目的是在一定条件下，通过机动车各种工作状况（以下简称工况）的检查，如发动机起动、怠速、起步、加速、匀速、滑行、强制减速、紧急制动，从低速档到高速档，从高速档到低速档的行驶，检查汽车的操纵性能、制动性能、滑行性能、加速性能、噪声和废气排放情况，以鉴定旧机动车的动态技术状况。

一、发动机无负荷工况检查

检查发动机的工作性能主要有发动机的起动、怠速、异响、急加速性、曲轴箱窜气量、排气颜色等项目。

1. 检查发动机起动性能

正常情况下，用起动机起动发动机时，应在三次内起动成功。起动时，每次时间不超过10s，再次起动时间要间隔15s以上。

影响发动机起动性能的原因有很多，主要有油路、电路、机械三个方面。例如供油不畅、电动汽油泵没有保压功能、点火系统漏电、蓄电池接线柱锈蚀、空气滤清器堵塞、气缸磨损致使气缸压力过低、气门关闭不严等。引起发动机起动困难的原因有很多，对车价影响很大。

2. 检查发动机怠速运转情况

发动机起动后使其怠速运转，打开发动机盖，观察怠速运转情况，此时，怠速应平稳，发动机振动很小。观察仪表盘上的发动机转速表，此时，发动机的怠速应在（750±50）r/min，不同发动机的怠速转速可能有一定的差别。若开空调或打转向时，发动机转速应上升，其转速应在1000r/min左右。发动机怠速时，若出现转速过高、过低、发动机抖动严重等现

象，均表明发动机怠速不良。

3. 检查发动机异响

让发动机怠速运转，听发动机有无异响、响声大小。然后，用手拨动节气门，适当增加发动机转速，倾听发动机的异响是否加大，或是否有新的异响出现。

正常情况下，发动机在各部件配合间隙适当、润滑良好、工作温度正常、燃油供给充分、点火正时准确等条件下运转，无论转速和负荷怎样变化，都是一种平稳而有节奏，协调而又平滑的轰鸣声。在额定转速内，除正时齿轮、机油泵齿轮、喷油泵齿轮、喷油泵传动齿轮及气门有轻微均匀的响声以外，若发动机发出敲击声、"咔嗒"声、"咯咯"声、尖叫声等均是不正常的响声。如果有来自发动机底部的低频隆隆声或爆燃声，则说明发动机已严重损坏，需要进行大修。发动机异响的排除，一般需要较高的维修费用，尤其是发生在发动机内部的异响，更应引起鉴定评估人员的高度重视。

4. 检查发动机急加速性

待发动机运转正常后，且发动机温度达到80℃以上时，用手拨动节气门，观察发动机的急加速性能，然后迅速松开节气门，注意发动机怠速是否熄火或工作不稳。通常急加速时，发动机发出强劲且有节奏的轰鸣声。

5. 检查发动机曲轴箱窜气量

打开发动机曲轴箱通风口，用手拨动节气门，逐渐加大发动机转速，观察曲轴箱的窜气量。正常发动机曲轴箱的窜气较少，无明显汽油味。若曲轴箱窜气量较高，汽油味重，则说明气缸与活塞磨损严重，汽车行驶里程长，发动机将大修，而发动机大修的费用是很高的。如果曲轴箱通风系统不能保证曲轴箱的气体完全被排出，通风系统可能胶结堵塞，曲轴箱气体压力将增大，曲轴箱前后油封可能漏油。

6. 检查排气颜色

正常的汽油发动机排出气体是无色的，在严寒的冬季可见白色的水汽；柴油发动机带负荷运转时，发动机排出气体一般是灰色的，负荷加重时，排气颜色会深一些。汽车排气常有几种不正常的烟雾。

（1）冒黑烟　黑烟意味着混合气太浓，发动机不能将它们完全燃烧。混合气过浓情况是个别缸工作不良或不工作引起的，可能是个别喷油器漏油引起，也可能是个别火花塞不工作引起的。

（2）冒蓝烟　蓝烟意味着发动机烧润滑油，润滑油窜入燃烧室。最常见的原因是气缸与活塞密封出现问题，即活塞、活塞环因磨损与气缸的间隙过大，这时发动机就需要大修了。也可能是气门密封圈失效引起的，这时需要更换密封圈。

（3）冒白烟　白烟意味着发动机烧自身冷却系统中的冷却液（防冻液和水）。这可能是气缸垫烧坏，使冷却液从冷却液通道渗漏到燃烧室中，也可能是缸体有裂纹，冷却液进入气缸内或缸盖排气道有裂纹，使冷却液进入排气道。这种故障维修成本高。

7. 检查排气气流

将手放在距排气管排气口10cm左右处，感觉发动机怠速时排气气流的冲击。正常排气气流有很小的脉冲感。若排气气流有周期性的"打嗝"或不平稳的喷溅，则表明气门、点火或燃油系统有问题，引起个别缸间断性失火。将一张白纸悬挂在靠近排气口10cm左右的地方，如果纸不断地被排气气流吹开，则表明发动机运转正常。如果纸偶尔地被吸向排气口，则发动机配气机构可能有很大问题。

二、汽车路试检查

静态检查后，就可以说已完成了路试前的准备工作，即检查了冷却水、润滑油、离合器踏板、制动踏板、转向盘、轮胎气压等。路试工作准备就绪，就可进行路试，在路试现场必须确保人员安全。机动车路试一般进行 15~20min，通过一定里程的路试检查汽车的工况。

1. 检查汽车的动力性

由原地起步后，做加速行驶。如果猛踩加速踏板后，提速快，则说明加速性能好。高速行驶时，看其能否达到额定的最高时速。此外，看汽车行驶时是否平稳，是否有异响。作爬坡试验，看汽车爬坡行驶是否有劲。若出现提速慢，最高时速与厂定额定时速差距较大，上坡无力，则说明汽车的动力性能较差。

2. 检查离合器

按正常汽车起步方法操纵汽车，使汽车挂档平稳起步。正常情况下，离合器应该是接合平稳，分离彻底，工作时无异响、抖动和不正常打滑等现象。踏板自由行程符合汽车技术条件的有关规定，一般为 30~45mm。离合器踏板力应与该型号汽车的踏板力相适应，各种汽车的离合器踏板力不应大于 300N。如果离合器发抖或有异响，则说明离合器内部有零件损坏。

3. 检查变速器

从起步加速到高速档，再由高速档减至低速档，检查变速器换档是否轻便灵活；是否有异响，互锁自锁装置是否有效、是否有乱档现象，加速时是否有掉档现象；换档时变速杆不得与其他部件干涉。

在换档时，变速器齿轮发响表明变速器换档困难，这是变速器常见的故障现象。一般是由于换档连动机构失调，或换档叉轨变形或锈蚀，或同步器损坏所致。变速传动机构不当或锈蚀，尤其是远距离换档机构，只需重新调整即可。若同步器损坏，则需要更换同步器，费用较高。

在汽车行驶过程中，急速踩下加速踏板或汽车受到冲击时，变速杆自行回到空档，即为掉档。当变速器出现掉档时，说明变速器内部磨损严重，需要更换磨损的零件，才能恢复正常的性能。

在路试中，换档后出现变速杆发抖现象，表明汽车变速器使用时间很长，变速器的操纵机构的各个铰链处已经磨损松旷，使变速杆处的间隙过大。

4. 检查汽车制动性能

汽车起步后，先轻踩制动踏板检查是否有制动；将车加速至 20km/h 时做一次紧急制动，检查制动是否可靠，有无跑偏、甩尾现象；再将车加速至 50km/h，先用点制动的方法检查汽车是否立即减速、是否跑偏，再用紧急制动的方法检查制动距离和跑偏量。当踩下制动踏板时，若制动踏板或制动毂发出冲击或尖叫声，则表明制动摩擦片可能磨损，路试结束后应检查制动摩擦片的厚度。若踩下制动踏板有海绵感，则说明制动管路有空气或制动系统某处有泄漏。

5. 检查汽车行驶稳定性

车辆以 50km/h 左右的中速直线行驶，双手松开转向盘，观察汽车行驶状况。此时，汽车应该仍然直线行驶并且不明显的转到另一边。无论汽车转向哪一边，都说明汽车的转向轮

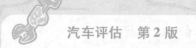

定位不准或车身、悬架变形。车辆以90km/h以上高速行驶，观察转向盘有无摆振现象，即所谓的"汽车摆头"。若汽车有高速摆头现象通常意味着存在着严重的车轮不平衡问题。汽车摆头时，前轮左右摇摆沿波浪状前进，严重地破坏了汽车的平顺性，直接影响汽车的行驶安全，增大了轮胎的磨损，使汽车只能以较低的速度前进。

选择宽敞的路面，左右转动转向盘，检查转向是否灵活、轻便。若转向沉重，则说明汽车转向机构各球头缺润滑油或轮胎气压过低。若是带助力转向的汽车，方向沉重可能是助力转向泵和齿轮齿条严重磨损造成的，修理或更换转向齿条的费用较高。

转向盘最大自由转动量不允许大于规定值，其中最大设计车速大于或等于100km/h的机动车为10°，最大设计车速小于100km/h的机动车（三轮农用运输车除外）为15°，三轮农用运输车为22.5°。若转向盘的自由转动量过大，意味着转向机构磨损严重。

6. 检查汽车行驶平顺性

将汽车行驶到粗糙、有凸起路面，或通过铁轨，或通过公路有伸缩接缝，感觉汽车的平顺性和乘坐舒适性。当汽车转弯或通过不平的路面时，倾听是否有从汽车前端发出忽大忽小的"嘎吱"声或低沉噪声，若有，则可能是滑柱或减振器紧固装置松了，或轴承磨损严重。汽车转弯时，若车身侧倾过大，则可能横向稳定杆衬套或减振器磨损严重。在前轮驱动汽车上，前面发出"咯哒"声、沉闷金属声、"滴哒"声可能是等速万向节已磨损，需要维修。等速万向节维修费用较高。

7. 检查汽车传动效率

在平坦的路面上，做汽车滑行试验。将汽车加速至30km/h左右，踏下离合器踏板，将变速器挂入空档滑行，其滑行距离应不小于220m。否则汽车传动系的传动阻力大，传动效率低，油耗增大，动力不足。

8. 检查驻车制动

选一坡路，将车停在坡中，实施驻车制动，观察汽车是否停稳，有无滑溜现象。通常驻车制动力不应小于整车质量的20%。

三、自动变速器的路试检查

1. 自动变速器路试前的准备工作

在道路试验之前，应先让汽车以中低速行驶5～10min，让发动机和自动变速器都达到正常工作温度。

2. 检查自动变速器升档

将操纵手柄拨至前进档D位置，踩下加速踏板，使节气门保持在1/2开度左右，让汽车起步加速，检查自动变速器的升档情况。自动变速器在升档时发动机会有瞬时的转速下降，同时车身有轻微的闯动感。正常情况下，随着车速的升高，试车者应能感觉到自动变速器能顺利地由1档升入2档，随后再由2档升入3档，最后升入超速档。若自动变速器不能升入高档（3档或超速档），则说明控制系统或换档执行元件有故障。

3. 检查自动变速器升档车速

将操纵手柄拨至前进档D位置，踩下加速踏板，并使节气门保持在某一固定开度，让汽车加速。当察觉到自动变速器升档时，记下升档车速。一般4速自动变速器在节气门开度保持在1/2时由1档升至2档的升档车速为25～35km/h，发动机转速为2000r/min左右；由2档升至3档的升档车速为55～70km/h，发动机转速为2500r/min左右；由3档升至4档的升档车速为 90～120km/h，发动机转速为 3000r/min 左右。升档车速和节气门开度有很大的关系，即节气门开度不同时，升档车速也不同，而且不同车型的自动变速器各档位传动比的大小都不相同，其升档车速也不完全一样。因此，只要升档车速基本保持在上述范围内，而且汽车行驶中加速良好，无明显的换档冲击，都可认为其升档车速基本正常。若汽车行驶中加速无力，升档车速明显低于上述范围，则说明升档车速过低（即过早升档）；若汽车行驶中有明显的换档冲击，升档车速明显高于上述范围，则说明升档车速过高（即太迟升档）。这都说明自动变速器要进行调整或检修。

4. 检查自动变速器换档质量

换档质量的检查内容主要是检查有无换档冲击。正常的自动变速器只能有不太明显的换档冲击，特别是电子控制自动变速器的换档冲击应十分微弱。若换档冲击太大，则说明自动变速器的控制系统或换档执行元件有故障，其原因可能是油路油压过高或换档执行元件打滑，即自动变速器需要检修。

5. 检查自动变速器的锁止离合器工作状况

自动变速器液力变矩器中的锁止离合器工作是否正常也可以采用道路试验的方法进行检查。使汽车以高于 60km/h 的车速行驶，并使节气门开度保持在低于 1/2 的位置，快速将加速踏板踩下至 2/3 开度。若发动机转速没有太大变化，则说明锁止离合器处于接合状态；若发动机转速急剧升高，则表明锁止离合器没有接合，其原因通常是锁止离合器控制系统有故障或锁止离合器损坏。

6. 检查发动机制动功能

检查自动变速器有无发动机制动功能时，应将变速杆拨至前进低档（S、L 或 2、1）位置，在汽车以 2 档或 1 档行驶时，突然松开加速踏板，检查是否有发动机制动作用。若松开加速踏板后车速立即随之下降，则说明有发动机制动作用；反之，则说明控制系统或前进强制离合器有故障。

7. 检查自动变速器强制降档功能

检查自动变速器强制降档功能时，应将变速杆拨至前进档 D 位置，保持节气门开度为1/3 左右，在以 2 档、3 档或超速挡行驶时突然将加速踏板完全踩到底，检查自动变速器是否被强制降低一个档位。在强制降档时，发动机转速会突然上升至 4000r/min 左右，并随着加速升档，转速逐渐下降。若踩下加速踏板后没有出现强制降档，则说明强制降档功能失效。若在强制降档时发动机转速上升过高，达 5000～6000r/min，并在升档时出现换档冲击，则说明换档执行元件打滑，自动变速器需要检修。

四、路试后的检查

1. 检查各部件的温度

路试后应检查一下润滑油及冷却液的温度。正常的润滑油温度为 95℃，正常的冷却液温度为 80～90℃。齿轮油的温度不应高于 85℃。齿轮油温度主要是来自变速器和主减速器的温度。最好检查一下轮毂的温度，其温度过高，说明轮毂轴承安装过紧，应调整好轮毂轴承的间隙。

此外，还应用手或测温器检查其他有关运动件的温度情况。制动毂、传动轴、中间支承的轴承等，都不应有过热现象。

2. 检查"四漏"情况

检查汽车的漏气、漏电、漏液、漏油情况。在发动机运行及停车以后，散热器、水泵、缸体、缸盖、暖风装置及所有的连接部位，均不得有明显的渗漏液现象。检查漏油的情况，应在汽车连续行驶距离不少于 10km 后，停车 5min 观察，不得有明显的渗漏油现象。气制动的汽车若有漏气，则在制动时有所反应。若有漏气现象，就需仔细检查管路系统、气罐、气泵和阀等。漏电一般在行车过程中就会出现明显的电路故障，需要仔细查找。

操作技能

1）车辆起动前（图6-1）。

2）车辆开始起动。初始怠速应该在 1100r/min 左右，且起动迅速，车辆抖动小（图6-2）。

图6-1 车辆起动前的状态

图6-2 车辆刚起动的转速表

3）5min 后怠速降到 800r/min 左右（图6-3），若此时开空调，转速应在 1000r/min 左右。偏高或偏低均不正常。在热车的过程中可以在车内和车外一起听发动机的声音，它应该是平顺没有杂音的。车厢内不应该有明显的抖动。另外，可以在热车过程中查看仪表工作是否正常，冷却液温度、润滑油、汽油是否正常。观察仪器仪表的目的是观察怠速工作情况。

图6-3 车辆起动后的正常转速

4）左右打转向盘（图6-4），检看助力转向系统的工作情况。检查有没有死点或是一边偏沉的现象。

5）踩踏离合器踏板（图6-5），应该明显感觉到其自由行程和有效行程的区别，其距离比应该是 1∶1，也就是说两者各占总行程的 50%。如果感觉像踩到棉花，没有明显的自由行程和有效行程的区别，则说明踏板本身出现了机械方面的问题。如果有效行程过长或过短，则说明离合器压片位置和其本身的性能已经出现问题。

6）节气门。打开车窗，通过怠速加速来了解车辆发动机工作情况以及各部件在运转过程中的匹配情况及性能（图6-6）。

图6-4 左右打转向盘

① 慢踩加速踏板。这时发动机转速缓慢提升，冷却液温度正常提升。应该能听到发动机平缓加大的噪声，不应该有杂声，踩离合器踏板，噪声不应该有明显变化。如果声音变大，则说明分离轴承出现问题；变小则说明可能是变速器一轴磨损。然后缓慢收油，车辆应保持平稳，不能出现明显的不规则抖动。直至完全离开加速踏板，怠速应迅速趋于正常。

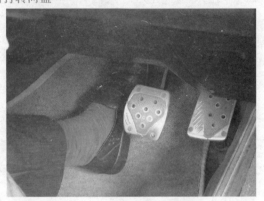

图6-5 踩踏离合器踏板

② 猛踩加速踏板。发动机转速应该迅速提升，没有出现延时、滞后、爆燃等不正常现象，则证明发动机工作正常，反应良好。保持节气门开度，应该听到发动机均匀的工作声音。观察尾气，不应该出现蓝烟或黑烟。因为有的车在怠速或低速运转时发动机工作还算正常，高速持续运转时就会出现燃烧不充分或烧润滑油现象，所以一定要观察尾气。猛收加速踏板时，发动机不能放炮或熄火。另外，在原地做这样一系列动作后，冷却液温度会逐渐升高，当达到一定高度时电子扇应自动开始运转。

7）制动。制动踏板应该在停车熄火和着车怠速两种状态下进行测试（图6-7）。

图6-6 试加速踏板　　　　　　　　　图6-7 制动测试

① 轻踩踏板，感觉整个行程，到行程的末端继续发力，如果感觉踏板缓慢下移，则说明密封性不好。密封不严则可能导致制动液泄漏，从而导致制动系统压力降低，最终导致制

动距离加长。

② 在停车熄火后，助力泵停止工作，这时踩踏板会感觉踩不动。这时踩住踏板，点火，正常情况应该发现点火后踏板明显变轻，整个行程充分，不延时，则说明助力泵开始工作，且工作正常。如果发现点火前后无明显差别，则说明助力泵工作失常或根本没有工作。

8）变速器。用手去感觉变速杆在空档情况下的回位情况，这是最直接的方法，如果变速杆回位有力，而且并不过度，则说明变速器的日常维护比较不错。如果自由行程过大，无回位或者回位过度，感觉旷量很大，则说明该车的变速器存在问题或者隐患。

在实际试车时，应该依次试各挡位（图6-8）。从而更好地判断车辆变速器的实际情况。还有在实际路试时，应尽可能的多换档，以求在最短的时间内体验该车的各个档位之间的感觉。如果觉得变速困难、入档有异响，或有脱档的现象，那么说明变速器存在隐患。

a)

b)

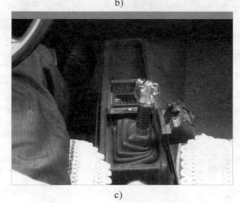

c)

图6-8 依次试各档位

a）倒档 b）2档 c）4档

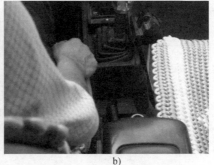

a)　　　　　　　　　　　　　　　b)

图 6-9　驻车制动

a）拉深时　b）放开时

9）驻车制动。斜坡上试驻车制动的效果（图6-9）。

10）路试（图6-10）。整个路试路程应不少于 10km，其中应有一段直路（试加速、制动），一段不平路（试减振），一片开阔地（试转向），一座桥（试驻车制动、爬坡），一段高速（试车速、噪声、车厢密封情况）。

图 6-10　路试

知识能力拓展

一、车辆性能的表现形式

1. 动力性

汽车的动力性是在良好路面上直线行驶时所能达到的平均行驶速度来表示。汽车作为一种高效率的交通工具，其运输效率的高低在很大程度上取决于汽车的动力性。所以，汽车的动力性是汽车各种性能中最基本、最重要的性能。而追求高动力性也是时下不少购车族的一项重要购车指标。

从获得尽可能高的平均行驶速度的观点出发，汽车的动力性主要用三个方面的指标来评定：①最高车速，单位为千米/小时（km/h）；②汽车的加速时间，单位为秒（s）；③汽车能爬上的最大坡度。

最高车速是指汽车在水平良好的路面上行驶时所能达到的最高车速。数值越大，动力性就越好。

汽车的加速时间表示汽车的加速能力，它对汽车的平均行驶车速有很大影响。特别是对轿车，其加速时间更为重要。常用原地起步加速时间及超车加速时间来表示汽车的加速能力。原地起步加速时间指汽车由第一档或第二档起步，并以最快的加速方法逐级换至最高档

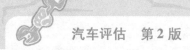

后到某一预定距离或车速所需时间，一般用 0~100m，0~400m 的秒数来表示原地起步加速能力，也可以用 0~100km/h 所需的时间来表示。超车加速时间则是用最高档或次高档，从某一较低车速全力加速到某一较高速度所需的时间。因为超车时汽车与被超车辆并行，容易发生安全事故，所以超车时加速能力越强，并行的时间越短，行驶就越安全。目前各国还没有一致的规定来表示超车加速能力，采用较多的是用最高档或次高档（30km/h 或 40km/h）全力加速到较高车速（80km/h 或 100km/h）所需的时间。

汽车的爬坡能力用汽车满载时能爬上的最大爬坡度 I 来表示（如果汽车能爬上的角度为 0°的坡，则 $I = \tan 0° \times 100\%$）。显然，最大爬坡度是指一档最大爬坡度。轿车最高车速高，加速时间短，经常在较好的路面行驶，一般不强调它的爬坡能力，不过轿车的一档加速能力大，因此，其爬坡能力也强。货车需要在不同地区的各种路面上行驶，所以要求它具有足够的爬坡能力，一般最大爬坡度在 30%，即 16.5°左右。越野汽车要在差路或无路条件下行驶，因此，其爬坡能力是一个很重要的指标，它的最大爬坡度可达 60%，即 30°左右。

2. 燃油经济性

汽车的省油与否可以用汽车的燃油经济性来衡量。汽车的燃油经济性常用一定工况下汽车行驶百千米的燃油消耗量或一定燃油量能使汽车行驶的里程来衡量。

在我国及欧洲，汽车燃油经济性指标的单位为 L/100km，即汽车行驶 100km 所消耗的燃油升数，其数值越小，汽车燃油经济性就越好，汽车就越省油。在美国，则用 MPG 或 mil/usgal 来表示，即每加仑燃油能行驶的英里数，其数值愈大，汽车的经济性就愈好，汽车就愈省油。

3. 制动性

汽车行驶时在短距离内停车且维持行驶方向稳定，以及汽车在下长坡时维持一定车速的能力称为汽车的制动性。汽车的制动性能是汽车的几个主要性能之一。制动性能直接关系到汽车的行车安全，重大交通事故往往是与制动距离太长、紧急制动时发生侧滑等情况有关，因此汽车的制动性能是汽车行驶的重要保障，也是许多车主关心的重要性能之一。

汽车的制动性能包括制动效能、制动效能的恒定性、制动时的方向稳定性三个方面的指标。

1）制动效能。即汽车的制动距离（或制动减速度），用汽车在良好路面上以一定初速度制动到停车的制动距离来评价，制动距离越短制动性能就越好。

2）制动效能的恒定性。即制动器的抗衰退性能，它是指汽车高速行驶下长坡连续制动时，制动器连续制动效能保持的程度。

3）制动时汽车的方向稳定性。即汽车制动时不发生跑偏、侧滑以及失去转向能力的性能。常用制动时汽车按给定路径行驶的能力来评价。因为若制动时发生跑偏、侧滑或失去转向能力，汽车将很容易偏离原来的路径，这意味着制动性能不好。

世界各国对汽车制动性能的要求有所不同。比如，我国对轿车的制动性能要求是，在干水泥路面上，汽车满载以 80km/h 的初速制动，制动距离不得大于 50.7m，而制动时的稳定性要求是不允许偏出 3.7m 通道；美国的要求则是汽车以 96.5km/h 的初速制动时，制动距离不得大于 65.8m，制动的稳定性要求是车轮不抱死、不允许偏出 3.66m。

4. 操控稳定性

汽车的操控稳定性能是指驾驶人在不感到紧张、疲劳的情况下，汽车能按照驾驶人通过转向系统给定的方向行驶，而且当遇到外界干扰（比如侧向力、转弯时的向心力等）时，汽车能抵抗干扰而保持稳定行驶的能力。汽车的操控稳定性能好，汽车就容易操控。汽车的操控性能不仅影响到汽车驾驶的操控方便程度，而且也是决定汽车高速安全行驶的一个主要性能，是"高速车辆的生命线"。

随着道路的不断改善，特别是现代高速公路的发展，不仅轿车，就算普通货车也常以100km/h的车速行驶。而现代轿车的设计速度也已超过200km/h，运动型轿车甚至达到300km/h。为了保证汽车的安全行驶，汽车的操控稳定性日益受到重视，成为现代汽车的又一重要性能之一。

汽车的操控性能常用汽车的稳定转向特性来评价。转向特性包括不足转向、过度转向以及中性转向三种状况。不足转向特性的汽车为在固定转向盘转角的情况下绕圆周加速行驶时，转弯半径会逐渐增大；而过度转向特性的汽车在这种条件下行驶时，转弯半径则会逐渐减少；中性转向特性的汽车则转弯半径不变。由于过度转向特性的汽车在转弯时容易发生剧烈的回旋，从而导致翻车事故的发生，因此在汽车设计中要尽量杜绝汽车有过度转向特性。汽车的转向特性与汽车的前后桥轴荷分配、轮胎、悬架种类以及转向结构形式等有关。易操控的汽车应当有适当的不足转向特性，以防止汽车出现突然甩尾现象。

5. 行驶平顺性

汽车平顺性就是保持汽车在行驶过程中乘员所处的振动环境具有一定舒适度的性能，对于货车还包括保持货物完好的性能。平顺性主要是根据乘坐的舒适度来评价的，所以它又称为乘坐舒适性。它是现代高速、高效率汽车的一个主要性能。

汽车行驶时，由于路面不平等因素激起汽车振动，使乘员处于振动环境之中。振动影响着人的舒适性、工作效率和身体健康。保持振动环境的舒适性，是保证驾驶人在复杂的行驶和操纵条件下具有良好的心理状态和准确、灵敏的反应，对确保安全行驶是非常重要的。舒适的振动环境对于乘员，不仅在行驶过程中很重要，而且可以保证到达目的地后以良好的身体和心理状态投入工作。

6. 通过性（越野性）

汽车的通过性（越野性）是指汽车能以足够高的行驶速度通过各种坏路及无路地带，比如松软地面、坎坷不平地段以及各种障碍（如陡坡、侧坡、壕沟、台阶、水障等）的能力。汽车的通过性能与汽车的底盘参数、车身几何参数有关，如最小离地间隙、纵向通过半径、横向通过半径、接近角、离去角等。

二、汽车仪器检查的内容

静态检查和动态检查可以对汽车的技术状况进行定性的判断，即初步判定车辆的运行情况是否基本正常，车辆各部分有无故障及故障的可能原因，车辆各总成及部件的新旧程度等。当对车辆各项技术性能及各总成、部件的技术状况进行定量、客观的评价时，通常需借助一些专用仪器和设备。

旧机动车的综合检测为检测车辆的动力性、燃料经济性、转向操纵性、排放污染、噪声等整车性能指标以及发动机、底盘、电气电子等各部件的技术状况。车辆性能主要检测内容及对应采用的检测设备见表6-1。

表6-1 车辆性能检测指标与检测设备

检测项目			检测仪器设备
整车性能	动力性	底盘输出功率	底盘测功机
		汽车直接加速时间	底盘测功机（装有模拟质量）
		滑行功能	底盘测功机
	燃料经济性	等速百公里油耗	底盘测功机、油耗机
	制动性	制动力	制动检测台、轮重仪
		制动力平衡	制动检测台、轮重仪
		制动协调时间	制动检测台、轮重仪
		车轮阻滞力	制动检测台、轮重仪
		驻车制动力	制动检测台、轮重仪
	转向操纵力	转向轮横向侧滑量	侧滑检验台
		转向盘最大自由转动量	转向力-角仪
		转向操纵力	转向力-角仪
		悬架特性	底盘测功机
	前照灯	发光强度	前照明灯检测仪
		光束照射位置	前照明灯检测仪
	排放污染物	汽油车怠速污染物排放	废气分析仪
		汽油车双怠速污染物排放	废气分析仪
		柴油车排放可污染物	不透光仪
		柴油车排气自由加速烟度	烟度计
	扬声器声级		声级仪
	车辆防雨密封性		淋雨实验台
	车速表示值误差		车速表试验台
发动机部分	发动机功率		1. 无负荷测功仪 2. 发动机综合测试仪
	气缸密封性	气缸压力	气缸压力表
		曲轴箱窜气量	曲轴箱窜气量检测仪
		气缸漏气率	气缸漏气量检测仪
		进气管真空度	真空表
	起动系	起动电流	1. 发动机综合测试仪 2. 汽车电器万能试验台
		蓄电池起动电压	
		起动转速	
	点火系	点火波形	1. 专用示波器 2. 发动机综合测试仪
		点火提前角	
	燃油系	燃油压力	燃油压力表
	润滑系	润滑油压力	机油压力表
		润滑油品质	润滑油品质检测仪
	异响		发动机异响诊断仪

（续）

检测项目		检测仪器设备
底盘部分	离合器打滑	离合器打滑测定仪
	传动系游动角度	游动角度检验仪
行驶系	车轮定位	四轮定位仪
	车轮不平衡	车轮平衡仪
空调系统	系统压力	空调压力表
	空调密封性	卤素检漏灯
电子设备		微机故障检测仪

　　检测汽车性能指标需要的设备有很多。其中最主要有底盘测功机、制动检验台、油耗机、侧滑检验台、前照灯检测仪、车速表试验台、发动机综合测试仪、示波器、四轮定位仪、车轮平衡仪等设备，这些设备一般在汽车综合性能检测中心（站）或汽车修理厂采用，操作难度较大，旧机动车鉴定评估人员不需要掌握这些设备的使用。但对于一些常规的、小型检测设备应能掌握，以便于迅速快捷地判断汽车常见故障，这些设备仪器主要有气缸压力表、真空表、万用表、正时枪、燃油压力表、废气分析仪、烟度计、声级仪、微机故障检测仪（俗称解码仪）等。

思考题

1. 总结车辆原地起动后所能进行的动态检查项目。
2. 探讨一下原地动态检查后可能遇到的各种故障现象。
3. 总结车辆路试时需要进行的动态检查项目。
4. 总结路试时自动变速器的动态检查项目。
5. 讨论路试时为了完成各项检查，应如果规划试车路线。
6. 总结一下路试后需要进行的动态检查项目。
7. 探讨一下路试动态检查后可能遇到的各种故障现象。
8. 实车演练一下动态检查的过程，谈谈操作要领。
9. 谈谈车辆性能的表现形式有哪些评价标准。
10. 找一辆身边的旧机动车进行动态检查，并对检查的结果进行讨论。

项目七　车辆常见故障维修费用评估

学习目标

1) 熟悉汽车发动机、底盘、电器等设备的常见故障现象。
2) 掌握汽车常见故障现象的产生原因和维修方法。
3) 了解车辆常见故障排除的费用计算方法。

任务载体

对车辆技术状况进行静态和动态检查之后，为了正确地估算车辆的价格，需要将静动态检查的过程中发现的故障现象进行评估，将故障修复所需的费用计算进价格中。正确判断引起车辆故障现象的原因，合理的估算维修所需的费用和时间。对正确的衡量车辆价值，具有非常重要的意义。因此，了解旧机动车常见的各种故障现象，明确引起这些故障现象的原因，掌握不同故障原因所需要的维修方法和由此产生的费用，是旧机动车估价人员所必须具备的技能。

相关知识

汽车在使用过程中，随着行驶里程的增加，车身各个部件会由于磨损而使得原有的尺寸、几何形状、机械性能、配合关系等发生变化，从而出现各种各样的故障现象。除了通过车辆的静动态检查，发现车辆的各种故障现象以外，还需要仔细观察各种故障现象在外在表现上的细微差异，从而判断出问题产生的原因，计算出修复所需的费用。

下面对各种故障现象以及其产生的原因进行具体的分析。

一、故障的定义与分类

汽车故障是指汽车中的零部件部分或完全丧失了工作能力的现象，一般分为功能故障和参数故障两大类。

功能故障是指故障发生后车辆不能继续实现本身原有的功能，如行驶跑偏、转向系统失灵、发动机不能起动等；参数故障是指车辆的性能参数达不到规定的指标，部分或完全丧失工作的能力，如发动机功率下降、燃油消耗超标、机油消耗异常、滑行时间和加速时间达不到要求等。

汽车故障按照故障发生后所造成后果的严重性又可分为轻微故障、一般故障、严重故障和致命故障。

（1）轻微故障　轻微故障一般不会导致汽车停驶或性能下降，不需要更换零件，用随车工具能在5min内排除。如气门异响、点火不正、喷油不正、怠速过高和紧固件松动等。

（2）一般故障　一般故障会造成汽车停驶或性能下降，但一般不会导致主要部件的严重损坏，通过更换易损备件能用随车工具在30min内排除，如滤清器堵塞、垫片损坏而漏油及来油不畅等。

（3）严重故障　严重故障会导致主要零部件的严重损坏，必须停车修理，并且不能用易损备件和随车工具在较短时间内排除，如发动机拉缸、抱轴、烧瓦、气缸体裂纹等。

（4）致命故障　致命故障指危及汽车行驶安全、导致人身伤亡、主要总成报废、可能造成重大经济损失或对周围环境造成严重危害的故障，如连杆螺栓断裂、活塞碎裂、柴油机飞车等。

二、汽车技术状况变化的外观症状

实践证明，无论是汽车发动机还是底盘部分的故障，都可以通过耳听、眼看、鼻嗅、手摸、身体感受的方式来发现外观症状，并根据这些外观症状来断定车辆是否存在故障。归纳起来，这些故障的外观症状大致可分为以下几类：

1. 动力下降

当活塞、活塞环与气缸壁的磨损量超过限度后，在进气行程中会使得气缸内吸力不足，进气量减少；在压缩行程、做功行程中会造成气缸漏气，最终使得发动机整体功率下降。

2. 可靠性变差

例如，当制动系统的有关零部件磨损过高时，会使得车辆的制动性能下降，甚至造成无法制动的后果。

3. 经济性变坏

例如，当发动机燃油系统的有关零部件磨损过度或堵塞时，会造成燃油的雾化不良、泄漏，使得耗油量增加，经济性下降。

4. 声响异常、振动增大

随着零部件的磨损变形，机件之间的配合间隙会变大，在运转时受到冲击会产生异响，运转不平衡会造成强烈的振动。

5. 渗漏现象

汽车的燃油、润滑油、制动液（或压缩空气）以及其他各种油液的渗漏现象。渗漏会造成油液的缺失，导致机件过热、烧损以及转向、制动机件失灵等故障。

6. 排气烟色异常

发动机技术状况良好，气缸内可燃混合气燃烧正常时，排气管排出的废气一般呈淡灰色。当气缸出现漏气后，会使燃油雾化不良，燃烧不完全，废气中 CO 量增多，排气呈黑色；当气缸上窜润滑油时，排气呈蓝色；当缸套或缸垫破裂，冷却液进入气缸时，大量水蒸气随废气排出，废气呈白色。

7. 气味异常

当出现制动拖滞、离合器打滑、摩擦片因温度过高而烧焦时，会散发出焦味；当混合气过浓，燃油不能参加燃烧时，会散发出生油味；电线短路搭铁使导线烧毁时会有臭味。

8. 机件过热

常见的有发动机过热、轮毂过热、后桥过热、变速器过热、离合器过热等，这些都是机件运转不正常、润滑不良、散热不好的故障表现。

9. 外观异常

汽车停放在平坦地面上，如有横向或纵向歪斜的现象，即为外观异常。外观异常多由车架、车身、悬架、轮胎等异常造成，会导致转向不稳、行驶制动跑偏、车轮吃胎等故障。

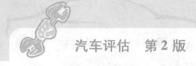

三、汽车故障的诊断方法

目前对汽车故障诊断的方法有两种：一种是直观经验诊断法，另一种是仪器设备诊断法。

1. 直观经验诊断法

汽车故障的直观经验诊断法是依靠人为感觉和观察，借助简单工具和一定的试验来确定汽车故障部位的方法。这种方法的基本原则是"先简后繁、先外后内、分段检查、逐渐缩小故障部位的范围"，它具体包括问、看、听、嗅、摸、试、想七个方面。

问即调查，包括询问汽车行驶的里程数、近期的维修情况、故障发生前的征兆等。

看即观察，如观察仪表指示、排气颜色、油液渗漏、行驶轨迹、发动机抖动情况等。

听是察听车辆在各种工况下的声响，包括气门敲击声、气缸爆燃声、排气放炮声等。

嗅是嗅闻汽车使用过程中散发出的某些特殊气味，包括制动器拖滞、离合器打滑发出的焦煳味，电路短路搭铁使导线烧毁时发出的臭味等。

摸是触摸感受可能故障部位的温度、振动情况，包括配合面是否过热、轴承是否过紧、高压油管有无供油脉动等。

试即试验，如通过加速踏板的控制来观察发动机工作情况，用慢加速或急加速的方法试验汽车发动机在怠速、低速、中速、高速和加速等各种工况下的工作情况；用单缸断油或断火法判别发动机异响部位；用滑行试验方法观察汽车底盘各部分的摩擦阻力等。

想即思考，根据故障现象，运用理论知识和实践经验分析思考，合理、正确地判断故障部位和故障原因。

2. 仪器设备诊断法

汽车故障的仪器设备诊断法是在汽车不解体的情况下，用仪器设备获取有关的信息参数，并据此判别汽车的技术状况，如四轮定位仪、电脑故障诊断仪等。

四、常见的发动机故障现象

发动机故障的主要表现形式有异响、工作性能异常、排烟异常、消耗异常、渗漏和过热等。

1. 异响

发动机性能良好时，在怠速运转过程中，唯一能听见的应该是均匀而轻微的排气声。加速运转时，发动机会发出有力且过渡圆滑的轰鸣，高速运转时，则是平稳的轰鸣声。如果在发动机运转过程中，出现其他声响如间歇或连续的金属敲击和摩擦声等，则表明发动机运转不正常。所伴随的声响，即为异响。异响标志着发动机某一机构的技术状况发生变化，可能存在某种故障，它是汽车故障诊断一个十分重要的方面。发动机异响与转速、负荷、温度、缸位、工作循环、润滑条件等多种因素有关，异响部位不同，其振动区域、声调特征、伴随现象也各不相同。

（1）曲轴主轴承响　响声部位在气缸体下部，发动机稳定运转时一般不明显，转速突然变化时，发出低沉连续的"噔、噔"的金属敲击声，响声较钝重且发闷，严重时会造成发动机振动。转速越高，响声越大；中速向高速过渡时响声最为明显；发动机负荷加大时，响声变化明显；响声不随温度变化；单缸"断火"时，响声无明显变化，相邻两缸同时断火，响声会有显著降低。

诊断时可以先查润滑油压力、润滑油油面高度以及润滑系统的工作状况，排除因润滑系统故障所引起的轴承敲击声；反复加速或减速，在润滑油加油口处如能听到明显的低沉连续的“哐、哐”的金属敲击声则为主轴承响；或利用单缸“断火”响声无明显变化，而相邻两缸同时断火，响声明显降低的特点来判断；发动机低、中速运转，反复加速或减速，加速时响声明显增大的为主轴承松旷；发动机怠速或低中速运转时响声明显，高速时变得杂乱的，可能是曲轴弯曲；踏下离合器踏板，如曲轴带轮向前窜动且响声减轻或消失的，为曲轴轴间窜动发响。

(2) 连杆轴承响　在润滑油加注口处传出的“当、当、当”的中音调短促金属敲击声，声音来自于缸体的中上部，可能是连杆轴颈与轴承间隙过大导致，有负荷时响声会加剧。如单缸“断火”，响声明显减弱或消失，可判断为个别连杆轴承间隙过大；若怠速时也有明显响声，说明轴承已严重松旷。行驶中如加大节气门或低档换高档，能听到微小的“嗒嗒”声，而在缓和节气门或减轻负荷时响声消失，这是连杆轴承响的初期征兆，而当听到“唧唧唧”的响声时，是由于缺油烧轴瓦而发出的响声，应立即停车熄火摇转曲轴检查。否则曲轴有被抱死的危险。

(3) 活塞销响　在加润滑油口处传出的尖锐而清脆的“嗒、嗒、嗒”的金属敲击声，急加速、高温、怠速时响声更为明显；单缸断火后，响声会明显减弱或消失；略将点火时间提前，响声加剧；活塞销转动时，响声时有时无。具体又可分为以下几种情况：

1）诊断时如在低温怠速状态下听到断续的“嗒、嗒”声，转速上升后响声迅速消失，进行单缸“断火”响声消失，复火后响声恢复，可断定活塞销与连杆衬套孔的间隙稍大，但尚可继续使用。

2）如果无论在低温、高温、怠速、低速和中速状态下都能听到“嗒、嗒”声，逐缸进行单缸“断火”响声减弱或消失，复火后响声恢复，则可断定活塞销与连杆衬套孔的间隙过大。

3）若“断火”时响声不但不消失，反而转变为另一种“咯、咯”的哑声，即可断定为活塞销与连杆衬套孔之间严重松旷，应立即修复。

4）发动机在高温、低速、中速时不响，而在某车速时却能听到响声，逐缸“断火”响声减弱而杂乱，复火后响声恢复，可断定为活塞销与活塞销座孔的间隙过大，应立即修复。

5）敲击声时有时无，可判定为活塞销卡环断裂或漏装。

(4) 活塞敲缸响　它是一种与做功次数相一致的“当、当”或“嗒、嗒”的金属敲击声，一般位于发动机中部偏上位置，低温、重荷或低速时响声清晰，温度上升；转速提高后，响声减弱或消失；急加速时，响声更快更强。

若响声是“当、当”声，一般是由气缸壁润滑不良引起；如果响声是“嗒、嗒”，同时排气管冒蓝烟，一般是由活塞与气缸壁间隙过大引起。单缸“断火”试验到某缸，响声减低或消失，即证明该缸活塞由于间隙过大而敲缸响；若低温时不响，升温后敲缸，高温时加剧，单缸断火时响声也加大，则情况较复杂，可能是曲轴的连杆轴颈、主轴颈不平行或连杆弯曲，或活塞与缸壁间隙过小，或活塞环背隙、端隙过小等所造成，判断时若单缸断火到某缸时，响声加大，该缸即为故障缸。

(5) 气缸垫烧穿或冲毁引起的金属敲击声　汽车正常行驶时发动机无异响，但当爬坡或急加速时，发动机会突然发出无规律的类似金属叶片的响声，经常被误认为是风扇叶片碰刮某处所致。响声通常发生在发动机的前部，一般是由于气缸垫烧穿或冲毁所引起的金属敲

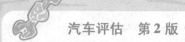

击声。

（6）活塞环漏气响　发动机运转时，从润滑油加注口处能听到曲轴箱内发出"嘭嘭"的漏气声，负荷愈大时响声愈强；润滑油加注口处和机油尺口处（拔出机油尺）脉动地向外冒烟，冒烟次数与发响次数相同；当收回节气门或单缸断火时，冒烟和响声减弱或消失。

活塞环漏气多由于活塞环开口间隙过大；各环开口重合；活塞环或环槽严重磨损；气缸壁严重磨损；活塞环弹力过小或卡死在环槽内；活塞环折断；气缸壁拉伤等原因引起，有时，发动机在更换活塞环后，会因未完全磨合而引起轻微窜气，这是允许的，这种窜气声经过一段时间磨合后会很快消失。

（7）飞轮螺栓松动响　为沉闷的呈周期变化的"嗒、嗒"敲击声，类似于曲轴轴承响，但强度更大；在起动、停止及变换转速时，响声明显。负荷增加，响声加剧；单缸"断火"，响声加大；可根据响声特征在起动、变换转速和停止时听响声。飞轮螺栓松动，危害很大，会造成严重的事故。

（8）拉缸响　发动机运转过程中活塞与气缸相互拉损所发出的响声，类似敲缸声。急速时，从润滑油加注口处能听到近似敲缸的声音，但升温后响声不减反而加重；发动机加速不灵敏；做"断火"试验时如气缸拉损不严重，则响声无变化，相邻两缸"断火"响声会减弱消失；如拉损严重"断火"试验的反应与上述相反，同时加润滑油口会脉动地冒废气。确认拉缸，应立即停止发动机的运转，及时排除。

（9）气门响　气门响包括气门脚和气门座圈两种声响。发动机在急速运转时发出有节奏的"嗒嗒"（气门脚处）或"啪啪"（气门座圈处）的金属敲击声；转速增高时响声亦随之增大；温度变化和单缸断火对响声没有影响；若有数只气门响，则响声会显得杂乱。

气门脚的响声主要是由于气门脚间隙过大；气门间隙调整螺钉处接触面不平；配气凸轮磨损过大等原因造成。气门座圈响主要是气门杆与其导管配合间隙过大；气门头部与座圈接触不良；气门脚间隙过大；气门座圈松动等原因导致。

（10）凸轮轴响　是一种有节奏的间断响，类似连杆轴承的响声。在有响声的凸轮轴一侧缓缓变换加速踏板位置细听，若急速时响声杂乱，中速时有连续的金属敲击声，高速时响声减弱、消失或变得杂乱，单缸断火时响声无变化且响声同时伴随振动，急减速时发出尖锐连续的金属敲击声，则说明是凸轮轴响。凸轮轴的异响一般是由于凸轮轴轴颈和衬套磨损过大，凸轮轴弯曲变形及凸轮轴轴向间隙过大等原因造成。

2. 工作性能异常

汽车工作性能异常是比较常见的故障现象，包括起动困难、急速不稳、加速不良等多种现象。

（1）起动困难　发动机起动困难是指起动时发动机有起动征兆，但不能正常起动。通常有冷车起动困难和热车起动困难两种状态。

1）冷车起动困难。发动机在冷却液温度低于发动机工作温度下起动时，需要若干次才能起动。而在正常工作温度下，一次就能起动发动机。造成冷起动困难的主要原因是混合气过稀、火花塞火弱、气缸压力偏低等。其故障原因有喷油器雾化不良，冷却液温度传感器故障，进气温度传感器故障，进气管积炭，火花塞不打火或点火能量不够，急速控制阀故障等，这些故障往往与起动系统的电路连接状况有关。

2）热车起动困难。发动机冷车起动正常，但当运转的发动机熄火后，如再次起动，会变得十分困难，甚至不能起动。热车起动难的根本原因是混合气过浓。热起动困难的故障原因可能是冷却液温度传感器故障，进气温度传感器故障，多个喷油器漏油或严重雾化不良，怠速控制阀故障，油压过高，点火线圈老化能量不足等原因。

（2）怠速不稳　怠速不稳是发动机最常见的故障之一，通常是由多种原因综合引起：

1）冷热车怠速均低。发动机起动正常，但不论冷车或热车，怠速时转速均偏低，运行不稳定，容易熄火。其故障原因主要有油路压力偏低，空气滤清器堵塞，喷油器雾化不良、漏油或堵塞，怠速控制阀或旁通空气阀工作不良，火花塞工作不良，空气流量计故障，气缸压缩压力偏低等，当然也可能是怠速调整不当引起。

2）冷车怠速过低。发动机冷车时怠速过低，运转不稳定易熄火，热车后怠速恢复到正常值。其故障原因一般为附加空气阀故障，怠速控制阀故障，冷却液温度传感器故障，喷油器雾化不良或堵塞。

3）热车怠速过低。发动机在冷车运转时怠速正常，热车后怠速出现偏低现象，运行不稳定且容易熄火。其故障原因主要有怠速调整过低，冷却液温度传感器故障，怠速控制阀故障，火花塞或高压线工作不良，喷油器工作不良，氧传感器工作不良，ECU 搭铁不良等。

4）使用空调器或转向时怠速不稳或熄火。在发动机怠速运转过程中使用空调器，或在汽车转向时出现怠速过低、不稳、甚至熄火的现象，关闭空调器或停止转向后怠速运转正常。其故障原因主要有以下几方面：

① 发动机初始怠速调整过低，使怠速自动控制无法正常进行。

② 怠速控制阀不工作，在使用空调或汽车转向时，由于空调压缩机或动力转向液压泵的工作，增大了发动机负荷，使得怠速过低、运转不稳或熄火。

③ 空调开关或转向液压开关及其控制电路可能存在故障，使 ECU 得不到空调使用和汽车转向的信号，无法进行怠速自动控制，最终导致怠速过低、不稳或熄火。

5）怠速上下波动。怠速运转时，发动机转速不稳定，不断地上下波动。其故障原因主要有节气门位置传感器调整不当，喷油器雾化不良或堵塞，空气流量计故障，怠速控制阀或怠速自动控制电路故障，冷却液温度传感器信号不正确，氧传感器失效或反馈控制电路故障等。

6）怠速过高。怠速时，发动机转速过高，超过发动机怠速运转的正常技术要求。一般是由于怠速时吸入发动机的空气过多或发动机控制信号错误造成。其故障原因主要有有进气温度传感器、冷却液温度传感器、节气门位置传感器、空气流量计或进气歧管空气压力传感器故障，怠速控制阀故障，节气门体故障，喷油器故障，真空管漏气，发动机控制单元故障或匹配设定有问题等。

（3）加速不良　发动机加速不良一般有两种现象，一种是踩下加速踏板，发动机相应速度慢，加速时间过长；另一种是踩下加速踏板，发动机转速不升反降。发动机加速迟缓通常是由于混合气过稀或过浓，或点火系统、发动机机械系统故障等原因引起的。引起这些故障的原因主要有：燃油系统油压过高或过低，喷油器喷油不良，节气门位置传感器或进气歧管压力传感器信号错误，点火高压低、能量小，点火正时不正确，气缸压缩压力低，排气管被堵塞等。

3. 排烟异常

发动机技术状况良好，气缸内可燃混合气燃烧正常时，排气管排出的废气一般呈淡灰

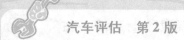

色。若发动机气缸密封性不好或空滤器堵塞，汽油发动机点火不正时或混合气过浓；柴油发动机供油不正时或喷油量过多、喷雾质量差时，均会导致气缸内混合气燃烧不完全，使一部分未燃完的燃油形成游离炭，悬浮在燃气中随废气一起排出，形成黑烟。

当润滑油油面过高或黏度过稀、活塞环或缸套磨损过多、活塞环弹力过小或装反、进气门与其导管松旷等，均可能导致气缸窜润滑油，使排气呈蓝色。润滑油油面高时，仅会造成发动机一度排蓝烟，油面降低后，蓝烟即会消失。进气门与其导管松旷所导致的排蓝烟现象较为轻微。由于活塞环、气缸磨损等造成气缸上润滑油是排蓝烟的主要原因。因此，发动机排蓝烟的现象，可用来评价气缸活塞组的密封性能。

当燃油中有水、发动机缸套裂纹或缸垫破损，使冷却液进入气缸时，水蒸气随废气排出，呈白色。气缸工作温度太低时，气缸内的少量燃油经过雾化蒸发，却未能着火燃烧，蒸发的燃油随废气排出，也会形成白色的烟雾。

4. 消耗异常

汽车油耗过大是指它的百公里油耗超过规定的标准值。影响汽车油耗的因素有很多，发动机技术状况欠佳，底盘技术状况欠佳，驾驶人的驾驶习惯不良、轮胎气压过低、车辆负载过大、制动拖滞、传动系打滑、自动变速器不能升高档、液力变矩器无锁止等均会导致油耗过大。单就发动机而言，如果在运行过程中耗油量过大，那在加速时一般排气管会冒黑烟，低速运转时也会有明显抖动的现象。其故障原因主要有：真空软管裂口或扭结，进气压力传感器及空气流量计信号失准，燃油系统压力失常，进气系统和曲轴箱漏气，空气滤清器脏污或堵塞，喷油器漏油，冷起动喷油器控制失常，燃油压力过高，冷却液温度传感器、节气门位置传感器、氧传感器信号失常，点火系故障，气缸压力过低，空调运行状态异常，ECU及插接器故障等。

5. 渗漏

车辆在使用过程中往往会出现渗漏现象，它将直接影响到车辆的技术性能，不仅会造成润滑油、燃油的浪费，影响车容整洁，污染环境，而且会导致机件润滑不良、冷却不足，缩短零部件的使用寿命，甚至会带来事故隐患。

车辆泄漏有漏油和渗油之分。润滑油的渗透能力很强，随着汽车使用时间的延长，一般情况下，都会从油封处渗透出一点点，这是一种普遍现象，不属于故障。渗油主要表现是润滑油并未快速减少，但在密封处可见少量油迹。而漏油是一种故障现象。它会造成润滑油大量缺失，在发动机护板或地面会发现明显油迹。车辆漏油的原因主要有：配件质量、材质欠佳，装配不当，紧固螺母松脱落，密封材料老化、变形，润滑油添加过多，油品型号不对，零部件接合表面变形，通气塞、单向阀堵塞造成箱体内气压过高等。

6. 过热

汽车在行驶时冷却液温度经常在100℃以上或冷却液温度表指针长时间处于红区，冷却液温度警告灯闪亮并伴随有冷却液沸腾现象。发动机过热容易造成突爆、早燃、熄火困难。造成发动机过热的原因有很多，除涉及发动机的各个组成系统的原因外，还与发动机合理使用有关，具体原因有：冷却液液位过低或严重漏水，冷却系统水垢过多，冷却液温度传感器损坏，百叶窗没有完全打开，散热器灰尘或杂物较多影响散热，风扇故障，水泵故障，节温器失效，点火过迟或过早，混合气过稀或过浓，润滑不良，压缩比过大，缸压过高，突爆或进、排气不畅，车辆长时间、超负荷工作，自动变速器过热或其油温过高导致冷却液温度过高，空调冷凝器温度过高影响冷却系散热等。

五、底盘常见故障

1. 离合器打滑

起步时离合器踏板接近完全放松汽车方能起步；行驶中加速时，车速不能随发动机转速的提高而增加，上坡行驶或重载时，动力明显不足，严重时可嗅到离合器摩擦片的焦臭味等。离合器打滑的实质是离合器踏板完全放松时，主动盘与从动盘没有完全接合，离合器处于半分离状态，其主、从动部分摩擦力矩不足，发动机输出力矩不能全部传给传动系。其故障原因主要有：离合器踏板自由行程过小，踏板不能完全回位，离合器拉索丧失自调功能，分离杠杆弯曲变形，离合器摩擦衬片变薄硬化，压紧弹簧过软或折断，离合器与飞轮连接螺栓松动，离合器压盘或飞轮表面翘曲变形，离合器液压操纵机构中的离合器主缸工作不良等。

2. 离合器分离不彻底

起步时，将离合器踩到底仍感到挂档困难；或虽勉强挂上档，但未抬离合器踏板车就前移或熄火。变速时挂档困难或挂不进档，变速器内发出齿轮撞击声。离合器分离不彻底的实质是将离合器踏板踩到底时，从动盘与主动盘没完全分离，离合器处于半接合状态。由于离合器操纵系统类型不同，其造成分离不彻底的原因各自略有不同，液压操纵系统由于液压元件的存在会变得较为复杂。一般而言，造成离合器分离不彻底的故障原因主要有：离合器踏板自由行程过大，液压操纵系统进空气，油液不足或漏油，液压操纵系统工作不良，离合器从动盘翘曲，膜片弹簧变形或折断，分离杠杆内端弯曲变形，分离杠杆调整螺钉或支架松动，离合器压盘变形失效，发动机前后支承固定螺栓松动，更换的新摩擦片过厚，从动盘装反，双片离合器中间压盘限位螺钉调整不当等。

3. 离合器抖动和异响

汽车起步或运行中换档时，因离合器接合发生振动，导致车身抖动的现象，称为离合器接合发抖。离合器在分离、接合或汽车起步时出现的不正常响声称为离合器异响。离合器抖动和异响是车辆常见故障，一般是由于离合器及其操纵部件磨损引起。离合器抖动的故障原因主要有：离合器摩擦盘磨损变形，压盘磨损变形，飞轮壳固定螺栓松动，离合器盖与飞轮固定螺钉松动，离合器摩擦片花键槽与变速器第一轴花键齿磨损松旷。维修时需吊装发动机、变速器，将离合器解体后更换相应部件。离合器异响的产生原因较多，可能是离合器部件变形，也可能是变速器内部齿轮、轴承磨损，或是离合器操纵机构异常，应根据异响的部位，以及异响和踏板位置的关系来判断具体故障原因。

4. 手动变速器跳档和乱档

车辆在重载加速或爬坡行驶时，变速杆容易从某档跳回空档，多发生在四、五档的位置上。跳档多是由于变速器操纵杆、变速拨叉、啮合齿轮、止推垫片、自锁装置、啮合花键等零部件磨损松旷，在受力状态下不能保持啮合状态所导致的。修理时需要解体变速器，更换相应磨损部件。

变速器乱档是指车辆在起步挂档或行驶换档时，挂不上所需的档位；挂档后不能退回空档，或车辆静止时可能同时挂上两个档的现象。乱档多是由于变速杆下端工作面磨损，或是互锁装置的凹槽、锁销、钢球磨损导致，修复时需更换相应部件。

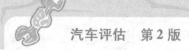

5. 自动变速器换档冲击大

自动变速器换档冲击大，是指自动变速器车辆在挂档或升档的瞬间汽车有明显冲击或抖动的现象。其故障原因主要有：发动机怠速过高，变速器油型号不符，单向节流阀漏装、蓄能器活塞卡滞，调压阀故障，油压电磁阀故障，油路泄漏，换档执行元件打滑，锁止阀或锁止电磁阀故障，节气门位置传感器或车速传感器故障，ECU故障，控制电路故障，节气门拉索调整不当，节气门阀体故障，变速器与发动机的支撑胶垫损坏或连接螺钉松动，传动系各连接部位磨损松旷等。

按照不同的故障原因，在维修时，可能需要进行调整怠速，更换变速器油，调整气门拉索，紧固变速器和发动机的支撑胶垫，拆检变速器更换调压阀、节流阀、电磁阀等控制元件，以及检修控制电路和各处传动连接等多项操作。

6. 自动变速器打滑

自动变速器打滑的具体表现是车辆起步或行驶时踩下加速踏板，发动机转速快速升高但车速增加缓慢，平路行驶基本正常，但上坡无力且发动机转速很高。打滑是自动变速器最常见的故障之一。其故障原因主要有：变速器油油面太低或太高，离合器或制动器制动带磨损或烧焦，油泵磨损过甚或主油路泄漏，调压阀、电磁阀、蓄能阀损坏，滤清器堵塞等。

在维修时，需要检查液压油的油位高度和品质，如不是液压油问题则需要拆检变速器，更换离合器、制动器、电磁阀、调压阀等执行元件和控制元件。

7. 制动不良

汽车行驶中踩下制动踏板时，不能产生足够的制动力，制动减速度小，制动距离过长，这种现象称为制动不良。产生的原因主要有：制动踏板自由行程过大，液压控制系统有堵塞或漏油现象，液压控制系统中有空气，制动液质量差，制动蹄摩擦片磨损严重或表面沾有油污，制动间隙过大，间隙自调装置失效，制动鼓或制动盘磨损变形，真空助力器损坏，制动液压缸磨损泄漏等。

维修时应先检查储液罐液面高度，检查调整踏板自由行程。如果制动器低温工作正常，高温工作不良，说明制动液质量不符合要求，存在高温汽化现象，应更换制动液。连续踩动制动踏板，如果感觉有弹性感，说明制动系统中混有空气，应进行放气操作；如果踩下制动踏板时感觉较硬，但制动仍然无力，可检查放气螺钉的出油情况。若出油无力，则表明制动管路有堵塞或主缸活塞卡滞，应检查管路或更换主缸；若出油急促有力，说明轮缸活塞卡滞或制动器故障，应检修轮缸拆检制动器。连续踩动几次制动踏板，在踏板高度升高后，用力将其踩住，若制动踏板有缓慢或迅速下降现象，说明制动管路中有渗漏或轮缸密封圈损坏，应检修管路，更换轮缸密封圈。连续踩动几次制动踏板，若仍感觉踏板低而软，则应检查并疏通主缸进油孔及储液罐空气孔。如踩动制动踏板时出现金属撞击声，则为主缸密封圈损坏或主缸活塞回位弹簧过软及折断等情况，应更换制动主缸。踩下制动踏板时，踏板沉重发硬，阻力明显加大，表明真空助力器失效，应检修真空助力器总成及真空管路。

8. 制动跑偏

制动跑偏是指车辆在制动时，行驶方向发生偏斜；紧急制动时甚至会出现掉头或甩尾现象。制动跑偏的故障实质是两侧车轮受力不均或制动生效时间不一致。造成汽车制动跑偏的具体原因主要有：ABS电子控制系统部件有故障；同轴左右两边制动器制动时间不一致，大多是两边制动器制动间隙不均或接触面积差异所引起的；同轴两边制动器的制动力矩不同，致使两侧车轮转速不同，从而造成制动跑偏，这通常是由于某侧制动分泵漏油、制动器摩擦片油污严重致使摩擦系数出现差异所造成的；制动时车轮自动向一侧转弯而跑偏，主要是两边制动鼓与摩擦片工作表面粗糙度不同，或一侧制动管路进入空气或接头堵塞等引起的；左、右轮胎气压不等造成跑偏，左右轮胎充气必须一致，否则两边车轮的实际转动半径不同、行驶的直线距离不等而出现侧滑。此外，车轮定位失准及左右轮胎磨损不同、路面对左右车轮的阻力差也会造成跑偏侧滑。造成汽车行驶跑偏的原因也会造成制动跑偏。

9. 制动拖滞

车辆在行驶过程中实施制动，当抬起制动踏板后，车辆仍然行驶无力，起步、加速或滑行困难，全部或个别车轮制动鼓（盘）发热，需要行驶一段距离才能恢复正常状态，这种现象称为制动拖滞。制动拖滞的故障是由于车辆在松开制动踏板后，全部或个别车轮的制动不能立即完全解除所导致的。制动拖滞故障分为全部制动拖滞和个别车轮制动拖滞两种情况，故障原因主要有：制动踏板自由行程过小或没有自由行程使制动不能彻底解除。制动踏板轴锈蚀发卡或回位弹簧不能正常回位。制动液太脏或黏度过大，使得回油困难。液压制动总泵（主缸）的回油孔、旁通孔被脏物堵塞，活塞发卡、橡胶碗发胀，活塞回位弹簧过软，回油阀弹簧过硬。液压制动分泵（轮缸）的橡胶碗发胀，活塞变形，分泵进油口被脏物堵住不能回油。制动油管被压扁，制动软管老化堵塞导致回油不畅。制动蹄摩擦片与制动鼓（盘）间隙过小。制动蹄摩擦片与制动鼓（盘）烧结黏住。制动蹄摩擦片脱落，制动蹄回位弹簧脱落或弹力过小。制动蹄轴与衬套配合间隙润滑不良引起回位转动困难。真空增压器的膜片弹簧过软，控制阀活塞发卡，或橡胶碗发胀。真空助力器的加力气室壳体变形，活塞回位弹簧过软。

发现制动拖滞故障后，应该首先区分是全部车轮拖滞还是个别车轮拖滞。停车检查各车轮制动器温度，或将车辆升起后检查各车轮转动是否灵活。若各车轮均过热或转动不灵活，故障部位一般在制动主缸之前，应检查制动主缸和真空助力器的工作情况。如仅有个别车轮制动器有过热或转动不灵活现象，则为个别车轮制动拖滞（往往伴有制动跑偏或行驶跑偏现象），其故障部位多在制动分泵、车轮制动器或液压支路油管。

10. 行驶跑偏

汽车行驶时松开双手，转向盘会自动偏向一侧，必须用力把住转向盘才能保证车辆直线行驶，这种现象称为行驶跑偏。车辆行驶跑偏主要是由于两侧车轮受力不均衡导致。其故障原因主要有：两前轮胎压不等、磨损程度不同、规格及牌号不一致，两前轮轮毂轴承预紧度不同，汽车存在单边制动拖滞，前悬架两侧减振弹簧弹力不等或工作性能存在较大差异，两前轮定位参数不一致，车架、下控制臂变形、连接松动、橡胶衬套损坏等。损坏变形的零部件改变了车轮定位参数，造成两侧车轮行驶阻力不等，最终会造成车辆向行驶阻力大的一侧跑偏。

11. 转向不灵

在汽车转向时操纵转向盘有明显松旷的感觉，需转动较大幅度才能有效控制方向；直线行驶时又感到行驶不稳，无法有效控制行驶轨迹。造成转向不灵的原因主要是：转向系统各传动连接部位间隙过大，如转向器主动齿轮与齿条啮合间隙过大、轴承松旷，横拉杆及各连接杆件松旷，轮毂轴承松旷，转向节与主销衬套孔间隙太大等，还可能是由于胎压不正常，转向液压系统中有空气，以及前轮转向定位参数的前束角过大。

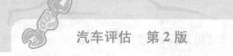

12. 转向沉重

在行驶过程中左右转动转向盘，感到沉重费力，无回正感；低速转弯或掉头时，转动转向盘非常吃力。转向沉重会降低驾驶的舒适度，减低行驶安全性，其产生的原因主要有：轮胎气压不足，转向器轴承预紧力太大或传动配合太紧，转向器无油或缺油，转向节与主销的配合太紧或转向节推力轴承缺油，纵、横转向拉杆的球头连接太紧或缺油，与转向盘连接的转向轴弯曲或其套管凹瘪，主销后倾过大、内倾过大或前轮负外倾，前梁、车架变形，造成前轮定位失准。

13. 前轮摆振

汽车前轮摆振即汽车在行驶中车辆不自主的抖动现象。摆振发生时车辆不能直线行驶，转向系统有失控的感觉，俗称"发漂"，严重时甚至在驾驶室内可以看到整个车头晃动。

汽车前轮摆振有一定的危害性，对安全行车有很大的影响。前轮摆振分为低速摆振和高速摆振。在低速情况下发生的摆振，其原因主要是转向系各部位配合间隙过大及转向轮定位失准。汽车在高速行驶时发生转向轮摆振，其原因一般为车轮不平衡。

前轮摆振的具体原因主要有：横拉杆球头松旷，横拉杆弯曲变形，前轮轮毂轴承松旷，轮胎螺栓松动，转向节主销平面推力轴承散架，前桥变形，前轮胎质量不均匀，缺装、漏装轮胎螺栓，制动毂与轮毂固定螺栓松旷，轮毂轴承与轴配合间隙增大，转向器的齿轮齿条啮合间隙过大，转向垂臂与垂臂轴间的配合间隙过大，直拉杆球头松旷，转向机固定螺栓松旷，钢板与前桥、车架连接松旷。

14. 液压动力转向系统转向沉重

装有液压助力转向系统的车辆，在行驶过程中突然感到转向沉重，一般是由于液压转向助力系统失效或助力不足造成的，其根本原因在于转向助力系统中的油压不够。引起油压不足的主要原因有以下几个方面：储油罐缺油，液压回路中有空气，液压泵传动带打滑，油管接头处密封不良有泄漏，油路堵塞或机油滤清器污物太多，液压泵磨损造成的泵体内部泄漏，转向控制阀密封损坏。

15. 液压动力转向系统左右转向轻重不同

车辆行驶时，向左和向右转向所需的操纵力不相等。其故障原因为：转向控制阀阀芯（或滑阀）偏离中间位置；或虽然在中间但与阀体槽肩的缝隙大小不一致；控制阀内有污物阻滞，使左右转动阻力不同；液压系统中动力缸的某一油腔渗入空气；油路漏损。

16. 液压动力转向系统直线行驶时转向盘发飘或跑偏

汽车直线行驶时，难以保持正前方向而总向一边跑偏。其故障原因可能有：油液脏污、转向控制阀回位弹簧折断或变软，使转向控制阀不能及时回位；转向控制阀阀芯（或滑阀）偏离中间位置，或虽在中间位置但与阀体槽肩的缝隙大小不一致；流量控制阀卡滞使液压泵流量过大，造成动力缸左右腔压力差过大。

17. 自动变速器过热

汽车在行驶中，点火开关转到"ON"位置时自动变速器油温度警告灯亮起，同时不能升档到五档。其故障原因有：自动变速器油液位过低、过高，自动变速器油中有空气，主油压过低，自动变速器油散热器堵塞，变矩器锁止离合器打滑，变矩器内导轮单向离合器卡滞、离合器、制动器打滑等。

18. 手动变速器温度过高

汽车在行驶过程中可以听到金属摩擦声，行驶一段路程后用手触摸变速器外壳，有烫手的感觉。变速器温度过高的原因是多方面的，具体有：齿轮油不足导致润滑不良而过热；齿轮油使用时间过长，高温氧化变质，失去润滑作用；齿轮油黏度过小或型号不对；齿轮啮合间隙过小；齿轮磨损严重，啮合不良；轴承润滑不足或轴承装配过紧。

19. 驱动桥过热

当汽车行驶一定里程后，用手触摸主减速器壳，有无法忍受的烫手感觉。引起驱动桥过热的根本原因是驱动桥工作时摩擦阻力过大，具体原因主要有：圆锥滚子轴承预紧度调整过大，润滑油量不足、变质或牌号不符合要求，主减速器、差速器各齿轮的啮合间隙太小，止推垫片与主减速器背面间隙太小，四轮驱动车辆的中央差速器损坏。

20. 车轮过热

车轮过热部位一般在制动毂和轮毂，长时间行驶后温度较高。检查其温度时，可使用温度检测仪或非接触红外测温仪，慎用手摸，避免烫伤。

制动毂过热通常是制动拖滞所致，应检查并排除制动拖滞故障。轮毂过热通常是轮毂轴承装配过紧，应检查和调整轴承预紧度。

六、维修费用的计算

汽车维修费用的计算公式为：

$$汽车维修成本 = （工时定额 \times 工时单价）+ 材料费用（或配件费）$$
$$或\quad 汽车维修成本 = 工时费用 + 材料费用（或配件费）$$

正常情况下，修理企业是不单独收取故障检测费用的。除非是只检查不修理，否则汽车故障原因的检查都是免费的。修理人员在找到故障原因后，会根据修理所需的工时和配件（或材料），计算出修理的费用，在征得车主同意后才开始修理。

这里的工时定额，是指一个中等熟练程度的维修人员完成一个指定维修项目的修理所需要的时间。按照国家的要求，各个省依照当地的人工和维修技术水平均制定有《汽车维修行业工时定额和收费标准》，要求各个汽车修理企业参照执行。该标准对汽车几乎所有常见故障的维修时间都做了具体的规定。在知道车辆的故障原因后，只需要查阅相关表格就可以掌握故障修复所需要的时间，见表 7-1。

表 7-1　部分发动机维修项目修理评估工时定额

序号	修理部位	单位	高档	中高档	中档	低档	备　注
1	发动机及变速器吊装	台	50	40	30	20	
2	发动机大修	台	250	200	150	80	
3	更换发动机总成	台	100	80	50	40	
4	更换气门室盖及垫	个	5	4	2	1	
5	更换气缸盖	个	18	14	10	8	含铰磨气门座圈
6	更换气门	组	18	14	10	8	
7	更换油底壳	个	8	6	4	2	需吊装发动机、拆装副车架工时另加

（表头：档次 / 工时（个）；单位）

（续）

序号	修理部位	档次 单位	工时（个）	高档	中高档	中档	低档	备　注
8	更换曲轴（含曲轴轴承）	根		150	100	80	50	
9	更换机油泵（含油底壳）	个		12	10	7	4	需吊装发动机、拆装副车架工时另加
10	更换机油滤清器	个		3	2	2	1	
11	更换正时齿轮室盖和垫	个		10	8	6	4	需吊装发动机、拆装副车架工时另加
12	更换曲轴前油封	个		20	16	12	10	需吊装发动机、拆装副车架工时另加
13	更换曲轴正时齿轮	个		26	20	17	14	需吊装发动机、拆装副车架工时另加
14	更换或拆装散热器及冷凝器	个		18	12	10	7	
15	更换散热器上水管	根		4	3	2	1	
16	更换散热器下水管	根		5	4	3	2	
17	更换风扇	个		15	12	8	5	
18	更换液力耦合器	个		17	15	8	7	
19	更换水泵	个		5	3	2	2	
20	更换节温器	个		3	2	1	1	

　　由于工时费用是工时定额和工时单价的乘积，而由于各个省的物价水平差异较大，造成单位工时的费用存在一定的差异，再加上各个省交通部门修订《汽车维修行业工时定额和收费标准》的时间也不统一，最终使得各个省份对汽车维修工时的标准存在少许的不一致。在选用时要尽可能选择本省的标准。

　　工时单价是指每个单位工作时间的收费标准。工时单价会由于维修企业自身规模不同而有所差异。一般情况下大型修理企业由于有良好的技术装备和技术人员，所以收费较高；路边小店的条件较差，水平参差不齐，所以工时标准也较低。根据2010年以后各个省市陆续出台的收费标准，大型（一类）汽车维修企业的工时单价一般在25元左右，小型（三类）汽车维修企业的工时单价在10元左右。其中广东等沿海城市由于物价水平的原因制定了较高的工时标准，大型（一类）汽车维修企业的工时单价一般在90元左右，小型（三类）汽车维修企业的工时单价在50元左右。遍布全国的汽车4S店，实行的是汽车生产企业的内部定价，一般远高于市场价格，部分高档车尤为明显，比如保时捷的全国统一维修价格是每小时650元（含税）。

　　材料费用（或配件费）是指购买汽车零配件或是维修耗材所需的费用，这部分的花费差异也很大。市场上的汽车配件分为原厂件和副厂件，两者价格相差数倍甚至十几倍。原厂件是指汽车生产企业提供的车辆配套零部件，不一定是该生产企业自己生产，但却是经过该企业质量认可并且向市场提供的。副厂件是指不是厂家提供，而是其他配件生产商提供的替代产品。这其中又分为优质件和普通件，优质件大都是由为汽车生产企业提供配套产品的零配件生产商通过自己的销售渠道推向市场的产品，这类产品的质量一般比较可靠；普通件则是由一些小企业仿造原产配件生产的替代产品，虽然价格较低，但质量参差不齐。汽车常用耗材也存在类似情况。以油漆为例，车身修补用油漆就分为进口漆（知名品牌）、国产优质漆和国产普通漆，质量和价格相差极大。

旧机动车评估过程中，如果车辆是处于销售前期，车主没有长期使用的打算，所选择的维修场所和汽车配件一般都是比较经济的类型；如果是准备购买者，出于长期的稳定性能的要求，往往会去技术比较可靠的修理机构；如果是销售中间商，则往往备有自己的维修技术人员，可以以极低的成本完成车辆的修复。为了能够更准确地估算车辆故障对价格的实际影响，在估价时一定要充分考虑这种现象，一般会以当地大型汽车修理企业的收费为依据。

为了能够更简单、更直观的计算汽车维修费用的数额，本书在附录 F 中提供了部分一类汽车维修企业常见维修项目的收费情况，由于各地物价水平的差异，尤其是广东等沿海地区的高物价，该数据仅供参考。

操作技能

例7-1　一辆丰田凯美瑞，在试车时出现明显的制动跑偏现象，试分析该故障对车辆价格的影响。

修理费用分析：

（1）分析故障原因　由于行驶跑偏也会导致制动跑偏，因此查阅教材制动跑偏和行驶跑偏故障原因可以发现，造成该故障的具体原因主要有：

1）ABS泵或轮速传感器损坏。

2）单侧制动钳损坏或是制动盘磨损，造成左右两边制动器制动时间不一致。

3）单侧制动分泵漏油，造成同轴两边制动器的制动力矩不同。

4）制动液过脏，造成一侧制动管路堵塞。

5）左右轮胎气压不等。

6）车轮定位失准。

7）左右轮胎磨损不同。

8）单侧轮毂轴承损坏，造成两前轮轮毂轴承预紧度不同。

9）单侧减振器或减振弹簧损坏。

10）车架下控制臂变形，橡胶衬套损坏。

（2）单项修理费用估算（工时费用由附录F查阅并取整获得，零件费用由市场平均价估算，与实际有差距仅供参考，具体价格以当地市场为准）

1）更换ABS泵或轮速传感器，更换ABS泵，工时约300元，ABS泵约2800元，合计3100元；更换轮速传感器，工时约50元，轮速传感器约260元，合计约310元。此项费用需310～3100元。

2）更换制动盘、制动片，工时费用约100元，零件费用约300元，合计约400元。

3）换制动分泵，清洗制动片，工时费用约100元，零件费用约350元，合计约450元。

4）换制动油，排气，工时费用约50元，材料费用约80元，合计约130元。

5）车轮打气，不收费。

6）四轮定位并调整，工时费用约200元。

7）成对更换轮胎，材料和工时按900元估算。

8）成对更换轮毂轴承，工时费用约400元，材料费用250元，合计约650元。

9) 成对更换减振器或减振弹簧，工时费用约200元，减振器每对约600元，减振弹簧每对约300元，合计500~800元。

10) 更换下控制臂，工时费用约150元，材料费用约520元，合计约670元。

(3) 综合修理费用分析　常见的可能修理项目共9项，最低无费用，最高3100元，由于ABS泵损坏比较常见，而且费用高昂，所以该项预期维修费用至少应在3000元以上。有条件的话可以用电脑故障诊断仪查一下车载电脑的故障码，如ABS泵故障应该会在电脑检测设备上有显示。在确实排除ABS泵故障的情况下，考虑到车辆其他各部件的磨损具有同步性，车主购买后需要对车辆进行综合性的维护，该项的预期修理费用可以定在1000~1500元之间。

例7-2　一台半田花冠手动变速器轿车，在正常稳定车速行驶条件下，没有什么明显故障，当遇到超车或是需要高速行驶时，会感到加速迟缓，行驶车速也达不到该车应有的最高车速。试分析该故障对车辆价格的影响。

修理费用分析：

(1) 故障原因分析：车辆加速迟缓，通常是由于发动机加速不良导致。按照教材内容，加速不良的具体原因主要有：

1) 燃油系统油压过高或过低。

2) 喷油器喷油不良。

3) 节气门位置传感器或进气歧管压力传感器信号错误。

4) 点火高压低，能量小。

5) 点火正时不正确。

6) 气缸压缩压力低。

7) 排气歧管堵塞。

(2) 单项修理费用估算（工时费用由附录F查阅并取整获得，零件费用由市场平均价估算，与实际有差距仅供参考，具体价格以当地市场为准）

1) 更换汽油泵或油压调节器。更换汽油泵工时约180元，零件费用约350元，合计约530元；更换油压调节器，工时约80元，零件约80元，合计约160元。

2) 清洗喷油器，约需工时350元。

3) 更换节气门位置传感器或进气歧管压力传感器。更换节气门位置传感器约需工时50元，零件费用120元，合计约170元；更换进气歧管压力传感器约需工时50元，零件费用230元，合计约280元。

4) 更换火花塞、缸线和点火线圈，约需工时150元，缸线和点火线圈合计720元左右。火花塞约150元每套，合计约1020元。

5) 更换曲轴位置传感器，工时约80元，材料费用约180元，合计约260元。

6) 大修发动机，工时费用约800元，零件费用在2000~4000之间，合计3800~4800元。

7) 更换排气管。约需工时费用200元，三元催化器约1800元，两节消声器约500元，合计约2500元。

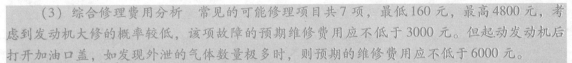

（3）综合修理费用分析　常见的可能修理项目共7项，最低160元，最高4800元，考虑到发动机大修的概率较低，该项故障的预期维修费用应不低于3000元。但起动发动机后打开加油口盖，如发现外泄的气体数量极多时，则预期的维修费用应不低于6000元。

例7-3　一辆桑塔纳志俊轿车，试车时发现怠速不稳定，转速在500～700r/min之间波动，并且容易熄火，但中高速行车时正常。试分析该故障对车辆价格的影响。

修理费用分析：

（1）故障原因分析　正常情况下，冷车怠速应该在（1000±50）r/min，热车怠速应该在（850±50）r/min之间，该车转速在500～700r/min之间，属于怠速偏低且波动较大的。查阅课文内容，造成该故障的具体原因主要有：

1）油路压力偏低。

2）空气滤清器堵塞。

3）喷油器雾化不良，漏油或堵塞。

4）怠速控制阀或旁通空气阀工作不良。

5）火花塞或高压线工作不良。

6）空气流量计故障。

7）气缸压缩压力低。

8）怠速调整不当。

9）附加空气阀故障。

10）冷却液温度传感器故障。

11）氧传感器工作不良。

12）ECU搭铁不良。

13）节气门机械故障。

（2）单项修理费用估算（工时费用由附录F查阅并取整获得，零件费用由市场平均价估算，与实际有差距仅供参考，具体价格以当地市场为准）

1）更换汽油泵或油压调节器。更换汽油泵工时约180元，零件费用130元，合计约310元；更换油压调节器，工时费用约80元，零件费用约70元，合计约150元。

2）更换空气滤清器，工时费用约10元，零件费用约30元，合计约40元。

3）清洗喷油器，约需工时费用350元。

4）更换怠速控制阀，工时费用约50元，怠速控制阀约110元，合计约160元。

5）更换火花塞、缸线，约需工时费用90元，缸线110元每套，火花塞150每套，合计约350元。

6）更换空气流量计，工时费用约120元，零件费用约280元，合计约400元。

7）大修发动机，大修费用约2280元。

8）清洗节气门，工时费用约80元；进气管道清洗，工时费用约320元，该项维修合计费用约为400元。

9）更换附加空气阀，工时费用约40元，零件费用约80元，合计约120元。

10）更换冷却液温度传感器，工时费用约40元，零件费用约40元，合计约80元。

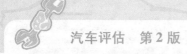

11）更换氧传感器，工时费用约50元，零件费用约180元，合计约230元。

12）检查ECU搭铁情况，诊断费用50~500元。

13）更换节气门阀体，工时费用约100元，零件费用约500元，合计约600元。

（3）综合修理费用分析　常见的可能修理项目共13项，最低40元，最高2280元，该项故障的预期维修费用应不低于2000元。

例7-4　一辆标致307轿车，每次行驶一段路程后，4个轮的制动便产生拖滞，运行的时间越长症状越严重，只要稍松加速踏板车辆便自动停驶。试分析该故障对车辆价格的影响。

修理费用分析：

（1）故障原因分析

1）制动踏板自由行程过小。

2）制动踏板轴锈蚀或回位弹簧失效。

3）制动液太脏或黏度过大。

4）制动总泵工作故障。

5）制动分泵工作故障。

6）制动油管变形老化。

7）制动器制动间隙过小。

8）制动器烧结黏住。

9）真空助力器故障。

（2）单项修理费用估算（工时费用由附录F查阅并取整获得，零件费用由市场平均价估算，与实际有差距仅供参考，具体价格以当地市场为准）

1）调节制动踏板自由行程，工时费用约150元。如清洗踏板轴，需工时费用约60元；如更换回位弹簧，工时约20元，材料约30元，合计约50元。所以此项支出需50~60元。

2）更换制动液（刹车油），工时约需40元，材料费用约80元。

3）更换制动总泵，工时约需100元，制动总泵约需280元，制动液约需80元，合计约460元。

4）更换制动分泵，工时约需100元，制动分泵约需300元，制动液约需80元，合计约360元。

5）更换制动油管，工时约需120元，油管约需80元，制动液约需80元，合计约280元。

6）更换制动间隙调整装置，工时约80元，零件费用约60元，合计约140元。

7）更换制动盘，工时约90元，制动盘约400元每对，合计约490元。

8）更换真空助力器，工时约240元（含相关附件的拆装），真空助力器约580元，合计约820元。

（3）综合修理费用分析　常见的可能修理项目共9项，最低80元，最高820元，考虑到车辆各部件的磨损具有同步性，车主购买后往往会对车辆进行综合性的维护，因此该项的预期修理费用在1000~1500元之间。

例7-5　一辆现代悦动轿车，试车时发现转向松旷，操作不灵。试分析该故障对车辆价格的影响。

修理费用分析：

（1）故障原因分析

1）转向系统连接部位间隙大。

2）转向器齿轮齿条啮合间隙大。

3）减振器松旷（轿车无主销）。

4）胎压不正常。

5）前轮转向定位参数不正确。

（2）单项修理费用估算（工时费用由附录F查阅并取整获得，零件费用由市场平均价估算，与实际有差距仅供参考，具体价格以当地市场为准）

1）更换横拉杆及外球头。更换左右横拉杆工时约200元，横拉杆每对240元，合计440元；更换左右外球头，工时约100元，外球头每对约160元，合计约260元；四轮定位并调整，约200元。三项操作共计约900元。

2）更换转向机，工时费用约500元，转向机约1500元，合计约2000元。

3）更换减振器，工时约200元，减振器每对约600元，合计约800元。

4）车轮打气，不收费。

5）四轮定位并调整，工时费用约200元。

（3）综合修理费用分析　常见的可能修理项目共5项，最低不收费，最高2000元，因此该项的预期修理费用至少应该在2000元以上。

🐚 知识能力拓展

一、汽车维修企业的分类

汽车维修企业类别的划分就是按其完成维修作业的内容和自身的规模来确定的。按照国家标准《汽车维修业开业条件》规定，汽车维修企业按经营项目分为三个类别：

一类汽车维修企业是从事汽车大修和总成修理生产的大型企业。此类企业亦可从事汽车维护、汽车小修和汽车专项维修。二类汽车维修企业的规模相对较小，在场地、人员、设备上等各方面的配备要远低于一类企业。三类汽车维修企业是专门从事汽车专项修理（或维护）的企业和个体户，从事汽车发动机、车身、电气系统、自动变速器、车身清洁、涂漆、轮胎动平衡及修补、汽车空调维修、汽车装潢（篷布、坐垫及内装饰）、门窗玻璃安装等专项维修作业。

一、二类维修企业与三类维修店相比，开店条件要求更高、更严格。在进行资格审核的时候，一、二类维修店需要提供一系列相关的财产证明以及维修技师资质证明；而三类维修店开店的条件相对来说就简单很多。所以选择维修店的时候，应该选择一、二类维修店或者等级更高的维修店，这样，在质量上会更有保证。

在实际工作中，还存在一种相对特殊的汽车维修企业，就是汽车4S店。汽车4S店是指将包括整车销售（Sale）、零配件（Spare Part）、售后服务（Service）和信息反馈（Survey）四项功能集于一体的汽车服务企业。它是经过汽车生产厂家授权认可的，是所在地区从事单一品牌车辆维修的最权威机构。其往往有着千万元以上的投资，4000m^{2}以上的工作场地，

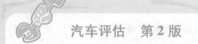

最为完备的维修设施，通过生产厂家资格认证的维修人员，以及齐全配套的原厂零件供应。其高质量的服务，高水平的技术设施，在保证良好维修效果的同时，也带来了较高的成本。通常情况下，汽车4S店的维修费用执行的都是汽车生产企业的内部定价，相比同地区的一、二类汽车维修企业，至少要高出20%以上。

二、一二类汽车维修企业开业条件

一、二类汽车维修企业是汽车整车维修企业，有能力对所维修车型的整车、各个总成及主要零部件进行各级维护、修理及更换，使汽车的技术状况和运行性能完全（或接近完全）恢复到原车的技术要求。一类汽车整车维修企业和二类汽车整车维修企业是按照其自身的规模大小来划分的。

1. 人员要求

汽车维修企业要求企业管理负责人、技术负责人及检验、业务、价格核算、维修（机修、电器、钣金、油漆）等关键岗位至少应配备1人，并应经过有关培训，取得行业主管部门颁发的从业资格证书，持证上岗。

技术负责人应具有汽车维修或相关专业的大专以上文化程度，或具有汽车维修或相关专业的中级以上专业技术职称。应熟悉汽车维修业务，并掌握汽车维修及相关行业的法规及标准。

检验人员数量应与其经营规模相适应，其中至少应有1名总检验员和1名进厂检验员。

业务人员应熟悉各类汽车维修检测作业，从事汽车维修工作3年以上，具备丰富的汽车技术状况诊断经验，熟练掌握汽车维修服务收费标准及相关政策法规。

企业工种设置应覆盖维修业务中涉及的各专业。维修人员的专业知识和业务技能应达到行业主管部门规定的要求。

2. 经营管理

汽车维修企业应实行计算机管理。需要建立汽车维修档案和进出厂登记台账。这里所说的汽车维修档案包括维修合同，进厂、检修过程、竣工检验记录，出厂合格证副页，结算凭证和工时、材料清单等。

生产厂房和停车场应符合安全、环保和消防等各项要求。调试车间或调试工位应设置汽车尾气收集净化装置。涂漆车间应设有专用的废水排放及处理设施，采用干打磨工艺的，应有粉尘收集装置和除尘设备，应设有通风设备。作业环境以及按生产工艺配置的处理"三废"（废油、废液、废气）、通风、吸尘、净化、消声等设施，均应符合有关规定。

3. 场地要求

企业应设有接待室，一类企业的面积不少于$40m^2$，二类企业的面积不少于$20m^2$。

企业应有与承修车型、经营规模相适应的合法停车场地，一类企业的面积不少于$200m^2$，二类企业的面积不少于$150m^2$。

一类企业维修场地的面积应不少于$800m^2$，二类企业的面积不少于$200m^2$。

4. 设备要求

需要购置钻床、电焊、气焊、气体保护焊、换油设备、轮胎拆装设备、车轮动平衡机、四轮定位仪、空调冷媒加注回收设备、总成吊装设备、汽车举升机（一类企业要求5台以上）、发动机检测设备、故障诊断设备、数字万用表、气缸压力表、燃油压力表、喷油器清洗设备、正时仪、无损探伤设备、车身清洗设备、打磨抛光设备、除尘除垢设备、型材切割设备、车身整形设备、车身矫正设备、喷漆房及喷漆设备等设施。

三、三类汽车维修企业开业条件

三类汽车维修企业是专门从事汽车专项修理（或维护）的企业和个体户。国家《汽车维修业开业条件》对专项修理项目的设备、场地、人员、设备等条件都做了具体规定，经营者可以根据自身条件选择从事其中一项或数项专项修理作业项目。

三类企业的技术负责人应具有汽车维修或相关专业的大专以上文化程度，或具有汽车维修或相关专业的中级以上专业技术职称。应熟悉汽车维修业务，并掌握汽车维修相关行业的法规及标准。企业管理负责人、技术负责人及检验人员等均应经过有关培训，并取得行业主管部门颁发的从业资格证书，持证上岗。

三类汽车修理企业的可选择的经营项目有从事汽车发动机、车身、电气系统、自动变速器、车身清洁维护、涂漆、轮胎动平衡及修补、四轮定位检测调整、供油系统维护及油品更换、喷油泵和喷油器维修、曲轴修磨、气缸镗磨、散热器（水箱）、空调维修、汽车装潢（篷布、坐垫及内装饰）和门窗玻璃安装等专项维修作业。

1. 发动机修理

检验人员应不少于两名。发动机主修人员应不少于两名。应设有接待室，其面积应不少于 $20m^2$。接待室应整洁明亮，明示各类证、照、作业项目及计费工时定额等，并应有客户休息的设施。停车场面积应不少于 $30m^2$。生产厂房应不少于 $200m^2$，并拥有符合规定的生产加工设备。

2. 车身维修

检验人员应不少于一名。车身主修及维修涂漆人员均不少于两名。应设有接待室，其面积应不少于 $20m^2$。接待室应整洁明亮，明示各类证、照、作业项目及计费工时定额等，并应有客户休息的设施。停车场面积应不少于 $30m^2$。生产厂房应不少于 $120m^2$，并拥有符合规定的生产加工设备。

3. 电气系统维修

检验人员应不少于一名。电子电器主修人员应不少于两名。应设有接待室，其面积应不少于 $20m^2$。接待室应整洁明亮，明示各类证、照、作业项目及计费工时定额等，并应有客户休息的设施。停车场面积应不少于 $30m^2$。生产厂房应不少于 $120m^2$，并拥有符合规定的生产加工设备。

4. 自动变速器修理

检验人员应不少于一名。自动变速器专业主修人员应不少于两名。应设有接待室，其面积应不少于 $20m^2$。接待室应整洁明亮，明示各类证、照、作业项目及计费工时定额等，并应有客户休息的设施。停车场面积应不少于 $30m^2$。生产厂房应不少于 $200m^2$，并拥有符合规定的生产加工设备。

5. 车身清洁维护

至少有两名经过专业培训的车身清洁人员。生产厂房面积不少于 $40m^2$。停车场面积不少于 $30m^2$，并拥有符合规定的生产加工设备。

6. 涂漆

至少有一名经过专业培训的汽车维修涂漆人员。生产厂房面积不少于 $120m^2$。停车场面积不少于 $40m^2$，并拥有符合规定的生产加工设备。

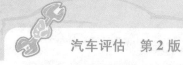

7. 轮胎动平衡及修补

至少有一名经过专业培训的轮胎维修人员。生产厂房面积不少于 $30m^2$。停车场面积不少于 $30m^2$，并拥有符合规定的生产加工设备。

8. 四轮定位检测调整

至少有一名经过专业培训的汽车维修人员。生产厂房面积不少于 $40m^2$。停车场面积不少于 $30m^2$，并拥有符合规定的生产加工设备。

9. 供油系统维护及油品更换

至少有一名经过专业培训的汽车维修人员。生产厂房面积不少于 $40m^2$。停车场面积不少于 $30m^2$，并拥有符合规定的生产加工设备。

10. 喷油泵、喷油器维修

至少有一名经过专业培训的汽车高压油泵维修人员。生产厂房面积不少于 $30m^2$。停车场面积不少于 $30m^2$，并拥有符合规定的生产加工设备。

11. 曲轴修磨

至少有一名经过专业培训的曲轴修磨人员。生产厂房面积不少于 $60m^2$。停车场面积不少于 $30m^2$，并拥有符合规定的生产加工设备。

12. 气缸镗磨

至少有一名经过专业培训的气缸镗磨人员。生产厂房面积不少于 $60m^2$。停车场面积不少于 $30m^2$，并拥有符合规定的生产加工设备。

13. 散热器维修

至少有一名经过专业培训的专业维修人员。生产厂房面积不少于 $30m^2$。停车场面积不少于 $30m^2$，并拥有符合规定的生产加工设备。

14. 空调维修

至少有一名经过专业培训的汽车空调维修人员。生产厂房面积不少于 $40m^2$。停车场面积不少于 $30m^2$，并拥有符合规定的生产加工设备。

15. 汽车装潢（篷布、坐垫及内装饰）

至少有一名经过专业培训的维修人员。生产厂房面积不少于 $30m^2$。停车场面积不少于 $30m^2$，并拥有符合规定的生产加工设备。

16. 汽车玻璃安装

至少有一名经过专业培训的维修人员。生产厂房面积不少于 $30m^2$。停车场面积不少于 $30m^2$，并拥有符合规定的生产加工设备。

案例剖析

车辆基本配置：2010 年生产的现代伊兰特，银色 1.6 自动档，双气囊，带助力，ABS，电动车窗，电动倒车镜，原车 CD 音响，倒车雷达，遥控钥匙，水晶前照灯，金属漆，铝合金轮毂。行驶 14 万多千米，个人一手车。

伊兰特（图 7-1）着车后发动机有些气门异响，需维修维护。此车行驶了 14 万多千米，正时带没有更换过。起步路试中，制动有些偏软而且侧偏。制动片需及时更换，前胎磨损比较严重。行驶中增档变化，起步和低速时不太明显，加速行驶时变换高速档较好。高速行驶时转向盘有轻微抖动现象。此车使用里程数较多，维修维护没有及时跟上，再加上外观车漆和车头有轻微撞伤的原因，所以车况总体一般。

图 7-1　现代伊兰特

修理费用分析：

（1）故障分析

1）气门异响，说明需要对气门进行调整。

2）正时带未更换，需要更换正时带和传动带张紧轮。

3）前轮磨损，需要更换轮胎两条。

4）制动偏软且侧偏，需要更换制动片。

5）自动变速器起步增档不明显，且长时间未做维护，需要更换自动变速器油和滤芯。

6）转向向盘轻微抖动，说明需要对车轮进行动平衡。

7）外观车漆和车头有轻微撞伤，需要整形并重新做漆。

（2）单项修理费用估算（工时费用由附录 F 查阅并取整获得，零件费用由市场平均价估算，与实际有差距仅供参考，具体价格以当地市场为准。）

1）气门调整、换垫、清洗，工时约 150 元，材料约 30 元，合计约 180 元。

2）更换正时带和张紧轮，工时约 140 元，材料约 300 元，合计约 380 元。

3）更换前轮轮胎两条，合计约 900 元。

4）更换前轮制动片，工时约 90 元，制动片约 130 元，合计 220 元。

5）更换自动变速器油和滤芯，工时约 200 元，滤芯约 100 元，自动变速器油约 150 元，合计约 450 元。

6）前轮动平衡，每个车轮约 20 元，合计约 40 元。

7）车身轻微整形，并全车喷漆，需工时费用约 3500 元。

（3）综合修理费用分析　需要修理项目共 7 项，最低 40 元，最高 3500 元，全车预期维修费用共计约 5670 元。

这个费用是以一类修理企业的收费来计算的，在实际工作中，尤其是这种 6 年以上的中低档车型，基本都是在三类企业维修的，费用会比所计算的标准低很多，比如全车喷漆，三类修理企业的报价大概在 2000～2500 元（工时费用由附录 F 查阅并取整获得，零件费用由市场平均价估算，与实际有差距，仅供参考，具体价格以当地市场为准）。

思考题

1. 总结车辆常见故障外观症状的分类。

2. 总结车辆故障直观经验诊断的方法。

3. 总结发动机的常见故障类型。

4. 总结底盘的常见故障类型。

5. 分析各种故障现象的形成机理和处理方法。

6. 结合教材例题，学习使用附录 F 中的工时标准使用方法。

7. 探讨附录 F 中的工时标准与当地维修行业收费的价格差异。

8. 讨论当地不同类型修理企业的收费差距。

9. 探讨各种常见故障的维修工时报价。

10. 以具体车型为例，结合附录 F 中的工时标准和网络的零件报价，尝试估算故障维修费用。

项目八 车辆收购与销售定价

学习目标

1) 了解旧机动车经营的各项工作内容。
2) 掌握旧机动车收购时的价格计算方法。
3) 掌握旧机动车销售时的价格计算方法。

任务载体

旧机动车的评估价格是对车辆价值的估价，但在实际交易过程中，由于心理因素和外部环境的变化，会使得车辆的收购、销售价格与评估价格之间产生一定的差异，因而需要掌握正确地方法，通过计算来估算出这个差异的大小，这有利于将评估结果运用于实际工作。

相关知识

旧机动车的收购估价和销售定价的决策不是凭空做出的，它是在交易市场中发生的一种经营行为。旧机动车鉴定估价人员不可避免地需要参与旧机动车收购估价与销售定价的价值评定工作，而后者的评定工作需要考虑更多的市场因素，因此，有必要对影响收购和销售定价的旧机动车交易市场工作内容、市场的微观环境、宏观环境、顾客的需要、动机等因素有一个全面、正确的认识和了解，从而正确地树立市场营销观念和指导思想，做好旧机动车的收购估价和销售定价的工作。

一、旧机动车经营的内容

1. 旧机动车的收购

即对社会上的旧机动车进行统一的收购，以免旧机动车的浪费。要开展旧机动车的收购，关键在于是否能建立起一个旧机动车的收购网络。这个网络可以由散点的旧机动车社会回收站和固定的大批量旧机动车的收购点两部分组成。前者主要是针对私车用户的待更新的旧机动车而设，一般设在固定的旧机动车交易市场。而后者则是针对成批定期的旧机动车单位收购而设，如一些大型的汽车租赁公司，一般两三年左右就对其车辆进行一次较大的更新，这些使用三年左右的租赁用车在性能等方面尚还良好，只是不能满足租赁企业的特殊需要而已，完全可以作为二手私家车存在，旧机动车经营企业可以主动和其联系，随租赁公司的车辆更新，定期、大批量地对这些车加以收购。

最近几年，随着电子商务的兴起，专业的二手车交易网站提供了更便捷的交易渠道，旧机动车经营企业培养了大量的评估师，通过网络平台联系车主洽谈收购事宜，也取得了很好的效果。

2. 旧机动车的翻新

收购的旧机动车往往存在各种技术性能上的问题，需要经营企业加以整修翻新才可以满

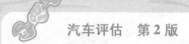

足旧机动车购买者的要求。对旧机动车的整修翻新，不仅可以减少购买者的使用成本，刺激购买者的购买欲望，也可以大大地提升旧机动车的价值和旧机动车贸易公司在客户中的影响。目前，市场上出售的大多数旧机动车都经过不同程度的翻新和整修。

经过翻新整修后的车辆，除了具有良好的外观以外，也最大可能地杜绝了使用过程中的安全隐患。一些规模较大、实力较强、技术水平较高的旧机动车经营企业，甚至可以为经过检测维修后的旧机动车提供半年的质保服务。

3. 旧机动车配送

由于各地区的经济发展水平不同，对于车辆的消费理念存在着明显的差异，一般发达地区的车辆车型较好，更新较快；欠发达地区的车辆车型稍差，也会使用更长的时间，甚至直到报废也不更换。地区间不同的消费观念，使在各地区间开展旧机动车的配送业务成为可能，旧机动车的配送业务可以平衡各地区的旧机动车供需关系，推动旧机动车贸易市场的发展。

目前随着国家对车辆排放标准的管理日趋严格，在一定程度上限制了地区之间的旧机动车转移。按照规定，外地车辆如不能达到当地的尾气排放标准，是不能在当地过户交易的。截止到2016年4月1日，全国有11个省市执行的是国五排放标准，其余的省还是国四标准。但不管是国五还是国四，6年以上的老旧车辆基本都很难达标。这也在一定程度上影响了各地旧机动车市场的价格走向。

4. 旧机动车的销售

（1）"旧机动车超市"销售　以某一旧机动车贸易公司的总体品牌为出发点，建立旧机动车超市，对各种不同品牌的旧机动车进行统一销售，这是目前国内通行的经营模式。

（2）特许经营销售　也称为旧机动车连锁店，美国50%以上的旧机动车都是这一类企业销售的，也是今后国内旧机动车经营企业的主要发展方向。

（3）与新车同地销售　即借用新车经销商的车辆展示厅的一部分来展示与之相同的旧机动车，以新车的销售来促进旧机动车的销售。这种方式已经成为国内汽车4S店的一个非常重要的利润增长点。

（4）互联网销售　在网上建立旧机动车贸易平台，通过互联网进行旧机动车销售。这种销售模式在最近几年得到了快速发展，涌现出一大批知名的二手车交易网站，配套的服务也越来越齐备，能够完成车辆检测、质量担保、买卖双方联络沟通、过户手续办理等大量的工作，为旧机动车交易的顺利完成提供了有利的保证。

5. 旧机动车置换

即通过"以旧换新"来开展旧机动车贸易，简化更新程序，并使旧机动车市场和新车市场互相带动，共同发展。客户即可通过支付新旧车之间的差价来一次性完成车辆的更新，也可选择通过其原有旧机动车的再销售来抵扣购买新车的分期付款。二手车置换业务在最近几年一直是国内汽车4S店一个非常重要的工作内容，尤其是在新车销量增长乏力的这几年，二手车置换业务既可以带动新车销量，自身也可以为企业创造可观的效益，也因此得到了汽车经营企业的普遍重视。

6. 旧机动车租赁

旧机动车租赁业务是一个发展趋势，但目前在国内还只是刚起步，规模比新车租赁小很多，城市婚礼仪式所使用的超豪华礼宾车，很多都属于这一类。旧机动车租赁业务也分为个人临时租赁和企业长期租赁，需求市场很广阔。

另外，目前在国外有一被称为租售的旧机动车租赁贸易新方式。即在客户购买旧机动车之前可以先租赁旧机动车一段时期并按规定支付租金，租赁期满后用户可根据租赁期中对该车的满意程度，依照租售合同中的相应条款决定是否购买该车。

7. 旧机动车的售后服务

现今在贸易领域，售后服务的地位越来越重要。因而，要成功开展旧机动车贸易，就要充分发挥其售后服务功能，来提高用户对该旧机动车贸易的信任度和满意程度。美国之所以会出现二手车市场繁荣的局面，与二手车的质量认证和售后服务制度密不可分。国内目前以汽车 4S 店为依托，也涌现出一批比较知名的二手车经营品牌，他们对车辆进行系统的检测，为购买者提供质量保证、车况说明、退换承诺、贷款办理等诸多服务。良好的售后服务体系不仅是销量的保证，而且通常还可以增加 10%～20% 的利润空间，具有很大的市场潜力。

二、旧机动车的收购估价

旧机动车的收购估价有其特定的目的，其估价的方法是在旧机动车鉴定估价的基础上充分考虑市场的供求关系，对评估的价格作快速变现的特殊处理。

（一）旧机动车收购估价的常用方法

1. 以清算价格的方法估算收购价格

清算价格是指企业（或个人）由于破产或其他原因（如急于转向投资、急还贷款等），被要求在一定的期限内将特定资产（如车辆）快速转卖变现时的价格。顾客要求将车辆快速转卖变现，这时的收购估价就会大大低于旧机动车市场成交的同类型车辆的公平市价，一般也低于车辆现时状态客观存在的价格。

2. 以重置成本、现行市价折扣的方法估算收购价格

这种方法是先以重置成本法、现行市价法对旧机动车进行鉴定，给出一个客观价格，再根据快速变现原则，设定一个折扣率并以此估算收购价格。如运用重置成本法估算出某机动车辆价值为 10 万元；根据市场销售情况调查，设定折扣率为 20% 可当即出售，则该车辆收购价格为 8 万元。

3. 以快速折旧的方法估算收购价格

在所有折旧方法中，使用年限法是最简单的，也是目前国内应用最广泛的方法。但是使用年限法不能准确反映机动车辆价值损耗的客观实际。因此，推荐选用快速折旧的方法来估算收购价格。

（二）旧机动车收购估价的注意事项

在旧机动车的收购估价中，我们应该着重考虑如下问题。

1）旧机动车的收购要充分考虑车辆的完全价值，即车辆实体的产品价值和车辆牌证、税费等各项手续的价值。如果收购车辆的证件和规费凭证不全，在转籍过户的过程中会带来意想不到的麻烦和各种难以解决的后续问题。

2）旧机动车的收购不仅要密切注意市场的微观环境，也要关注市场的宏观环境，即注意国家宏观政策，国家和地方相关法规变化后的车辆经济性贬值。如车辆新的排放标准的设立，燃油附加税的实施等政策的出台，都会对旧机动车市场带来巨大的影响。

3）旧机动车收购后应支出的费用。旧机动车收购除了支付车辆产品的货币以外，从收购到售出的这段时间内，还要支付的费用有保险费、日常保养费、停车费、收购支出的货币

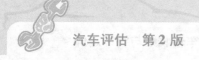

利息和其他管理费等。这些费用，都应计入销售成本，在收购时就应该预计到。

4）旧机动车的收购要防止购进偷盗车、伪劣拼装车，要防止购进伪造手续凭证，伪造车辆档案的车辆。一旦有所失误，不仅给公司造成直接经济损失，更重要的是造成不良的社会影响从而损害公司形象。

（三）旧机动车收购估价与旧机动车鉴定估价的区别

旧机动车的收购是旧机动车交易市场的经营业务之一，旧机动车的收购估价与旧机动车鉴定估价的实质都是对旧机动车现时价格的评估，但两者相比较有明显的区别，主要表现在：

1. 价格构成不同

旧机动车的鉴定估价只是单一汽车产品的价值，而旧机动车收购估价则是在汽车产品价值的基础上还要充分考虑到车辆在周转过程中的各种开支。

2. 计算方法不同

旧机动车的鉴定估价是依据国家规定的计算方法得到的旧机动车的公正价格。旧机动车收购估价是在公正价格的基础上，依据交易的迫切程度，以变现系数折算后的变现价格。

3. 服务的目的不同

旧机动车的鉴定估价师是公正性、服务性的买卖中间人，他遵循独立的原则，通过对被评估车辆的技术鉴定的全面判断来计算其客观价格，所反映的是车辆的真实价值，不可以随意变动。而旧机动车收购估价的服务对象是买卖当事人，它是以购买者的身份与卖方进行的价格估算，可以根据卖方的迫切程度和供求价格规律进行自由定价，其目的是寻找一个双方都能接受的价格。

三、旧机动车的销售定价

（一）成本分析

企业在对旧机动车进行销售定价时，成本是必须首先考虑的基本因素。旧机动车的销售价格如果不能补偿成本，企业的经营活动就难以继续维持。旧机动车销售定价时应考虑所收购车辆的成本费用主要包括固定成本费用和变动成本费用两大类。

（1）固定成本费用　固定成本费用是指在既定的经营过程中，不随所收购车辆数量、金额的变化而变动的成本费用，如固定资产的折旧、管理人员的工资、营业场地的租金等各项支出。固定成本应根据预期的销量，均摊到每辆旧机动车的销售成本中，成为价格的一部分。

（2）变动成本费用　变动成本费用是指收购车辆时，随收购的价格和数量而相应变动的费用。主要包括车辆实体的价格、运输费、保险费、日常维护费、停车费、维修费、资金占用的利息等。

由上面成本分析可知，一辆旧机动车收购的总成本费用是这辆车应分摊的固定成本费用与变动成本费用之和，用数学式表达为

一辆旧机动车的总成本费用 = 收购价格 + 固定成本摊销 + 其他变动成本费用

（二）供求原理

在市场经济体系下，供求状态也是制订销售价格时所依据的基本因素之一。旧机动车的销售定价，一方面必须补偿所耗的成本费用并保证一定利润的获得；另一方面也必须适应市场对该产品的供求变化，能够为购买者接受。否则，旧机动车的销售价格，便陷于一厢情愿

的境地而难于出手。旧机动车的销售同其他商品一样同样遵守供求价格规律。

1. 需求与价格规律

所谓需求，是指在一定价格条件下，消费者对商品和劳务具有货币支付能力的需要。经济学上的"需求"和"需要"是两个不同的概念。"需要"是指消费者购买商品的愿望和欲望，而"需求"不仅要求消费者具有主观愿望，而且还必须有购买力。这样，一种商品的需求量，就是指在一定条件下，具有支付能力的消费者想要购买的数量。

从某商品的需求量与价格看来，在其他因素不变的情况下，价格上升，需求量就会减少；价格下降，需求量就会增加。需求量与价格呈反比例关系变化。这通常被称为需求－价格规律，如图 8-1 所示。

2. 供给与价格规律

所谓供给，是指在一定时期、一定价格条件下，经营者愿意并能够出售的商品数量。供给量是经营者愿意向消费者提供的商品数量，而不是实际销量；它是能够提供销售的数量，即一种有效供应量；它是在一定价格条件下，一定时期内的商品供给量。

从某商品供给量与价格看来，在其他因素不变的情况下，价格上升，刺激供应量增加；价格下降，供应量就减少。价格与供应量呈正比例变化。这就是供给-价格规律，如图 8-2 所示。

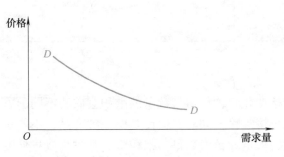

图 8-1 需求曲线

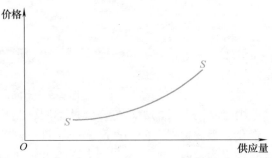

图 8-2 供给曲线

3. 供求与均衡价格

上面介绍的两种规律都只侧重了一个方面，而没有综合考虑供、求两个方面。在实际的竞争市场上，供和求同时决定价格的形成。假定其他条件不变，供不应求会导致价格上升，供过于求导致价格下降。或者说，价格上升，则供给增加、需求减少；价格下降，则供给减少，需求增加。价格变化使供和求呈反向运动，运动的结果，使市场趋于均衡点。这时，供给量等于需求量，供给价格等于需求价格。因此，均衡价格是市场上某种商品供给量和需求量相等时的价格，也是需求价格和供给价格相一致时的价格。如图 8-3 所示，需求曲线和供给曲线的交叉点 E 为均衡点。

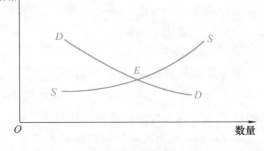

图 8-3 供求曲线

根据以上分析，可以得出：需求大于供给时，价格就会上升；需求小于供给时，价格就

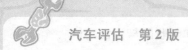

会下降。市场的一切交易活动和价格的变动都受这一定律的支配。这就是供求规律或称供求法则。它是市场变化的基本规律。

针对旧机动车经营企业而言，行业的平均利润率应是一个稳定值，因为过高的利润会吸引众多的经营者加入，从而使行业内竞争加剧，商品在短时间内就会出现供过于求的现象，激烈的竞争使得商品的价格下跌，最终使得大多数的经营者因亏损而退出市场。大量经营者的退出，使得市场中可供商品的数量减少，从而价格再一次上升，如此周而复始，最终行业的利润率会保持在一个稳定值，该数值使得行业内经营企业的数量保持在一个稳定状态。供求规律的正确理解，对企业的经营具有重要的指导意义。

（三）定价原理

在价格受供求影响而有规律性的变动过程中，不同商品的变动幅度是不一样的（图8-4）。因此在制订销售定价时还要考虑需求价格弹性。所谓需求价格弹性，是指因价格变动而引起的需求相应的变动率，反映需求变动对价格变动的敏感程度。

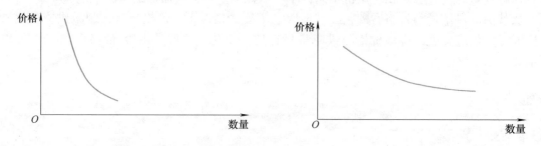

图 8-4　不同需求价格弹性曲线

由于不同产品的需求价格弹性不同，当价格变化时，价格与数量的乘积会向着不同的方向变化，因此针对不同的产品，应制订不同的价格策略。同时，即使是同一种商品，不同价位所带来的总收益也是不同的，产品的定价应使价格和销售数量的乘积最大，过高或过低的定价都会使总收益下降（图8-5）。

（四）定价方法

旧机动车销售企业的定价方法主要有成本导向定价、需求导向定价和竞争导向定价三大类。根据旧机动车销售企业的实际情况，应有选择地在工作中加以运用。

1. 成本加成定价法

成本加成定价法是成本导向定价法中的一种方法，它是按照单位成本加上一定百分比的加成来制订产品的销售价格，其公式为

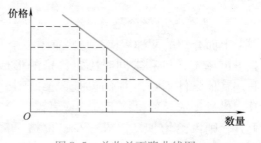

图 8-5　总收益下降曲线图

$$旧机动车销售价格 = 单位完全成本 × （1 + 成本加成率）$$

单位完全成本是指一辆旧机动车的总成本费用，包括这辆车应摊销的固定成本和变动成本之和。成本加成率是指企业的目标利润率。目标利润率应参照本地区的行业平均标准而定，结合企业自身的规模、市场认知度、竞争地位和资金实力等因素加以调整。该方法计算简单，便于管理，被目前大多数旧机动车经营企业采用。

2. 需求导向定价法

这种定价方法又称"顾客导向定价法"或"市场导向定价法"。它不是根据产品成本状况来定价，而是根据市场需求状况和消费者对产品的感觉差异来确定价格。其特点是，产品的销售价格随需求的变动而变化。采用这种方法时，应对顾客的购买心理，市场的供求状况，以及各品牌车辆目标客户群的购买动机有清晰、敏锐的把握。

3. 竞争导向定价法

这种定价方法是企业根据自身的竞争力，参考竞争对手的商品价格、生产条件、服务状况等因素，以竞争对手的价格为基础，确定自己产品的价格，从而谋求企业生存、发展的一种方法。该方法适用于市场竞争能力较弱、经营特色不明显的企业。

操作技能

例8-1 根据情况介绍的旧机动车试做销售定价。

情况介绍：飞翔旧机动车经营店位于所在城市的旧机动车市场中，由于投资规模较小，只在市场中租赁了6个车位，每个月的场地使用费是3000元；目前的员工有3人，经理月工资为6000元，销售员月工资为3000元，修理工月工资为3000元；该门店的月销售量约为40辆车，每月向市场缴纳的管理费和各项杂支合计约2000元；门店的投资资金为借贷资金，年利息为15%。现有旧机动车一辆如图8-6所示，该车长期闲置，维护很差，评估机构的鉴定估价为40000元。由于车况很差，而且车主急于将车出售以换取现金购买新车，最终该车以35000元的价格被收购。

车辆被收购后，修理工花费1周的时间进行电路检修、车内清洁美容、零部件维护；期间更换了后保险杠和一个后尾灯，由于使用了拆车件，所以零件费只为500元，其他各项易损件的更换支出费用合计为500元；车辆随后又送修理厂做全车涂装，时间为1周，费用为2000元；完成后的车辆如图8-7所示。

图8-6 维修前

图8-7 维修后

车辆销售会有一个销售周期，该车型在市场中一般需要1周左右的时间才能以一个较合理的价格找到买家。旧机动车市场的投资回报在10%左右。试用成本加成定价法计算车辆的销售价格。

价格分析：

1) 该车的收购价格是 35000 元。

2) 该车从收购到销售的资金占用周期是 3 周，贷款年利率为 15%，即

$$利息合计 = 35000 \times 15\% \times \frac{1}{12} \times \frac{3}{4} 元 = 328.125 元 \approx 330 元$$

3) 该门店的月销售量约为 40 辆车，每月杂支为 6000 元，经理月工资为 6000 元，销售员月工资为 3000 元，即

$$行政费用 = (2000 + 6000 + 3000) 元 \div 40 = 275 元$$

4) 修理工月工资为 3000 元，花费 1 周的时间进行电路检修、车内清洁美容、零部件维护；期间更换了后保险杠和一个后尾灯，由于使用了拆车件，所以零件费只为 500 元，其他各项易损件的更换支出费用合计为 500 元；车辆随后又送修理厂做全车涂装，时间为 1 周，费用为 2000 元，即

$$翻新费用 = (3000 \div 4 + 500 + 500 + 2000) 元 = 3750 元$$

5) 旧机动车市场的投资回报在 10% 左右，即

$$投资利润 = 35000 元 \times 10\% = 3500 元$$

6) 该门店在市场中租赁了 6 个车位，每个月的场地使用费是 3000 元；而该车型在市场中一般需要 1 周左右的时间才能以一个较合理的价格找到买家，即

$$场地使用费 = 3000 元 \div 6 \div 4 = 125 元$$

该车辆的销售成本合计为

$$销售成本 = 35000 元 + 330 元 + 275 元 + 3750 元 + 3500 元 + 125 元$$
$$= 42980 元 \approx 43000 元$$

所以，该车的最终销售价格不应该低于 43000 元。考虑到议价现象的存在，可以再加 10% 左右的议价空间。在不考虑竞争因素的情况下，最终该车辆的市场报价定在 47000 元左右比较合理。

知识能力拓展

一、旧机动车的营销环境

旧机动车流通企业的市场营销过程中，许多因素对其发生影响。这些因素有的是企业内部的，有些是企业外部的，各种因素或多或少地影响着企业经营的产品价格。市场营销环境是指作用于企业营销活动的一切外界因素和力量的总和。

（一）影响旧机动车交易市场营销的微观环境

微观环境包括企业本身及其旧机动车交易市场的经纪人、顾客、竞争者和各种公众，这些都会影响企业的营销活动。

（1）企业本身 它包括企业的规模、市场地位、资金实力和场地面积等诸多要素，每一项都会对产品的价格产生影响。

（2）经纪人 经纪人是指在旧机动车流通企业的组织下，为买卖双方促成交易，以取得一定佣金的人。在实际工作中，提供车辆信息的网络平台、负责收购车辆的评估师和负责销售车辆的销售人员，都需要收取一部分经纪费用。

（3）顾客 顾客是指旧机动车交易的买主，是卖主和旧机动车流通企业的服务对象。

不同的顾客群，代表着不同的利润空间。

（4）竞争者　竞争者主要是指本地区从事旧机动车交易的流通企业和开展以旧换新业务活动的生产企业和经销商。市场的竞争激烈程度，企业的竞争能力和竞争地位，都直接影响着价格的制订。

（5）公众　公众是指对旧机动车流通企业的经营具有实际或潜在利害关系和影响力的一切团体和个人。它包括金融公众、媒介公众、政府公众、群众团体、当地公众、一般公众、内部公众。

（二）影响旧机动车交易市场的宏观环境

宏观环境是指给市场造成机会和威胁的主要社会力量。它包括人口环境、经济环境、自然环境、政治和法律环境以及社会和文化环境。

（1）人口环境　它是指有购买力，且对旧机动车有购买需求的人群数量，这样的人群数量越多，市场的规模就越大。

（2）经济环境　购买力是影响市场规模大小的一个重要因素。一个地区社会购买力越强，这个地区的车辆保有量越多，旧机动车交易市场规模就可能越大。

（3）自然环境　能源的紧缺，环境污染的治理，道路设施的建设，都直接或间接地影响着旧机动车市场的规模。

（4）政治和法律的环境　国家的法令、条例，特别是经济立法，对市场消费需求的形成和实现，对机动车的交易、交易价格等都起着至关重要的作用。

（5）社会和文化环境　人们生活在社会中，久而久之必然会形成某种特定的文化。它包括一定的态度和看法、价值观念、道德规范以及世代相传的风俗习惯等。

企业必须建立适当的系统，指定一些专业人员，采取适当的措施，经常监视和预测其周围的市场营销环境的发展变化，及时地修订产品价格，以应对由于环境变化而造成的主要机会和威胁，使企业的经营管理与市场营销环境的发展变化相适应。

二、旧机动车的价值构成

顾客对旧机动车价值的认识由旧机动车的产品价值、服务价值和形象价值构成，其中每一项价值因素的变化均对总价值产生影响。

（1）旧机动车的产品价值　产品价值是产品的功能、特性、品牌等产生的价值。它是顾客需要的中心内容，也是顾客选购产品的关键和主要因素。

（2）旧机动车的服务价值　服务价值是指伴随产品实体出售，由旧机动车经营企业向顾客提供的各种附加服务。如为顾客进行车辆的整修、翻新、售后维护、咨询介绍等产生的价值。

（3）旧机动车的形象价值　形象价值是指旧机动车经营企业及其产品、服务在社会公众中形成的总体形象所产生的价值。它包括企业的展车、工作场地的布置及各种硬件设施所构成的有形形象产生的价值，企业员工的职业道德行为、经营行为、服务态度、工作作风等形象所产生的价值，以及企业的价值观念、经营理念、市场美誉度所产生的价值等。形象价值与产品价值、服务价值密切相关，是企业宝贵的无形资产。良好的形象会对企业的产品产生巨大的支持作用，赋予产品较高的附加值，从而带给顾客精神上和心理上的满足感、信任感，使顾客获得更高层次和更大程度的满足。

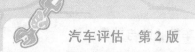
思考题

1. 探讨旧机动车的经营项目。
2. 探讨旧机动车的收购价格估算方法和注意事项。
3. 具体探讨不同来源的旧机动车，所适用的收购估价方法
4. 分析不同二手车经营机构，适用的收购估价方法。
5. 探讨旧机动车销售的各种经营成本。
6. 探讨不同销售定价在旧机动车经营中的具体运用。
7. 具体探讨不同品牌车型所适用的销售定价方法。
8. 具体探讨不同二手车经营机构所适用的销售定价方法。
9. 分析总结对旧机动车销售价格有影响的各种因素。
10. 分析旧机动车的价值构成，并谈谈如何利用价值构成提高企业经营收益。

项目九 汽车碰撞损伤评估

学习目标

1）熟悉不同类型车辆的钣金结构。
2）掌握碰撞损伤后车辆的检查方法。
3）掌握碰撞修复工时的配置与计算方法。

任务载体

汽车碰撞损伤，会直接对车身油漆、机体钣金零件造成伤害。巨大的冲击力也会间接地挤压车身的机械零部件，使其出现故障。车辆在修复的过程中，需要经过拆检、换件、钣金修复、机电修理、油漆涂装等多道工序才可以完成。通过检查车辆的损伤情况，分析各修理工序的工作内容，可以合理地估算损伤的工时费用。

相关知识

一、车身钣金结构

早期的轿车和货车都是采用笨重的、刚硬的梯形钢制车架（图 9-1）。巨大的纵梁和横梁能承担很大的负载，车身钢板和零部件都用螺栓固定在车架上面。车身离地面很高，造成驾驶不平稳，同时汽车重心很高，使车辆不能进行高速急转弯。

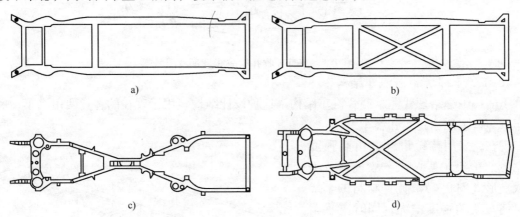

图 9-1 早期车架结构
a）梯形 b）X 形 c）沙漏形 d）组合形

1940 年美国的汽车公司制造了第一辆真正的具有承载式车身结构的汽车。承载式车身的汽车没有刚性车架，发动机、前后悬架、传动系统等各总成部件直接装配在车身上，车身负载通过悬架装置传给车轮。承载式车身除了其固有的承载功能外，还要直接承受各种负荷力的作用。

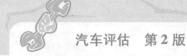
承载式设计最早是在飞机制造业中被成功应用的。在飞机制造中需要质量轻、强度高的机身。设计应用到汽车制造业中，承载式结构减轻了对独立刚性车架的需求，通过把钢板焊接到盒形或蛋形结构中，使车身本体满足设计要求的刚度和强度。这种设计结构的改变使得汽车自身强度的提高不再单纯地依靠高强度材料，而是利用各个独立钣金件的互相依靠来完成车身结构的整体支承。

如果要理解承载式车身设计的原理，鸡蛋壳体是一种理想的模型。人们用力挤压鸡蛋时，它很难被挤破。这是因为手指施加的力不是聚集在一个地方，而是有效地被分散在整个鸡蛋上（图9-2）。在机械中这种概念叫作受压壳体结构。

这种结构的一个主要优点是能提高乘客安全性，不像较重的、非承载式设计的车辆那样使碰撞损坏集中在一个地方。刚硬的、轻质量的承载式车身设计能使碰撞力尽量分散在车身的更多部分。这种能够吸收并扩散能量的性能使汽车能在各种类型的碰撞中保持客舱的完整（图9-3）。另一个优点是承载式车身质量比较轻。这就意味着仅使用小型的、高效节油的发动机就能够驱动汽车。

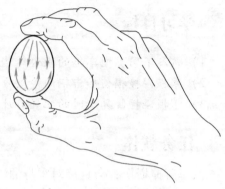

图9-2 鸡蛋的外形结构使加在它表面的力分布到了整个鸡蛋壳

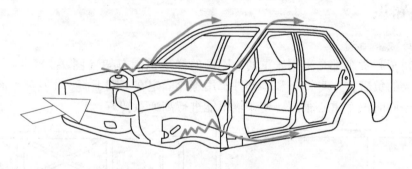

图9-3 车身吸收并扩散能量示意图

（一）现代非承载式汽车结构

下面详细介绍现代非承载式汽车结构，这种设计结构多用于现在的客货两用汽车、厢式汽车、一些多用途跑车和客车上。

现在，采用传统设计的由高强度钢制造的车架，其纵梁一般设计成U形或盒形（图9-4）。同样材料的车架横梁使车架的强度增大，同时支承车轮、发动机和悬架系统。各种车架横梁、托架和支承件焊接、铆接或用螺栓连接在车架纵梁上，用于安装组成汽车底盘的各种零部件。

最初设计的梯形车架因为操纵性差，所以在客车上已经不再应用，新

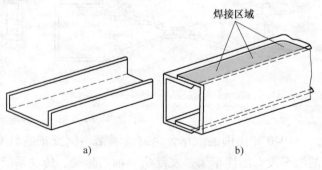

图9-4 车架纵梁的结构
a）U形车架部件 b）盒形车架部件

出现的周边式车架（图9-5）在结构上与梯形车架相似，但也有很明显的区别。在长度方向，车架纵梁以最大宽度支承车身，这种结构设计使汽车发生侧面碰撞时能更好地保护乘客；前轮和后轮之间的部分是盒式结构，在正面碰撞时阶梯区域能吸收大部分碰撞能量；在侧面碰撞时，由于主车架纵梁在前地板大梁附近，所以客舱在事故中得到保护；在追尾碰撞时，后横梁和纵梁拱起能吸收碰撞能量。为了减少扭曲和弯曲，用车架横梁加强主要部位，这种结构的改变能吸收碰撞产生的冲击和能量。

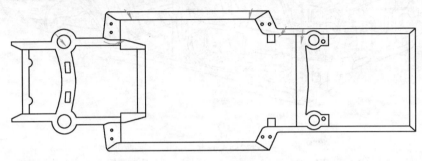

图9-5　周边式车架

图9-6中的周边式车架中间靠近前端车架纵梁的内侧处有一个横梁。正因为如此，客舱

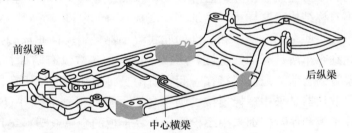

图9-6　具有中心横梁的周边式车架

的地板可以布置得低一些。这样，车辆重心降低，外形加大，整体变低。目前应用的大多数传统车架采用这种周边式车架结构。

现代非承载式汽车车身前部由散热器支架、翼子板和挡泥板等组成（图9-7）。这些零部件都是用螺栓安装固定的，这样就形成了一种很容易拆卸的结构。

主车身由车身前围板、车身底板及车顶板等围成，以构成客舱和行李箱（图9-8），在结构上与承载式汽车很相似。车身前围板由左右车身前柱、车身前围侧板和前罩板组成。车身底板的前部有一个传动轴通道，这样在底板的中间形成了一个交叉通道，车架横梁焊接在这个交叉通道上并在此与车架相连。这样在发生侧面碰撞时可防止客舱、顶

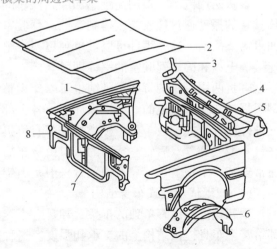

图9-7　非承载式汽车车身前部的主要零部件
1—前翼子板　2—发动机罩　3—发动机罩铰链
4—前围板　5—仪表盘板　6—前挡泥板
7—发动机罩扣　8—散热器支架

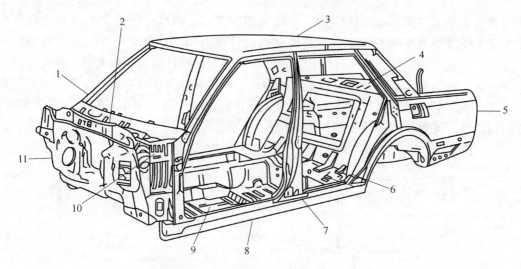

图 9-8　非承载式汽车主车身的主要零部件

1—车身前柱　2—前围板　3—车顶板　4—后上板　5—后侧围板　6—车身中间底板
7—车身中柱　8—门槛板件（外部）　9—车身前部底板　10—前围侧板　11—仪表盘板

部车架纵梁、车门和车身侧面被损坏。另外，在冲压加工过程中车身底板的前部、后部及左右两侧都设计成不对称结构，这样可以增加车身底板本身的刚度。

客货两用汽车、一些多用途跑车和标准的厢式汽车都采用这种非承载式的设计结构。因为这些车不需要达到客车所具有的安全性，所以这种车大多数没有防撞杆和保险杠隔离器。货车的散热器支架有的与前挡泥板焊接在一起，有的是将散热器支架用螺栓连接在车架和车身翼子板上。如果散热器是采用螺栓连接，则车身翼子板就得到加强并具有挡泥板的作用。发动机罩、车身翼子板和保险杠都采用螺栓固定。翼子板的金属或塑料垫片可防止碎片破坏内部的零件。

客货两用汽车、多用途跑车和厢式汽车的驾驶室是用螺栓连接在车架上的。从车架传到驾驶室的振动通过橡胶支座得到衰减。驾驶室是由焊接在一起的一些冲压钢板零件组成的。如果需要的话，这些零件可以被单独更换。整个驾驶室可以从车架上卸下来，只要解除各种连接、电线和固定驾驶室的螺栓即可。

客货两用汽车的货厢和卧铺也可以作为整体拆卸。就像驾驶室一样，货厢是由一些冲压钢板焊接在一起组成的。如果损坏了，各个部分都可以更换。货厢的类型有两种，最普通的一种外部没有翼子板。另一种类型外部有可拆卸翼子板。通常载货货车多采用第二种类型，并且一般安装着双后轮。货厢的入口由货车后部的尾门控制。为保护货厢并使其保持干燥，通常安装一个顶盖装置。这种装置一般是由铝或玻璃纤维制成的。

（二）现代承载式车身结构

承载式汽车没有单独的车架，却是一个能承受载荷的结构。在这种结构里，每一个部件都给整个车身提供结构上的支承和强度。这种能够使车架和车身成为一体结构，承受并保持外力的车身结构被称为承载式车身结构（图9-9）。

承载式车身的一个主要优点是它们的车身更加坚固，这是因为在这种结构的汽车上，各主要零件都焊接在一起，在发生碰撞时可起到保护乘客的作用，并且在发生同样的碰撞时与非承载式汽车会产生不同的碰撞效果。当发生碰撞时，承载式车身设计的结构不是抑制或将

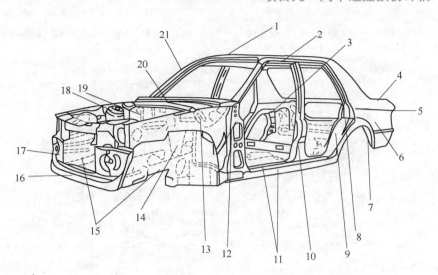

图 9-9 完全承载式设计的汽车车身的主要零部件

1—车顶盖前横梁 2—车顶盖纵梁 3—后减振器塔座 4—行李箱盖 5—车身腰线 6—后围侧板
7—（内、外）轮罩 8—车身后支柱 9—后部锁柱（C柱） 10—中柱（B柱） 11—（内、外）门槛板
12—前车身铰链柱 13—挡泥板加强件 14—挡泥板 15—（外、内）车身前纵梁 16—前横梁
17—散热器支架 18—（悬架滑柱）塔座 19—防火墙 20—前围上盖板 21—风窗玻璃柱（A柱）

损坏定位在一个地方，而是由其结构中比较坚硬的部分将碰撞能量传导到车身更多的部位。因此，评估员和鉴定员对承载式汽车的碰撞分析相比非承载式肯定会有一定的差别。因为所有的部件都焊接在一起，碰撞力会引起从碰撞点到远离碰撞点的地方都发生位移。评估人员必须注意这一点，否则很容易忽略间接损坏。例如，汽车发生前面碰撞的能量足以使后部的部件损坏，这是在通常的检查中容易被忽略的问题。当汽车修复后，这个被忽略的问题很可能使转向系统和动力传动系统发生故障。因此，一辆损坏的承载式车身设计的汽车比发生同样损坏的传统结构的汽车需要更多的全面损坏分析。否则，这可能意味着当汽车修复后，不久就会出现安全控制性降低的情况，还有散热器漏液或在传动系统中出现新的噪声等故障。

承载式车身结构有两种基本类型：发动机前置后轮驱动（FR）汽车和发动机前置前轮驱动汽车（FF）。

1. 发动机前置后轮驱动（FR）承载式车身结构

发动机前置后轮驱动汽车是指发动机安装在车头位置但以后轮为驱动轮的汽车。FR 汽车的整个车身由四个主要部分组成：车身前部、客舱、车身底部和车身后部。发动机、传动系、前悬架和转向装置都安装在车身前部，差速器和后悬架安装在车身后部。因为从地面来的冲击会通过前后轮传到整个车身，所以车身必须具有足够的刚度，以使汽车在正常的行驶中发挥其应有的性能。这个强度是由焊接在底板上的纵梁和横梁提供的。

（1）车身前部 发动机、悬架和转向系都应当安装在前挡泥板和车身前部的前端纵梁上。这一点是很重要的，因为它影响到前轮的定位以及汽车传到客舱里的振动和噪声的大小。因此，车身前部各部件都必须符合精度要求并具有足够的强度（图 9-10）。车身外部零件除了发动机罩、前挡泥扳和车身框架板（用螺栓安装）外，其他的都焊接在一起，以降低车身重量，增加车身强度。

（2）车身侧部　车身侧部、车身前部和车顶板连接在一起形成客舱（图9-11）。在行

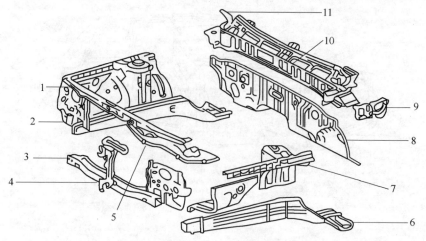

图9-10　承载式车身FR汽车的车身前部上的主要零部件

1—散热器上支承　2—散热器侧支承　3—车架前横梁　4—罩盖锁柱　5—前悬架横梁
6—前纵梁　7—前挡泥板　8—仪表盘板　9—前围侧板　10—前围板　11—发动机罩铰链

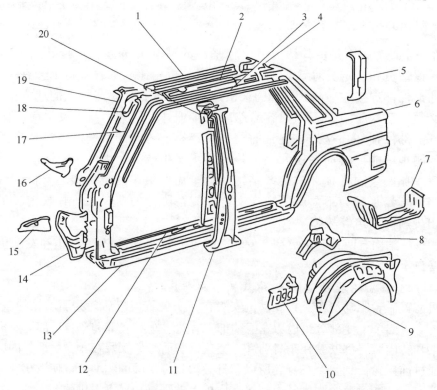

图9-11　承载式车身FR汽车的车身侧面的零部件

1—车顶侧面内横梁　2—车顶侧面外纵梁　3—车顶积水槽　4—车顶侧面内板　5—后侧围板支柱
6—后侧围板　7—后侧围板底端延伸件　8—后窗台底板滤网　9—后侧围轮罩外板件　10—后侧
围轮罩的中间角撑件　11—中部车身柱　12—底板侧面主横梁　13—车门槛板（外部）　14—前围
侧板　15—车身前柱的底端角板　16—车身前围侧支承　17—车身前柱上部外侧　18—车身前
柱内上端的加强肋　19—车身前柱内上端　20—中柱的外部顶端加强肋

驶过程中，这些板件将车底部的负载传到车身上部，并防止左、右侧面发生弯曲。虽然车身侧面的强度由于车门空间而减小，但将其与内外部的金属钣金件连接可以使它们的强度得到加强，这样就形成了一个很强的盒式结构。

（3）车身腹板　前纵梁、后纵梁、车身底板和纵梁都是很重要的结构件。前、后纵梁形成了框架的周边式结构。

承载式汽车的车身腹板由前部、中间和后部三部分组成（图9-12）。由于前部车身腹板

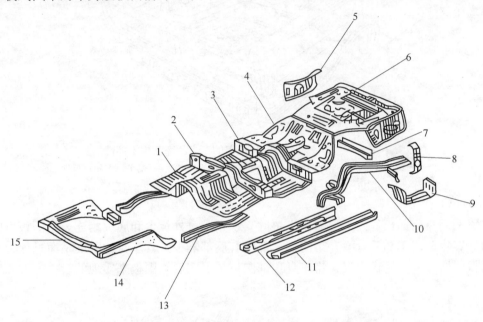

图9-12　承载式车身FR汽车的车身腹板的主要组成部分

1—前底板　2—前底板第一横梁　3—中底板的前板　4—中底板　5—后底板的侧面板件　6—后底板
7—后底板的第一横梁　8—后侧围板支承　9—后围板底端延伸件　10—后底板的侧部横梁　11—车门
槛板（外部）　12—底板侧面主横梁　13—前底板下加强肋　14—前纵梁　15—前横梁

的前纵梁直接影响到前轮的定位，因此它们是采用高强度钢制成的一种矩形结构（图9-13）。为防止在发生正面碰撞时客舱塌陷，前部车身外板上有一个倾翻构件，在发生碰撞时所有的纵梁能够弯曲并吸收冲击能量。中部车身腹板主要由车身底板、纵梁和底板外板组成。车身底板的中间有传动轴通道，这个通道是防止底板发生弯曲而设置的。另外，前座椅和后座椅的前部下面的底板外板和横梁能使左、右车身外板得到加强，并且在发生侧面碰撞时可防止底板折叠。

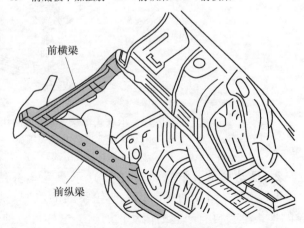

前横梁

前纵梁

图9-13　车身腹板前部图

（4）车身后部　车身后部可分为两种类型：轿车（图9-14），这种车的行李箱和客舱是独立的；另一种类型是客货两用车和后背举升车门汽车，这种车的行李箱和客舱是连在一起

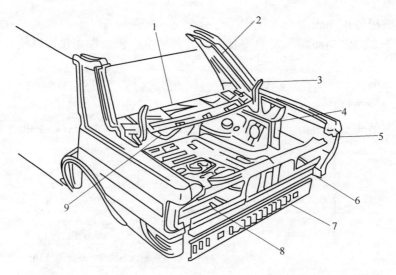

图 9-14　承载式结构 FR 汽车的车身后部结构零部件
1—后上围板　2—车顶内侧围板　3—行李箱门铰链臂　4—后侧围车轮罩板件
5—后侧围板　6—后下围板　7—后裙板件　8—后底板　9—后座椅支承架

的（图 9-15）。

　　客货两用车后部板件的上部与后坐垫的支承在车身外板上和底板相连。后围板可防止车身弯曲。客货两用车和后背举升车门汽车都没有后部隔板，其车身的刚度是通过加大车身顶部的后板，增加一个后窗上架，将车身顶部围板扩展到后侧围板来实现的。

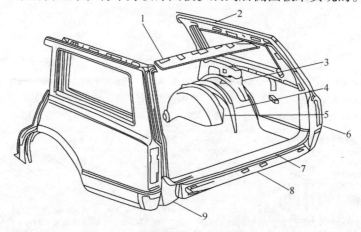

图 9-15　承载式车身 FR 客货两用车的车身后部结构组成
1—后车窗上框　2—车顶内侧围板　3—车内前侧围板　4—后侧围车轮罩外板　5—后侧围车轮罩内板
6—后侧围板　7—车身底端后围板（上部）　8—车身底端后围板（下部）　9—内后围侧板

2. 发动机前置前轮驱动（FF）承载式车身结构

　　FF 汽车是指发动机前置、前轮驱动的汽车。也可称为前轮驱动汽车（FWD）。此时客舱的地板不会再有凸起的传动轴通道，这样可以使客舱加大。后部悬架简化，这样减少了车身重量。由于发动机、传动轴、前悬架和转向装置都安装在车身前部，因此 FF 汽车刚度加强的方法和 FR 汽车的方法不同。

　　在发动机前置前轮驱动（FF）汽车里，发动机是横向布置的（图 9-16）。发动机的安装是四点定位，前端通过汽车中心纵向安装在中间横梁和左、右车身前部外板上。在同样的情况下，动力传动系统安装在发动机托架上或副车架上。托架形成一个传统的摇篮式车架。它用螺栓连接在散热器支承板和前置板上。

（1）车身前部　车身前部的零部件包括发动机罩、车身前翼子板、散热器上支架、散热器侧支架、前纵梁、前车身外板、前挡泥板以及由薄金属成形的车身前围板。在汽车车身前部上有一个高强度的结构，该结构包括车身加强外板和能够支承发动机驱动桥及悬架的发动机托架。FF 和 FR 汽车上都有一个质量轻、由塑料制成的保险杠。

FF 汽车和 FR 汽车上的前部悬架在结构上基本相同。这两种汽车都采用独立滑柱式悬架。车身前部的结构位置的精确性对前轮定位有直接的影响。因此，当修复完车身前部时，对前轮定位进行检查是非常重要的。

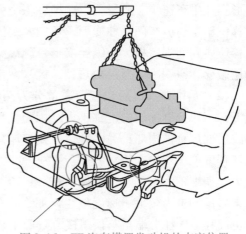

图 9-16　FF 汽车横置发动机的支座位置

（2）车身后部　车身后部包括后车门面板、底部车门面板、后侧围板、后侧围轮罩外部钣金、后侧围轮罩内部钣金、车身后部底板及后纵梁。由于 FF 汽车的整个动力传动系统安装在车身前部，燃油箱放置在中部底板下面，所以使后部地板梁比 FR 汽车的要低。这样地板梁的最低部分与后悬架臂连在一起。当 FF 汽车和 FR 汽车都发生追尾碰撞时，FF 汽车会对后轮定位产生更大的影响。因此，FF 汽车的车身后部修复完后必须检查后轮定位。

3. 其他零部件总成

车身上的许多主要构件和部件都可以被分解成很小的单元，即零部件总成。这些零部件总成又被分为更小的零部件，如图 9-17 所示。

二、碰撞力对不同结构汽车的影响

前面介绍了各种不同结构的汽车，汽车碰撞对于这些汽车的损坏程度是不一样的，损失金额也各不相同。汽车发生碰撞事故，首先受到损坏的是汽车的车身，然后就是汽车零部件，下面进行具体分析。

（一）对承载式车身结构的影响

承载式车身没有独立的车架，发动机、底盘等各大总成都安装在车身上，车身既是客舱又是车架。发生碰撞后整个车身的整体结构都会发生变化，在修理时既要满足形状要求，又要满足发动机等各个部件定位尺寸的要求，还要保证车身在修理后仍然具有足够的强度和刚度，其技术难度是很高的。

承载式车身大都采用流线型设计，在受到碰撞后，尤其是碰撞力度大时，碰撞产生的能量会从碰撞点开始通过车身的圆弧过渡向远处扩散（图 9-18），在传导的过程中，碰撞力逐渐被车身钣金零件吸收。这种设计结构可以使车辆在使用同样钢板的前提下，获得更高的车身强度和刚度，但也正是这种设计结构，使得整体车身在吸收碰撞能量的同时可能出现大面积的变形和损坏。因此，对于承载式车身，在进行碰撞损伤检查时，不仅要关注碰撞部位，还应该对车身整体进行全面的检测。

（1）前部碰撞　前部碰撞多为汽车主动碰撞，碰撞冲击力大小和损坏程度主要取决于事故车的速度、本车质量、碰撞面积。如果碰撞车速度不快，碰撞冲击力不大时，前保险杠被挤压向后，前纵梁、前轮钢圈、前翼子板、前横梁、前装饰栅栏，车标志及散热器框架会变形。如果车速快、质量大、碰撞冲击力大，那么损坏就严重得多。例如前翼子板严重折曲并移位至车门，车门立柱变形，车门开关困难。车门变形，发动机舱盖向上凸变形，铰链支承移位碰到前围盖板，前纵梁变形，副纵梁变形，保险杠严重弯曲，甚至断裂，前部灯具及护栅破碎，空调冷凝器、散热器，风扇及发动机附件严重损坏，前轮移位，转向机构变形。

（2）后端碰撞　后端碰撞通常分为两种情况。一种情况是倒车时碰撞，这种碰撞一般速度都不快且碰撞的力度都不大，因而变形量不大，损坏程度也不严重，一般是后保险杠变形或后部灯具被损坏；另一种情况是追尾碰撞，被撞车为被动车，被撞车所承受的冲击力和损坏程度取决于撞击物（汽车）的质量，速度及被碰撞部位、角度和范围。如果撞击力不太大，速度不太快，通常后保险杠、行李箱后围板、行李箱底板可能弯曲变形，灯具破碎。如果碰撞冲击力较大、速度较快，那么损坏程度较严重，即 D 柱下柱脚前移导致 B 柱和 C 柱也前移，D 柱上端与车顶盖接合处产生折曲，后门开关困难，后窗窗框严重变形，后窗玻璃破碎，行李箱底板折曲，行李箱门严重变形，开闭困难，后保险杠严重变形甚至报废。

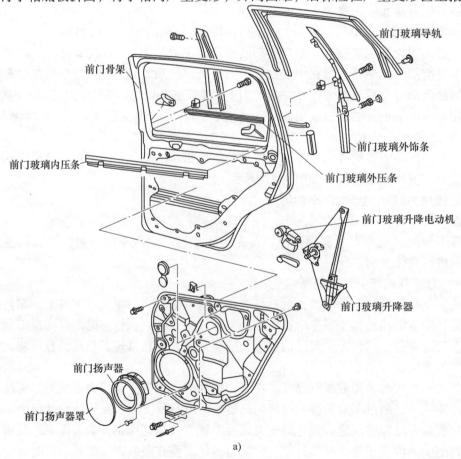

a）

图 9-17　车身主要构件的零部件总成

a）前门的零部件总成

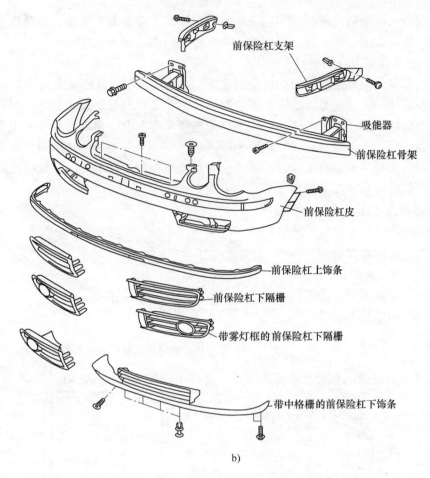

b)

图9-17 车身主要构件的零部件总成（续）

b) 前保险杠的零部件总成

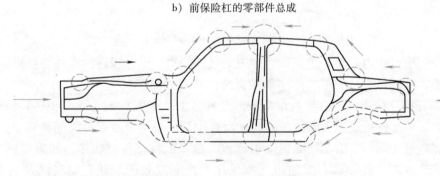

图9-18 车身被碰撞时力的扩散

（3）侧面碰撞 如果是侧面前翼子板遭碰撞，则翼子板严重受损，与翼子板连接的零部件也严重受损，发动机舱盖也会变形挠曲，翼子板下方的前轮也受损，前轮定位改变，导致转向困难、沉重，前悬架变形移位；如果是侧面后部受到碰撞，则行李箱变形凹陷，D柱变形，车顶篷凸起，后悬架变形移位；碰撞部位如果在汽车中部，则A、B、C柱以及车身底板都变形甚至另一侧门柱也发生变形。

（4）底部碰撞 底部碰撞常常是由于底盘太低离地间隙小，通过凹凸不平路面时碰底

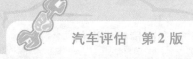
或碰着石头或硬物碰撞造成底盘底部或底盘零部件损坏。常见有前横梁，发动机下护板，发动机油底壳、变速器油底壳、悬架下支承板、后桥壳及车身底板损坏等。

（二）对非承载式车身结构汽车的影响

非承载式车身是指通过一个事先做好的底盘（车架），在此基础上安装悬架和车身，大部分质量和各零部件所受的力几乎全部压给底盘，而车体本身并不起主要的承载作用的车身结构，这种结构通常会在大型的客车、货车、纯越野车等车型中出现。对于采用非承载式车身设计的车辆而言，车架是基础件，在发生碰撞事故时，承受主要的冲击力量，车架变形后会直接影响到各大总成的正常工作，严重时会导致汽车丧失工作能力。在发生碰撞力的作用下，车架常见的变形和零部件损伤主要有以下几类。

（1）前部正面碰撞　采用非承载式车身的一般是载货车，质量大、惯性大、碰撞冲击力大，正面碰撞会导致车架上下弯曲、长度缩短，如图9-19所示。

正面碰撞受损坏的零部件可能有散热器面罩、左右两侧灯具、散热器、风扇冷凝器、发动机罩，左右两侧翼子板也向后变形。

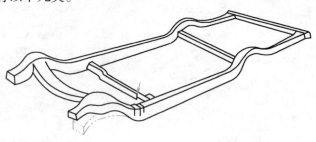

图9-19　前部正面碰撞对非承载式车身结构的影响

（2）前部侧面碰撞　它会导致车架前轮上方翼子板处左右弯曲，如图9-20所示。

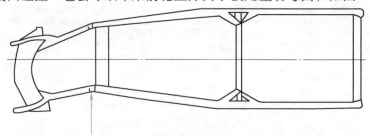

图9-20　前部侧面碰撞对非承载式车架的影响

车架是一个平行四边形，一边变形后对应的另一侧也变形，损坏的零件是被碰撞一侧的翼子板、车轮、减振器、转向附属件（如横直拉杆）、挡泥板等。

（3）中部碰撞　中部碰撞会导致车架中部左右弯曲，如图9-21所示。中部碰撞事故一般是两车相撞。中部碰撞属重大事故，因驾驶室在中部，发生事故很可能危及驾驶人生命安全。并且中部碰撞的车辆一般车架受损会很严重，涉及的零部件也较多。如果驾驶室受损，驾驶室下方的变速器、传动轴、燃油箱（如采用气压制动系统的还有储气筒及制动管路）都会受到损坏。

（4）后部侧面碰撞　后部侧面碰撞一般是由于甩尾所致，其翼子板或行李箱损坏变形，甚至车架后部左右弯曲变形，如图9-22所示。严重时后悬架装置也会受到损坏。

（5）后部正面碰面　后部正面碰撞多半是追尾碰撞，即前方车辆制动减速或停车，后方车辆来不及制动而追尾碰撞。此时碰撞力的大小及损坏的程度取决于后方车（碰撞车）的质量、速度和碰撞部位和范围，损坏的零部件主要是车架，车架将被压缩成上下弯曲，后保险杠弯折甚至断裂，车厢严重损坏及变形，尾灯破碎（图9-23）。当然，后方碰撞车的前

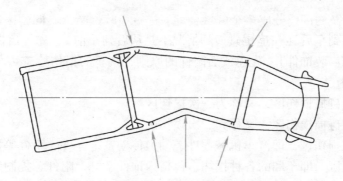

图 9-21　中部碰撞对非承载式车身结构的影响

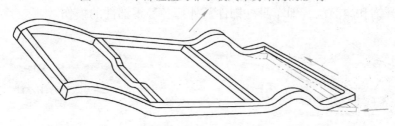

图 9-22　后部侧面碰撞对非承载式车身结构的影响

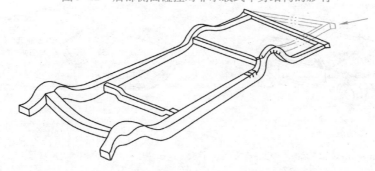

图 9-23　后部碰撞对非承载式车身结构的影响

部也受到其至比被撞前方车更严重的损失。

三、漆面的损失分析

汽车发生碰撞事故后，除了汽车车壳体、车架及零部件损坏外，还有汽车外观漆面的损失。不同类型的汽车由于所用汽车漆颜色、种类的不同，漆面的价值也各不一样。汽车碰撞后，漆面肯定会被划伤、破坏、甚至脱落，修理工艺是先修复钣金件，再进行涂装处理。汽车漆分为素色漆、金属漆和珠光漆三类，价格差异较大，而且不同品牌的汽车漆，价格会有很大的不同。通常汽车的档次越高，漆面质量越高，修理费用也就越高。漆面的损失估价不仅与涂装材料，还和涂装作业的工作量有关，涂装作业一般分为补喷和全喷两种，补喷或局部涂装由于工作量较小价格会低一些，而全喷价格较高。但补喷或局部涂装的难度较大，操作不当会和原漆层形成较明显的色差，对某一车身钣金件进行整体喷漆则会取得较好的视觉效果。汽车修理企业对于车身各个部件的涂装费用，都会有详细的报价，在估价时根据材料和工作量即可查询。

四、碰撞损伤的检验与测量

目前的轿车大都采用承载式车身设计，在进行车辆碰撞区域损伤诊断时，需要将碰撞力

传导过程中可能涉及的部位分成多个区域，逐一进行检验诊断，不同的区域可采用不同的诊断方法。按照从前到车后（在追尾碰撞的情况下是从后到车前）、先外后内（首先查看外观钣金件，然后是车内装饰件）、先总成后附件的原则，汽车的损伤检查可分为五个区域进行（图 9-24），分别为

区域一：直接碰撞损伤区，又称为一次损伤区。

区域二：间接碰撞损伤区，又称为二次损伤区。

区域三：机械损伤，即汽车机械零件、动力传动系统零件、附件等损伤区。

区域四：客舱区，即车厢的各种损坏，包括内饰件、灯、附件、控制装置、操纵装置和饰层等。

区域五：外饰和漆面区，即车身外饰件及外部各种零部件的损伤。

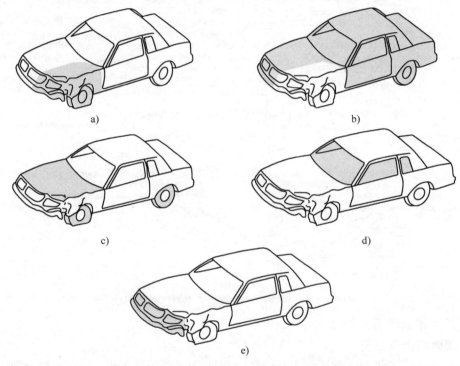

图 9-24　汽车损伤分区

a）区域一（一次损伤区）　b）区域二（二次损伤区）　c）区域三（机械损伤区）
d）区域四（乘员舱区）　e）区域五（外饰和漆面区）

（一）区域一（一次损坏区）的检验与测量

如果车辆前部正面碰撞，则直接损伤的是前保险杠、格栅、灯具、散热器支架、散热器、风扇和发动机罩（俗称引擎盖），对于配置有安全气囊的车辆还会引爆安全气囊（图 9-25）；如果是前侧面碰撞（左侧或右侧），则直接损伤的是左右翼子板、转向灯具、前轮、前翼子板连接的金属构件和漆面等（图 9-26）。如果碰撞部位在中部客舱区，则通常是两车相撞，直接损伤的是车门立柱、车门、车门玻璃、玻璃升降器、车身底板、支承件和车顶篷（图 9-27）。检验完车体外壳损坏件后，将车举升起来，检查车身底板，纵梁及底盘各总成和零部件，通常直接损坏的是纵梁弯曲、底盘折曲、制动管路弯曲或折断。如果碰撞

点在汽车的尾部（通常是追尾碰撞事故），则直接损伤的是后保险杠、尾部灯具、行李箱盖、后翼子板、后窗玻璃及窗框和行李箱底板等（图9-28），区域一的部位和零部件是可视的，只需要记录列单，不需测量。

图9-25　前部碰撞

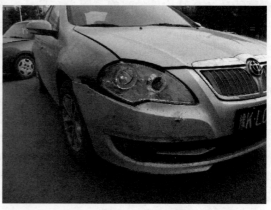

图9-26　前侧面碰撞

图9-27　中部侧面碰撞

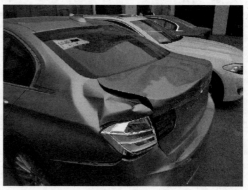

图9-28　尾部碰撞

对于非承载式车身结构的车辆而言，由于非承载式车身结构是分体式，当发生碰撞事故时，受损伤的是局部总成件，除非是翻车或碰撞力经过车辆质心致使全车都受到严重损伤。局部损伤多为车架、驾驶室和车厢。如果碰撞部位在车辆的正前面，首当其冲受损的是前保险杠、其次是碰撞部位散热器面罩、大小灯具、散热器风扇、左右翼子板、车架前部、发动机舱盖。如果在前部侧面（左侧或右侧），则直接损坏的是翼子板及支承结构件、转向灯和前悬架装置。如果碰撞部位在中部驾驶室处，则直接损伤的是驾驶室损伤，具体部件是车门门柱、车门玻璃、玻璃升降器、车架左右弯曲、蓄电池（大部分的蓄电池是安装在驾驶室左侧下方的燃油箱、燃油滤清器和车厢等。如果碰撞部位在汽车的尾部，则直接损伤的是后保险杠、后车厢、车架后端和后部灯具。

（二）区域二（二次损伤区）的检验与测量

1. 间接碰撞损伤的形成机理

间接碰撞损伤是指发生在区域一之外，并离碰撞点有一段距离的损坏。间接损伤是在碰

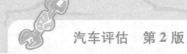
撞力沿汽车车身传导的过程中形成的，碰撞力经过传递会影响到较大范围的区域，该区域内的所有零部件均可能受到影响。

撞击力在汽车上的传递距离和二次损坏程度都取决于碰撞力的大小和作用方向以及吸收碰撞能的各个结构件的强度。因为车身是二次损坏的多发区，所以许多承载式汽车车身被设计成能压馈并能吸收碰撞能的结构，以保护车内乘员。

二次损伤也可由惯性力造成。车辆因碰撞突然停止，而惯性质量还向前运动，机械零部件的惯性力全部作用到固定点和支承构件上。即毗邻的金属可能发生皱褶、撕裂或开焊。因此，必须注意检查悬架、车桥、发动机和变速器固定点。二次损伤有时不容易发觉。但它仍有一些可见迹象，二次损伤分析一般依赖于测量。

2. 二次损伤的标志

二次损伤常见标志有钣金件扭曲、缝隙错位、接口撕裂和开焊等。

遭受猛烈的前部碰撞时，应检查风窗玻璃立柱与车门窗框前上角区域之间的缝隙是否增加，比较左、右两侧。检查外板是否翘曲，严重碰撞通常会导致车顶盖在中心向后翘曲。如果车辆有天窗，应检查开口拐角处是否弯曲。检查位于后轮挡泥板上和后车门后面的后立柱是否开裂和扭曲。还要检查在后车门柱下的后翼子板是否扭曲，那是车身后部横梁可能已弯曲的迹象（图9-29）。开启发动机罩和行李箱检查漆面是否存在油漆桔皮，覆盖熔核的保护层是否开裂。注意观察嵌板焊接处。变形也会拉伸焊缝周围的金属，造成油漆松散。

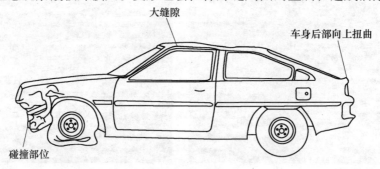

图9-29　二次损伤的标志

3. 二次损伤的测量

车辆在发生碰撞变形后，车身尺寸的测量是碰撞损失评估的一项重要工作。

（1）承载式车辆的变形测量

1）前部发动机舱变形的测量。承载式车身前部发动机舱结构大部分采用麦弗逊式结构悬架装置，如图9-30所示。

在安装有麦弗逊式悬架的发动机舱内，左右两侧都有基准孔作为测量点，在驾驶室前围找一中心点和在前散热器框架找一中心点，拉一条线，该线作为中间线，测量左右两侧悬架座至散热器框架上基准孔

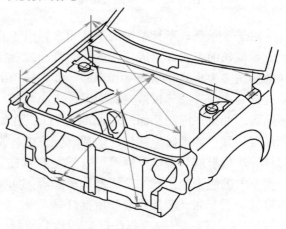

图9-30　车身前部的测量点图

的距离是否相等。下部测量前横梁左右两定位基准孔至另一侧副梁后基准孔的距离是否相

等。测量左右两悬架座至中间线距离是否相等和测量散热器框架左右两基准孔距离中间线是否相等。以上数据如果各自不相等，说明车辆变形。不相等的数据量则为变形量。通常测量的尺寸越多，测量越精确。如果利用每个基准孔进行多个位置进行测量，就能保证所测得结果更为精确，并且还利于判断车身损伤变形的范围和方向。

2）车身客舱区损坏变形的测量。该区域测量主要是风窗玻璃框和左右、前后车门门柱，其不等量为门框变形量，如图 9-31 所示。

风窗玻璃是平行四边形状且有弧度，变形后玻璃一般剥出或破碎。测量方法为对角线测量，看是否相等，如不相等则说明变形或扭曲，不等量则为其变形量。

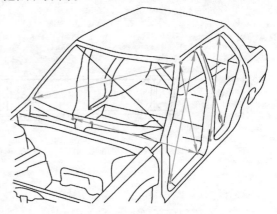

图 9-31　车身中部的测量点图

车门框架门柱分为 A、B、C 柱，柱与柱之间构成框架，通过铰链支承车门，门柱框架变形导致车门开关困难甚至关不上门。测量方法也是采用对角线测量，其不等量为变形量，不等量越大说明变形量越大。

3）车尾区域变形测量。车尾区域变形包括后窗玻璃窗框变形和行李箱变形。

① 后窗玻璃窗框的结构原理与风窗玻璃结构原理是一样的，有弧度的、平行的，一旦变形，玻璃会破裂或破碎，后窗玻璃窗框变形的测量也是采用对角线测量两条对角线是否相等，不相等则为扭曲变形，不等量为变形量。

② 车尾行李箱变形测量一般是测量行李箱框架，除了采用对角线外还可采用中间线对称法，如图 9-32 所示。对角线是否相等，中间线两边距离是否相等，以上如果不相等则说明变形，除此以外还可以通过行李箱盖的锁钩与行李箱框架下架的锁扣是否对正及行李箱盖下后左右两侧的密封间隙大小来判断其变形量。

（2）非承载式车架的变形测量　非承载式车架的类型有边梁式、中梁式、综合式车和无梁式车架。使用广泛的是边梁式车架。边梁式车架检测的内容有：

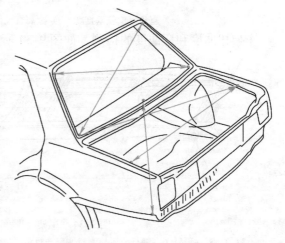

图 9-32　车身后部的测量点图

1）车架宽度的检测。边梁式车架宽度一般使用金属直尺、卷尺进行测量，其宽度应不超过基本尺寸的 ±3mm。

2）车辆纵梁的纵向直线度和垂直度的检测。车架纵梁的纵向直线度误差表示车架在水平及垂直方向的弯曲变形程度。用拉线法或直尺检查车架纵梁上平面及侧面纵向的直线度，直线度误差不应大于 3mm。全长的直线度误差不应大于车架长度的 1/1000。用专用 90°角尺进行测量，垂直度误差应不大于纵梁高度的 1/100。车架各主要横梁对纵梁的垂直度误差应不大于横梁长度的 2/1000，如图 9-33 所示。

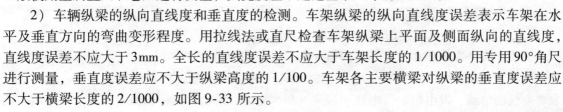

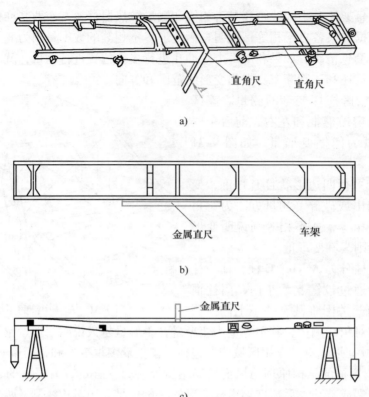

图 9-33 车架的检测图

a）直角尺检验垂直度　b）金属直尺检验直线度　c）拉线法检验直线度

车架扭曲度和弯曲度的检测，如图 9-34 所示。

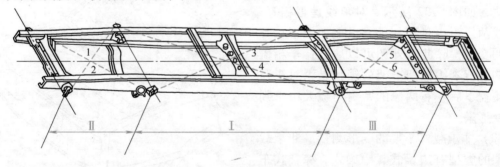

图 9-34 车架扭曲度和弯曲度的检测图

1、2、3、4、5、6—进行分段检测时，所选对角线位置　Ⅰ、Ⅱ、Ⅲ—全长范围内进位分段检测的位置

在车架各段拉对角线和一条中间线，各段对角线距离要相等，各段对角线交叉点刚好在中间线上并贴合，说明车架没有变形。如果对角线不相等则说明车架弯曲，如果对角线交叉点不在中心线而悬空，则说明车架扭曲变形。

（三）区域三（机械损伤区）的检验与测量

完成车身一次损坏和二次损坏的检查后，应把注意力集中到区域三车辆机械零部件上。如果车辆在正面碰撞中已损坏（图 9-35），则检查在发动机罩下的散热器、风扇、助力转向泵、空气滤清器、发电机、蓄电池、炭罐、刮水器储液罐以及其他机械零件及电气元器件是否已损坏。检查液体是否泄漏，带轮和传动带是否对正，软管和线束是否错位以及是否存在凹痕和裂痕等损坏迹象。

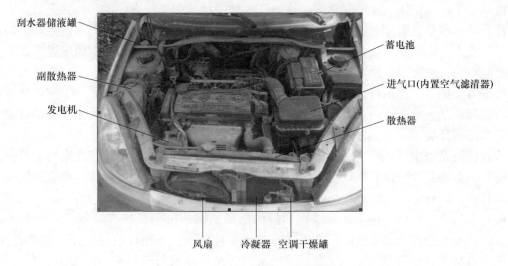

图 9-35　正面碰撞损坏车辆

根据碰撞严重程度，发动机和变速器也可能会发生损坏。若碰撞严重则应起动发动机，并使发动机暖机至正常工作温度。将车辆举升，使轮胎离开地面，让发动机在各档运行，注意是否有不正常的噪声；如果汽车装备手动变速器，则应检查换档是否平顺，离合器接合是否平稳，变速器传动杆件是否存在干涉现象等。

打开空调并确定是否工作正常。检查仪表灯、充电指示表、机油压力指示灯等。发动机自检指示灯及其他设备也可以指示发动机罩下面是否发生机械和电气故障。

越来越多的新式汽车装备了可进行自诊断的发动机计算机控制系统。计算机系统中的自诊断电路已编程，在某些工作条件下会输出故障码。早期自诊断系统还需要利用包括电压表、电子扫描工具或其他诊断仪器来获得并显示故障码。现在一些新式汽车已经可以在仪表板或一个小荧屏上显示故障码。自诊断指令和故障码可以到制造商服务手册中查找。故障码给出某特定系统所发生的故障。这个信息对精确寻找和查证损坏非常有用。

机械损坏有时不是由直接碰撞造成的，而是二次损伤的结果。比如发动机和变速器均具有很高的质量，在碰撞过程中它们的位移会很大，从而造成附件和车身下部其他零部件的损坏。因为动力传动系统几乎能够复原到其原始位置，所以，二次损坏有时不会立刻引起注意。检查发动机支座是否损坏，带轮和传动带是否对正，软管和接头连接是否松动。

在检查发动机罩下的情况之后，举升车辆并用支架支承车辆。然后依次检查转向系统零部件和悬架系统零部件是否弯曲，制动软管是否弯折，制动管、燃料管以及接头是否泄漏。检查发动机、变速器、差速器、齿轮齿条转向器或转向齿轮箱以及悬架滑柱是否泄漏。将转向轮从一端转到另一端并检查是否存在卡阻和噪声。转动车轮以检查它们是否偏摆、切口、划伤和撞伤。放下车辆使轮胎落地，并调整转向盘，使车轮摆正。测量车辆前轮毂到后轮毂的距离。左侧和右侧测量值应完全相同。如果不等，则转向或悬架零部件已损坏。

（四）区域四（客舱区）的检验与测量

客舱损坏可能是碰撞造成的直接结果，如侧面碰撞。内饰和配件的损坏则可能是由车厢

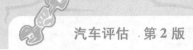

内的乘员或物体造成的。

从碰撞接触点开始检查。如果碰撞造成围板或车门柱损坏，这些损坏可能波及仪表板、收音机、电子控制模块、安全气囊等。检查在区域三检验中未检查的零部件状况。

检查转向盘是否损坏。检查其固定硬件、倾斜和伸缩特性。检查喇叭、前照灯、转向信号开关、点火开关和转向盘锁。将车轮指向正前方并保证转向盘处于正中的位置。如果转向盘是吸能型的，应确定它没有被压溃。

检查各个把手、操纵杆、风窗玻璃和内饰，打开再关上并锁上门锁，检查它是否被撞歪。检查制动踏板是否弯曲、卡滞或绵软无力。移开地毯并检查底板和底壳上的铆钉是否松动、焊缝是否开裂。

检查座椅是否损坏。在从前向后的碰撞中，乘员身体因被安全带约束在座椅上可能造成对座椅调节器和安装硬件的损坏。在后部碰撞中，座椅铰链点可能被损坏。检查座椅调节器的整个行程，以确定它的完好。

检查车门是否损坏。扶手、内饰板和门内板可能因乘员动量损坏。如果碰撞发生在侧面，则门锁和窗户调节器可能已损坏。在前部正面碰撞中，车窗玻璃可能完全损坏并脱落，这时应检查是否存在卡滞和噪声现象。摇低车窗并确定车窗与车门平行。确定所有的配件，如电子门锁和防盗系统、车窗控制器、中央控制门锁和后视镜控制器的工作是否正常。

检查乘员约束系统。如果汽车装备了被动约束系统，则应确定安全带收紧和释放是否完全自如，有无黏滞或滞后现象。检查座椅安全带锁紧装置是否安全可靠。确定主动系统中的腰带和肩带是否容易扣紧和解开，确定卷收器、D形环和卡环是否损坏。有些座椅安全带有拉紧感应标签，如果在碰撞中使用了安全带而且安全带上的张紧力超过设计界限，标签就会破裂。标签破裂的安全带必须予以替换。

（五）区域五（外饰和漆面区）的检验与测量

在彻底检查车身、机件、内饰和配件之后，再环绕汽车转一圈并列出装饰件车顶盖材料、漆面、轮罩、示宽灯和车身其他配件的损坏。

接通车灯并检查前照灯、尾灯、转向信号指示灯和闪光灯。碰撞造成的振动经常会导致灯丝损坏，尤其当碰撞发生在车灯亮着时。

如果漏检了区域一或区域二的减振器，则现在应该检查它们。检查装饰板和防尘罩是否开裂、碰撞吸能器是否遭受碰撞或泄漏，以及橡胶缓冲垫是否损坏。

仔细地检视漆面情况。记下哪一块车身面板需要进行表面修整并列出修整的措施。面板轻度损坏可能仅仅需要涂装修复，有些车辆可能需要修复一块或更多的面板。不管哪一种情况，都要花费时间进行调漆，使新的漆与车身上未损坏部分的颜色一致。严重损坏或油漆老化的车辆可能需要全部重新涂装。

五、汽车修理工时费的确定

对碰撞事故车辆的修理，工作量比较大的是车身壳体外饰钣金件的修复整形和涂装，其次是结构件的矫正，最后是零部件的修理。这一系列的工作量通常包括钣金修复工时，换件工时，拆检工时，涂装工时四大部分，计算工时是以工时定额作为标准来计量的，所谓定额就是人们根据各种不同的需要，对某一事物规定的数量标准。对于汽车维修工作，定额是指在一定的作业条件下，利用科学的方法制定出来的，完成质量合格的单位作业量，所需要消耗的人力、物力、机械台班和资金的数量标准。

（一）修理与更换的原则

损伤零件的修理与更换需要依据一定的标准来加以选择，其中零件更换的标准主要有：

1）修理后不能恢复原有性能。

2）修复后不能达到技术标准。

3）修复后不能恢复原外观。

4）骨架、立柱，轮槽严重变形，修复后会漏液、漏气。

5）覆盖件损坏面积超过50%，恢复难度较大。

6）恢复件费用达到换件的50%以上。

（二）修复工时

矫正和恢复损坏的变形钣金件的作业称为钣金件修复工时。钣金件修复工时主要包括以下作业内容：

1）检查钣金件。

2）制订修理方案和修理工序。

3）大概估计损失情况。

4）刮掉油漆和污渍。

5）车身各部位的尺寸测量。

6）钣金件的打磨、填料、修整。

在确定矫正修复损坏钣金件的工时费和材料费后，就应对修理工时费用和更换损坏钣金件的费用进行比较，如果矫正费用超过新钣金件和工时费的75%，就应更换钣金件，这样经济上合算些，尤其是新款车和高档车，要求更高，矫正修复很难恢复到原来的形状。

（三）换件工时

在符合更换新件原则下应更换新件，换件工时是指把损坏零件或总成拆卸下来，然后将新零件或总成装到车上，并进行适当的调整。在换件工作中要了解哪些修理作业包括在拆卸和更换时间中，哪些不包括在内，应防止将某些工序在各零件的更换过程中被重复计算。

例如，更换围板和纵梁的作业一般包括：

1）所有必需的焊接。

2）拆卸和安装底板缓冲垫和装饰件。

3）拆卸和更换连接件。

更换围板和纵梁作业一般不包括：

1）用车架矫正设备矫正车身或车架各对损坏情况进行测量时间。

2）拆卸和安装所有的螺栓连接零件。

3）车轮定位。

4）拆卸和更换车身板件。

5）漆面修整。

6）进行底漆、隔声材料和进行防腐保护等作业。

7）拆卸相邻钣金件。

8）拉伸和矫正。

9）前照灯校准。

又例如，更换车门的作业工时已包括拆装把手、车门锁、车窗玻璃和其他零部件的时

间，对这些零件的作业工时就不应该单列了。但是，如果是单独拆卸和更换这些零件则应该单独计算工作时间。

（四）拆检工时

有时为了矫正或修理钣金件或零件，需要拆卸与这相邻的或相连的未损坏零件，矫正或修理好后，需要重新将零件装上，这种作业称为拆检。拆检工时还包括零部件或总成的校准和调整。

（五）涂装工时

损坏变形的钣金零件在修理工作完成后，如果是安装在车身表面的，通常会进行涂装处理，所花的工时称为涂装工时。涂装工时费用是企业所采用的涂装工艺流程、涂装设备、涂装工具、油漆耗材和员工涂装技术的综合成本估算，应根据企业自身的经营情况进行合理的定价。

表9-1是大众车型的部分修复、拆检、换件、涂装的工时费用，各种车型由于构造和使用材料的不同，修理的工时费用会略有不同。

表9-1　大众车型常用工时价格表（部分）　　　　　（单位：元）

项　　目	普桑电喷	桑塔纳2000/3000	POLO车	帕萨特1.8T
1. 7500km 维护	100	100	150	150
2. 15000km 维护	120	150	150	200
3. 30000km 维护	150	150	180	200
4. 换滑油、机滤	20	20	30	30
5. 换三芯、滑油	30	30	50	50
6. 换发动机油底壳	100	100	150	300
7. 换机油泵	120	150	300	500
8. 换水泵	120	200	300	500
9. 换发电机	60	80	120	150
10. 换发电机传动带	30	40	200	120
11. 换正时传动带	150	150	300	600
12. 换电子扇（单个）	50	60	150	400
13. 换前杠皮	60	200	260	300
14. 换前风窗玻璃	100	300	400	400
15. 换倒车镜	50	50	80	100
16. 换升降器	60	60	200	300
17. 换组合仪表	80	100	400	500
18. 换中央电路板	150	200	300	400
19. 四轮定位	150	200	240	300
20. 换制动液、ABS放气	200	200	200	300

（续）

项　　目	普桑电喷	桑塔纳 2000/3000	POLO 车	帕萨特 1.8T
21. 换变速器油	50	手 50、自动 200	手 50、自动 200	手 50、自动 200
22. 换短机	1200	1400	1500	1800
23. 换冷凝器	80	150	300	350
24. 换散热器水箱	60	150	300	400
25. 换变速器（手动）	600	800	800	1000
26. 换前照灯调灯光	20	30（2000）、280（3000/POLO）		60
27. 换电子汽油泵	100	100	150	150
28. 发动机罩烤漆	400	500	500	600
29. 前翼子板烤漆	260	300	280	300
30. 前杠皮烤漆	200	360	300	300
31. 车门烤漆	350	350	360	480
32. 车顶烤漆	600	600	500	600
33. 后厢盖烤漆	360	400	400	350
34. 后翼子板烤漆	300	300	300	500
35. 免拆洗发动机油路	240	260	280	280
36. 免拆洗进气道	200	200	240	240
37. 换点火线圈	50	120	100	100
38. 换氧传感器	60	60	60	150
39. 5052 电脑检测	100	150	200	240
40. 1552 电脑检测	100	100	100	150
41. 换前轮轴承	100	100	200	260
42. 换前减振	100	100	150	200
43. 22500km 维护	120	120	150	200
44. 换外球笼	80	80	120	120
45. 换半轴	200	200	200	300
46. 换内球笼	120	120	200	300
47. 换横拉杆	60	80	150	
48. 换转向机	300	400	500	600
49. 换压缩机	80	80	120	200
50. 换储液罐	30	100	300	300
51. 换气门室盖	60	60	80	80
52. 换中缸	1200	1500	1500	2600

案例剖析

例9-1　图9-36是一辆帕萨特1.8T，前部受到严重撞击，试根据此照片，列出车辆受损更换的零部件清单，并写出大致的钣金维修工时、换件工时、拆检工时和涂装工时。

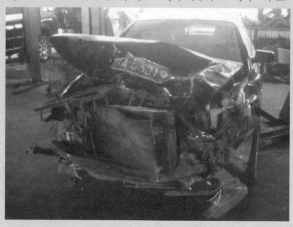

图9-36　前部受撞的帕萨特1.8T

解：

1）根据图9-36所示，车辆前部严重受损，按照帕萨特1.8T车头和发动机舱的设计，需要更换的零件见表9-2。

表9-2　帕萨特1.8T需要更换的零件

1. 发动机罩	8. 散热器水箱	15. 转向助力散热油管
2. 前保险杠皮	9. 冷凝器	16. 前盖锁
3. 前杠支架	10. 前大框	17. 发动机两引擎角
4. 前雾灯（两个）	11. 前照灯支架（两个）	18. 发动机正时传动带
5. 前照灯（两个）	12. 左右转向灯	19. 发动机正时传动带上护罩
6. 左前翼子板	13. 涡轮增压空气冷却器	20. 发动机罩支架
7. 右前翼子板	14. 发动机前支架	21. 冷却液及转向助力器油等辅料

2）钣金维修工时费用为2200元，主要包括：

① 前纵梁校正费用为1200元。

② 两翼子板，前发动机罩，前保险杠拆装调整费用为1000元。

3）换件工时费用为1600元，主要包括：

① 发动机角拆装、正时传动带拆装调整费用为800元。

② 相关电路、散热器水箱、冷凝器安装调试费用为500元。

③ 充加空调制冷剂，转向助力油费用为300元。

4）喷漆工时费用为1400元，主要包括：

① 前发动机罩的费用为500元。

② 两个翼子板的费用为600元。

③ 前保险杠的费用为300元。

以上价格为根据图9-36所示情况做出的初步价格估算，具体内容以实际拆检为准，零件价格亦需要查阅最新的帕萨特1.8T车型零件的市场报价。

思考题

1. 探讨车身前部钣金零部件的构成。

2. 探讨车身侧部钣金零部件的构成。

3. 探讨车身腹部钣金零部件的构成。

4. 探讨车身后部钣金零部件的构成。

5. 回顾发动机舱的机械和电器部件分布。

6. 回顾底盘的机械部件的分布。

7. 探讨车辆不同区域碰撞所涉及的钣金、机械和电器部件名称。

8. 总结车辆碰撞损失的检验过程和检验内容。

9. 总结车辆碰撞损失工时费用的构成。

10. 结合事故车图片，利用附录中的工时标准和网络零件报价，估算维修费用。

附　　录

附录 A　二手车流通管理办法

商务部、公安部、国家工商行政管理总局、国家税务总局 2005 年第 2 号令

第一章　总　　则

第一条　为加强二手车流通管理，规范二手车经营行为，保障二手车交易双方的合法权益，促进二手车流通健康发展，依据国家有关法律、行政法规，制定本办法。

第二条　在中华人民共和国境内从事二手车经营活动或者与二手车相关的活动，适用本办法。

本办法所称二手车，是指从办理完注册登记手续到达到国家强制报废标准之前进行交易并转移所有权的汽车（包括三轮汽车、低速载货汽车，即原农用运输车，下同）、挂车和摩托车。

第三条　二手车交易市场是指依法设立、为买卖双方提供旧机动车集中交易和相关服务的场所。

第四条　二手车经营主体是指经工商行政管理部门依法登记，从事旧机动车经销、拍卖、经纪、鉴定评估的企业。

第五条　二手车经营行为是指二手车经销、拍卖、经纪、鉴定评估等。

（一）二手车经销是指二手车经销企业收购、销售旧机动车的经营活动；

（二）二手车拍卖是指二手车拍卖企业以公开竞价的形式将旧机动车转让给最高应价者的经营活动；

（三）二手车经纪是指二手车经纪机构以收取佣金为目的，为促成他人交易旧机动车而从事居间、行纪或者代理等经营活动；

（四）二手车鉴定评估是指二手车鉴定评估机构对二手车技术状况及其价值进行鉴定评估的经营活动。

第六条　二手车直接交易是指二手车所有人不通过经销企业、拍卖企业和经纪机构将车辆直接出售给买方的交易行为。旧机动车直接交易应当在二手车交易市场进行。

第七条　国务院商务主管部门、工商行政管理部门、税务部门在各自的职责范围内负责二手车流通有关监督管理工作。

省、自治区、直辖市和计划单列市商务主管部门（以下简称省级商务主管部门）、工商行政管理部门、税务部门在各自的职责范围内负责辖区内二手车流通有关监督管理工作。

第二章　设立条件和程序

第八条　二手车交易市场经营者、二手车经销企业和经纪机构应当具备企业法人条件，

并依法到工商行政管理部门办理登记。

第九条　二手车鉴定评估机构应当具备下列条件：

（一）是独立的中介机构；

（二）有固定的经营场所和从事经营活动的必要设施；

（三）有3名以上从事二手车鉴定评估业务的专业人员（包括本办法实施之前取得国家职业资格证书的旧机动车鉴定估价师）；

（四）有规范的规章制度。

第十条　设立二手车鉴定评估机构，应当按下列程序办理：

（一）申请人向拟设立二手车鉴定评估机构所在地省级商务主管部门提出书面申请，并提交符合本办法第九条规定的相关材料；

（二）省级商务主管部门自收到全部申请材料之日起20个工作日内做出是否予以核准的决定，对予以核准的，颁发《二手车鉴定评估机构核准证书》；不予核准的，应当说明理由；

（三）申请人持《二手车鉴定评估机构核准证书》到工商行政管理部门办理登记手续。

第十一条　外商投资设立二手车交易市场、经销企业、经纪机构、鉴定评估机构的申请人，应当分别持符合第八条、第九条规定和《外商投资商业领域管理办法》、有关外商投资法律规定的相关材料报省级商务主管部门。省级商务主管部门进行初审后，自收到全部申请材料之日起1个月内上报国务院商务主管部门。合资中方有国家计划单列企业集团的，可直接将申请材料报送国务院商务主管部门。国务院商务主管部门自收到全部申请材料3个月内会同国务院工商行政管理部门，做出是否予以批准的决定，对予以批准的，颁发或者换发《外商投资企业批准证书》；不予批准的，应当说明理由。

申请人持《外商投资企业批准证书》到工商行政管理部门办理登记手续。

第十二条　设立二手车拍卖企业（含外商投资二手车拍卖企业）应当符合《中华人民共和国拍卖法》和《拍卖管理办法》有关规定，并按《拍卖管理办法》规定的程序办理。

第十三条　外资并购二手车交易市场和经营主体及已设立的外商投资企业增加二手车经营范围的，应当按第十一条、第十二条规定的程序办理。

第三章　行　为　规　范

第十四条　二手车交易市场经营者和二手车经营主体应当依法经营和纳税，遵守商业道德，接受依法实施的监督检查。

第十五条　二手车卖方应当拥有车辆的所有权或者处置权。二手车交易市场经营者和二手车经营主体应当确认卖方的身份证明，车辆的号牌、《机动车登记证书》、《机动车行驶证》，有效的机动车安全技术检验合格标志、车辆保险单、交纳税费凭证等。

国家机关、国有企事业单位在出售、委托拍卖车辆时，应持有本单位或者上级单位出具的资产处理证明。

第十六条　出售、拍卖无所有权或者处置权车辆的，应承担相应的法律责任。

第十七条　二手车卖方应当向买方提供车辆的使用、修理、事故、检验以及是否办理抵押登记、交纳税费、报废期等真实情况和信息。买方购买的车辆如因卖方隐瞒和欺诈不能办理转移登记，卖方应当无条件接受退车，并退还购车款等费用。

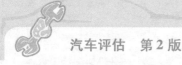

第十八条　二手车经销企业销售二手车时应当向买方提供质量保证及售后服务承诺，并在经营场所予以明示。

第十九条　进行二手车交易应当签订合同。合同示范文本由国务院工商行政管理部门制定。

第二十条　二手车所有人委托他人办理车辆出售的，应当与受托人签订委托书。

第二十一条　委托二手车经纪机构购买二手车时，双方应当按以下要求进行：

（一）委托人向二手车经纪机构提供合法身份证明；

（二）二手车经纪机构依据委托人要求选择车辆，并及时向其通报市场信息；

（三）二手车经纪机构接受委托购买时，双方签订合同；

（四）二手车经纪机构根据委托人要求代为办理车辆鉴定评估，鉴定评估所发生的费用由委托人承担。

第二十二条　二手车交易完成后，卖方应当及时向买方交付车辆、号牌及车辆法定证明、凭证。车辆法定证明、凭证主要包括：

（一）《机动车登记证书》；

（二）《机动车行驶证》；

（三）有效的机动车安全技术检验合格标志；

（四）车辆购置税完税证明；

（五）养路费缴付凭证；

（六）车船使用税缴付凭证；

（七）车辆保险单。

第二十三条　下列车辆禁止经销、买卖、拍卖和经纪：

（一）已报废或者达到国家强制报废标准的车辆；

（二）在抵押期间或者未经海关批准交易的海关监管车辆；

（三）在人民法院、人民检察院、行政执法部门依法查封、扣押期间的车辆；

（四）通过盗窃、抢劫、诈骗等违法犯罪手段获得的车辆；

（五）发动机号码、车辆识别代号或者车架号码与登记号码不相符，或者有凿改迹象的车辆；

（六）走私、非法拼（组）装的车辆；

（七）不具有第二十二条所列证明、凭证的车辆；

（八）在本行政辖区以外的公安机关交通管理部门注册登记的车辆；

（九）国家法律、行政法规禁止经营的车辆。

二手车交易市场经营者和二手车经营主体发现车辆具有（四）、（五）、（六）情形之一的，应当及时报告公安机关、工商行政管理部门等执法机关。

对交易违法车辆的，二手车交易市场经营者和二手车经营主体应当承担连带赔偿责任和其他相应的法律责任。

第二十四条　二手车经销企业销售、拍卖企业拍卖二手车时，应当按规定向买方开具税务机关监制的统一发票。

进行二手车直接交易和通过二手车经纪机构进行二手车交易的，应当由二手车交易市场经营者按规定向买方开具税务机关监制的统一发票。

第二十五条　二手车交易完成后，现车辆所有人应当凭税务机关监制的统一发票，按法律、法规有关规定办理转移登记手续。

第二十六条　二手车交易市场经营者应当为二手车经营主体提供固定场所和设施，并为客户提供办理二手车鉴定评估、转移登记、保险、纳税等手续的条件。二手车经销企业、经纪机构应当根据客户要求，代办二手车鉴定评估、转移登记、保险、纳税等手续。

第二十七条　二手车鉴定评估应当本着买卖双方自愿的原则，不得强制进行；属国有资产的二手车应当按国家有关规定进行鉴定评估。

第二十八条　二手车鉴定评估机构应当遵循客观、真实、公正和公开原则，依据国家法律法规开展二手车鉴定评估业务，出具车辆鉴定评估报告；并对鉴定评估报告中车辆技术状况，包括是否属事故车辆等评估内容负法律责任。

第二十九条　二手车鉴定评估机构和人员可以按国家有关规定从事涉案、事故车辆鉴定等评估业务。

第三十条　二手车交易市场经营者和二手车经营主体应当建立完整的二手车交易购销、买卖、拍卖、经纪以及鉴定评估档案。

第三十一条　设立二手车交易市场、旧机动车经销企业开设店铺，应当符合所在地城市发展及城市商业发展有关规定。

第四章　监督与管理

第三十二条　二手车流通监督管理遵循破除垄断，鼓励竞争，促进发展和公平、公正、公开的原则。

第三十三条　建立二手车交易市场经营者和二手车经营主体备案制度。凡经工商行政管理部门依法登记，取得营业执照的二手车交易市场经营者和二手车经营主体，应当自取得营业执照之日起2个月内向省级商务主管部门备案。省级商务主管部门应当将二手车交易市场经营者和二手车经营主体有关备案情况定期报送国务院商务主管部门。

第三十四条　建立和完善二手车流通信息报送、公布制度。二手车交易市场经营者和二手车经营主体应当定期将二手车交易量、交易额等信息通过所在地商务主管部门报送省级商务主管部门。省级商务主管部门将上述信息汇总后报送国务院商务主管部门。国务院商务主管部门定期向社会公布全国二手车流通信息。

第三十五条　商务主管部门、工商行政管理部门应当在各自的职责范围内采取有效措施，加强对二手车交易市场经营者和经营主体的监督管理，依法查处违法违规行为，维护市场秩序，保护消费者的合法权益。

第三十六条　国务院工商行政管理部门会同商务主管部门建立二手车交易市场经营者和二手车经营主体信用档案，定期公布违规企业名单。

第五章　附　则

第三十七条　本办法自2005年10月1日起施行，原《商务部办公厅关于规范旧机动车鉴定评估管理工作的通知》（商建字〔2004〕第70号）、《关于加强旧机动车市场管理工作的通知》（国经贸贸易〔2001〕1281号）、《旧机动车交易管理办法》（内贸机字〔1998〕第33号）及据此发布的各类文件同时废止。

附录 B 二手车鉴定评估技术规范（GB/T 30323—2013）相关示范文本

一、二手车鉴定评估作业表（示范文本）

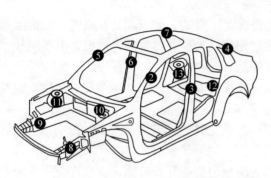

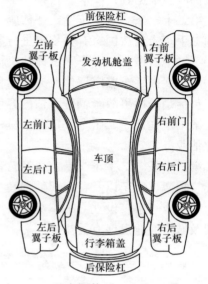

2—左A柱　　6—右B柱　　10—左减振器悬挂部位
3—左B柱　　7—右C柱　　11—右减振器悬挂部位
4—左C柱　　8—左纵梁　　12—左后减振器悬挂部位
5—右A柱　　9—右纵梁　　13—右后减振器悬挂部位

鉴定评估日　　年　月　日

厂牌型号		行驶	仪表		km
牌照号码		里程	推定		km
VIN		车身颜色			
发动机号		车主姓名/名称			
法人代码/		首次登记日期		使用性质	
身份证代码		年　月　日			
年检证明	□有（至___年___月）□无	车船税证明	□有（至___年___月）□无		
交强险	□有（至___年___月）□无	购置税证书		□有　□无	
其他法定凭证、证		□号牌　□行驶证　□登记证书　□保险单　□其他			
是否为事故车	□是　□否	损伤位置及损伤情况			
车辆主要技术缺陷及描述					
总得分					
技术等级					
估计方法					
参考价值					
评估师（签章）					
评估师证号					
审核人（签章）					

二手车鉴定评估结论

评估单位名称（盖章）

车体骨架检查项目				驾驶舱检查			扣分
1	车体左右对称性			储物盒是否无裂痕，配件是否无缺失	是	否	
2	左A柱	8	左前纵梁	天窗是否移动灵活、关闭正常	是	否	
3	左B柱	9	右前纵梁	门窗密封条是否良好、无老化	是	否	
4	左C柱	10	左前减振器悬挂部位	安全带结构是否完整、功能是否正常	是	否	
5	右A柱	11	右前减振器悬挂部位	驻车制动系统是否灵活有效	是	否	
6	右B柱	12	左后减振器悬挂部位	玻璃窗升降器、门窗工作是否正常	是	否	
7	右C柱	13	右后减振器悬挂部位	左、右后视镜折叠装置工作是否正常	是	否	

代表字母	BX	NQ	GH	SH	ZZ	其他
描述	变形	扭曲	更换	烧焊	褶皱	合计扣分

缺陷描述	起动检查			扣分
事故判定　□事故车　□正常车	车辆起动是否顺畅（时间少于5s，或一次起动）	是	否	

代码	车身检查	扣分	缺陷描述	起动/路试/底盘 检查	是	否
				仪表板指示灯显示是否正常，无故障报警	是	否
14	发动机舱盖表面		划痕　HH	各类灯光和调节功能是否正常	是	否
15	左前翼子板		变形　BX	泊车辅助系统工作是否正常	是	否
16	左后翼子板		锈蚀　XS	防抱死制动系统（ABS）工作是否正常	是	否
17	右前翼子板		裂纹　LW	空调系统风量、方向调节、分区控制、自动控制、制冷工作是否正常	是	否
18	右后翼子板		凹陷　AX			
19	左前车门		修复痕迹　XF	发动机在冷、热车条件下怠速运转是否稳定	是	否
20	右前车门		缺陷程度	怠速运转时发动机是否无异响，空档状态下逐渐增加发动机转速，发动机声音过渡是否无异响	是	否
21	左后车门					
22	右后车门		1—面积≤(100×100)mm²；			
23	行李箱盖		2—(100×100)mm²＜面积≤(200×300)mm²；	车辆排气是否无异常	是	否
24	行李箱内则			驻车制动系统结构是否完整	是	否
25	车顶		3—面积＞(200×300)mm²；	其他		
26	前保险杠		4—轮胎花纹深度＜1.6mm	合计扣分		
27	后保险杠			路试检查		扣分
28	左前轮		缺陷描述	发动机运转、加速是否正常	是	否
29	左后轮			车辆起动前踩下制动踏板，保持5~10s，踏板有向下移动的现象	是	否
30	右前轮			踩住制动踏板起动发动机，踏板是否向下移动	是	否
31	右后轮			行车制动系最大制动效能在踏板全行程的4/5以内达到	是	否
32	前大灯			行驶是否无跑偏	是	否
33	后尾灯			制动系统工作是否正常有效、制动不跑偏	是	否
34	前风窗玻璃			变速器工作是否正常、无异响	是	否
35	后风窗玻璃			行驶过程中车辆底盘部位是否无异响	是	否
36	四门风窗玻璃			行驶过程中车辆转向部位是否无异响	是	否
37	左后视镜			其他		
38	右后视镜			合计扣分		
39	轮胎			底盘检查		扣分
其他项目				发动机油底壳是否无渗漏	是	否
合计扣分						

发动机舱检查	程度	扣分	底盘检查	是	否	扣分
机油有无冷却液混入	无　轻微　严重		变速器体是否无渗漏	是	否	
缸盖外是否有机油渗漏	无　轻微　严重		转向节臂球销是否无松动	是	否	
前翼子板内缘、散热器框架、横拉梁有无凹凸或修复痕迹	无　轻微　严重		三角臂球销是否无松动	是	否	
散热器格栅有无破损	无　轻微　严重		传动轴十字轴是否无松旷	是	否	
			减振器是否无渗漏	是	否	

（续）

发动机舱检查	程度			扣分	发动机油底壳是否无渗漏			是	否
蓄电池电极桩柱有无腐蚀	无	轻微	严重		减振弹簧是否无损坏			是	否
蓄电池电解液有无渗漏、缺少	无	轻微	严重		其他				
发动机传动带有无老化	无	轻微	严重		合计扣分				
油管、水管有无老化、裂痕	无	轻微	严重		车辆功能性零部件列表				
线束有无老化、破损	无	轻微	严重		发动机舱盖锁止			仪表板出风管道	
其他					发动机舱盖液压撑杆			中央集控	
合计扣分					后门液压支撑杆			备胎	
驾驶舱检查				扣分	行李箱液压支撑杆			千斤顶	
车内是否无水泡痕迹		是	否		各车门锁止			轮胎扳手及随车工具	
车内后视镜、座椅是否完整、无破损、功能正常		是	否		前刮水器			三角警示牌	
车内是否整洁、无异味		是	否		后刮水器			灭火器	
转向盘自由行程转角是否小于15°		是	否		立柱密封胶条			全套钥匙	
车顶及周边内饰是否无破损、松动及裂缝和污迹		是	否		排气管及消声器			遥控器及功能	
					车轮轮毂			喇叭高低音色	
仪表台是否无划痕，配件是否无缺失		是	否		车内后视镜			玻璃加热功能	
变速杆及护罩是否完好、无破损		是	否		座椅调节及加热				

二、二手车技术状况表（示范文本）

	厂牌型号				牌照号码		
	发动机号				VIN		
	初次登记日期		年 月 日		表征里程		万千米
	品牌名称		□国产 □进口		车身颜色		
	年检证明		□有（至___年___月）□无		购置税证书		□有 □无
车辆基本信息	车船税证明		□有（至___年___月）□无		交强险		□有（至___年___月）□无
	使用性质		□营运用车 □出租车 □公务用车 □家庭用车 □其他				
	其他法定凭证、证明		□机动车号牌 □机动车行驶证 □机动车登记证书 □第三者强制保险单 □其他				
	车主名称/姓名				企业法人证书代码/身份证号码		
	燃料标号		排量		缸数		
重要配置	发动机功率		排放标准		变速器形式		
	气囊		驱动方式		ABS		□有 □无
	其他重要配置						
是否为事故车	□是 □否		损伤位置及损伤状况				
鉴定结果	分值				技术状况等级		
	鉴定科目		鉴定结果（得分）		缺陷描述		
	车身检查						
车辆技术状况鉴定缺陷描述	发动机检查						
	车内检查						
	起动检查						
	路试检查						
	底盘检查						

二手车鉴定评估师：_____

鉴定单位：(盖章)_____

鉴定日期：_____年_____月_____日

声明：

本二手车技术状况表所体现的鉴定结果仅为鉴定日期当日被鉴定车辆的技术状况表现与描述，若在当日内被鉴定车辆的市场价值或因交通事故等原因导致车辆的价值发生变化，对车辆鉴定结果产生明显影响时，本技术状况鉴定说明书不作为参考依据。

说明：

本二手车技术状况表由二手车经销企业、拍卖企业、经纪企业使用，作为二手车交易合同的附件。车辆展卖期间，放置在驾驶室前风窗玻璃左下方，供消费者参阅。

三、二手车鉴定评估委托书（示范文本）

委托书编号：_____

委托方名称（姓名）：　　　　　　　　法人代码证（身份证）号：
鉴定评估机构名称：　　　　　　　　　法人代码证：
委托方地址：　　　　　　　　　　　　鉴定评估机构地址：
联系人：　　　　　　　　　　　　　　电话：

因 □交易 □典当 □拍卖 □置换 □抵押 □担保 □咨询 □司法裁决需要，委托人与受托人达成委托关系，号牌号码为_____，车辆类型为_____，车架号（VIN）为_____的车辆进行技术状况鉴定并出具评估报告书，_____年_____月_____日前完成。

委托评估车辆基本信息：

				使用用途	营运 □ 非营运 □
车辆 情况	厂牌型号				
	总质量/座位/排量			燃料种类	
	初次登记日期	年 月 日		车身颜色	
	已使用年限	年 个月	累计行驶里程（万千米）		
	大修次数	发动机（次）		整车（次）	
	维修情况				
	事故情况				
价值反映	购置日期	年 月 日	原始价格（元）		

备注：

_____

委托方：（签字、盖章）　　　　　　　　受托方：（签字、盖章）
　　　　　　　　　　　　　　　　　　　　（二手车鉴定评估机构盖章）
　　　年　　月　　日　　　　　　　　　　　　　年　　月　　日

1. 委托方保证所提供的资料客观真实，并负法律责任。
2. 仅对车辆进行鉴定评估。
3. 评估依据：《机动车运行安全技术条件》《二手车鉴定评估技术规范》等。
4. 评估结论仅对本次委托有效，不做他用。
5. 鉴定评估人员与有关当事人没有利害关系。
6. 委托方如对评估结论有异议，可于收到《二手车鉴定评估报告》之日起10日内向受托方提出，受托方应给予解释。

四、二手车鉴定评估报告（示范文本）

×××鉴定评估机构评报字（20　年）第××号

一、绪言

_____（鉴定评估机构）接受_____的委托，根据国家有关评估及《二手车流通管理办法》和《二手车鉴定评估技术规范》的规定，本着客观、独立、公正、科学的原则，按照公认的评估方法，对牌号为_____的车辆进行了鉴定。本机构鉴定评估人员按照必要的程序，对委托鉴定评估的车辆进行了实地查勘与市场调查，并对其在_____年_____月_____日所表现的市场价值做出了公允反映。现将该车辆鉴定评估结果报告如下：

二、委托方信息

委托方：_____　　委托方联系人：_____

联系电话：_____　　车主姓名/名称：（填写机动车登记证书所示的名称）

三、鉴定评估基准日 _____年_____月_____日

四、鉴定评估车辆信息

厂牌型号：_____　　牌照号码：_____

发动机号：_____　　车辆VIN：_____

车身颜色：_____　表征里程：_____　初次登记日期：_____

年审检验合格至：____年____月　交强险截止日期：____年____月

车船税截止日期：____年____月

是否查封、抵押车辆：□是 □否　车辆购置税（费）证：　□有 □无

机动车登记证书：　□有 □无　机动车行驶证：　　□有 □无

未接受处理的交通违法记录：□有 □无

使用性质：□公务用车　□家庭用车　□营运用车　□出租车　□其他：_____

五、技术鉴定结果

技术状况缺陷描述：_____

_____

重要配置及参数信息：_____

技术状况鉴定等级：_____　等级描述：_____

六、价值评估

价值估算方法：□现行市价法□重置成本法□其他_____

价值估算结果：车辆鉴定评估价值为人民币_____元，金额大写：_____

七、特别事项说明[1]

八、鉴定评估报告法律效力

本鉴定评估结果可以作为作价参考依据。本项鉴定评估结论有效期为90天，自鉴定评估基准日至　　年　　月　　日止；

九、声明：

（1）本鉴定评估机构对该鉴定评估报告承担法律责任。

（2）本报告所提供的车辆评估价值为评估基准日的价值。

（3）该鉴定评估报告的使用权归委托方所有，其鉴定评估结论仅供委托方为本项目鉴定评估目的使用和送交二手车鉴定评估主管机关审查使用，不适用于其他目的，否则本鉴定评估机构不承担相应法律责任；因使用本报告不当而产生的任何后果与签署本报告书的鉴定评估人员无关。

（4）本鉴定评估机构承诺，未经委托方许可，不将本报告的内容向他人提供或公开，否则本鉴定评估机构将承担相应法律责任。

附件：

一、二手车鉴定评估委托书

二、二手车技术状况鉴定作业表

三、车辆行驶证、机动车登记证书证复印件

四、被鉴定评估二手车照片（要求外观清晰，车辆牌照能够辨认）

二手车鉴定评估师（签字、盖章）　　　　　　复核人[2]（签字、盖章）

年　　月　　日　　　　　　　　　　（二手车鉴定评估机构盖章）

　　　　　　　　　　　　　　　　　　　年　　月　　日

[1] 特别事项是指在已确定鉴定评估结果的前提下，鉴定评估人员认为需要说明在鉴定过程中已发现可能影响鉴定评估结论，但非鉴定评估人员执业水平和能力所能鉴定评定估算的有关事项以及其他问题。

[2] 复核人是指具有高级二手车鉴定评估师资格的人员。

备注：1. 本报告书和作业表一式三份，委托方二份，受托方一份。

　　　2. 鉴定评估基准日即为《二手车鉴定评估委托书》签订的日期。

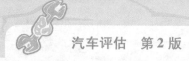

附录 C 商务部公告 2006 年第 22 号
《二手车交易规范》相关范文

【发布单位】商务部

【发布文号】商务部公告 2006 年第 22 号

【发布日期】2006 – 03 – 24

一、车辆信息表

质量保证类别							
车 牌 号							
经销企业名称							
营业执照号码			地 址				
车辆基本信息	车辆价格	¥ 元	品牌型号			车身颜色	
	初次登记	年 月 日	行驶里程	千米	燃 料		
	发动机号		车架号码		生产厂家		
	出厂日期	年 月	年检到期	年 月	排放等级		
	结构特点	□自动档 □手动档 □ABS □其他					
	使用性质	□营运 □出租车 □非营运 □营转非 □出租营转非 □教练车 □其他_____					
	交通事故记录 次数/类别/程度						
	重大维修记录 时间/部件						
法定证明、凭证	□号牌 □行驶证 □登记证 □年检证明 □车辆购置税完税证明 □养路费 缴付证明 □车船使用税完税证明 □保险单 □其他						
车辆技术状况							
质量保证							
声 明	本车辆符合《二手车流通管理办法》有关规定，属合法车辆。						
买方（签章）		经销企业（签章） 经办人（签章） 年 月 日					
备 注	1. 本表由经销企业负责填写。 2. 本表一式三份，一份用于车辆展示，其余作为销售合同附件。						

填 表 说 明

1. 质量保证类别。车辆使用年限在 3 年以内或行驶里程在 6 万 km 以内（以先到者为准，营运车除外），填写"本车属于质量保证车辆"。

如果超出质量保证范围，则在质量保证类别栏中填写"本车不属于质量保证车辆"，质量保证栏填写"本公司无质量担保责任"。

2. 经销企业名称、营业执照号码及地址应按照企业营业执照所登记的内容填写。

3. 车辆基本信息按车辆登记证书所载信息填写。

（1）行驶里程按实际行驶里程填写。如果更换过仪表，应注明更换之前行驶里程；如果不能确定实际行驶里程，则应予以注明。

（2）年检到期日以车辆最近一次年检证明所列日期为准。

（3）车辆价格按二手车经销企业拟卖出价格填写，可以不是最终销售价。

（4）其他信息根据车辆具体情况，符合项在□中画√。

（5）使用性质按表中所列分类，符合项在□中画√。

（6）交通事故记录次数/类别/程度，应根据可查记录或原车主的描述以及在对车辆进行技术状况检测过程中发现的，对车辆有重大损害的交通事故次数、类别及程度填写。未发生过重大交通事故填写"无"。

（7）重大维修记录应根据可查记录或原车主的描述以及在车辆检测过程中发现的更换或维修车辆重要部件部分（比如发动机大中修等）填写有关内容。车辆未经过大中修填写"无"。

4. 法定证明、凭证等按表中所列项目，符合项在□中画√。

5. 车辆技术状况是指车辆在展示前，二手车经销企业对车辆技术状况及排放状况进行检测，检测项目及检测方式根据企业具体情况实施，并将检测结果在表中填写。同时，检验员应在表中相应位置签字。

6. 属于质量担保车辆的，经销企业根据交易车辆的实际情况，填写质量保证部件、里程和时间。一般情况下，质量保证可按以下内容填写：

（1）质量保证范围为：从车辆售出之日起 3 个月或行驶 5000 千米，以先到为准。

（2）本公司在车辆销售之前或之后质量保证期内，保证车辆安全技术性能。

（3）质量保证不包括：轮胎、蓄电池、内饰和车身油漆，也不包括因车辆碰撞、车辆用于赛车或拉力赛等非正常使用造成的质量问题。

经销企业也可根据实际情况适当延长质量保证期限，放宽对使用年限和行驶里程的限制。

7. 当车辆实现销售时，由经销企业及其经办人和买方分别在签章栏中签章。

二、拍卖车辆信息

拍卖企业名称					
营业执照号码		地　　址			
拍卖时间	年 月 日	拍卖地点			

<table>
<tr><td rowspan="13">车辆基本信息</td><td>车 牌 号</td><td colspan="2"></td><td>厂牌型号</td><td></td><td>车身颜色</td></tr>
<tr><td>初次登记日期</td><td colspan="2">年 月 日</td><td>行驶里程</td><td>千米</td><td>燃　料</td></tr>
<tr><td>发动机号</td><td colspan="2"></td><td>车架号</td><td colspan="2"></td></tr>
<tr><td>出厂日期</td><td colspan="2">年 月</td><td>发动机排量</td><td colspan="2"></td></tr>
<tr><td>年检到期日</td><td colspan="2">年 月</td><td>生产厂家</td><td colspan="2"></td></tr>
<tr><td>结构特点</td><td colspan="5">□自动档　　□手动档　　□ABS　　□其他_____</td></tr>
<tr><td>使用性质</td><td colspan="5">□营运　□出租车　□非营运　□营转非　□出租营转非　□教练车　□其他_____</td></tr>
<tr><td>交通事故记录
次数/类别/程度</td><td colspan="5"></td></tr>
<tr><td>重大维修记录</td><td colspan="5"></td></tr>
<tr><td>其他提示</td><td colspan="5"></td></tr>
</table>

法定证明、凭证等	□号牌　　□行驶证　　□登记证　　□年检证明　　□车辆购置税完税证明　　□养路费缴付证明　　□车船使用税完税证明　　□保险单　　□其他

车辆技术状况	检测日期		检测人	

质量保证	

声明	本车辆符合《二手车流通管理办法》有关规定，属合法车辆。

其他载明事项	

拍卖人（签章）：

备注	1. 本表由拍卖人填写。 2. 本表一式三份，一份用于车辆展示，其余作为拍卖成交确认书附件。

填 表 说 明

1. 拍卖企业名称、营业执照号码及地址应按照企业营业执照所登记的内容填写。

2. 拍卖时间、地点填写拍卖会举办的时间和地点。

3. 车辆基本信息按车辆登记证书所载信息填写。

（1）行驶里程按实际行驶里程填写。如果更换过仪表，应注明更换之前行驶里程；如果不能确定实际行驶里程，则应予以注明。

（2）年检到期日以车辆最近一次年检证明所列日期为准。

（3）其他信息根据车辆具体情况，符合项在□中划√。

（4）使用性质按表中所列分类，符合项在□中划√。

（5）交通事故记录次数/类别/程度，应根据可查记录或委托方的描述以及在对车辆进行技术状况检测过程中发现的，对车辆有重大损害的交通事故次数、类别及程度填写。确定未发生过重大交通事故填写"无"。

（6）重大维修记录应根据可查记录或委托方的描述以及在车辆检测过程中发现的更换或维修车辆重要部件部分（比如发动机大中修等）填写有关内容。确定未经过大中修填写"无"。

（7）拍卖企业应在其他提示栏中指出车辆存在的质量缺陷、未排除的故障等方面的瑕疵。

4. 法定证明、凭证等按表中所列项目，符合项在□中划√。

5. 车辆技术状况是指车辆在展示前，拍卖企业对车辆技术状况及排放状况进行检测，检测项目及检测方式根据企业具体情况实施，并将检测结果在表中填写。同时，检验员应在表中相应位置签字。

6. 有能力的拍卖企业可为拍卖车辆提供质量保证，质量担保范围可参照经销企业的《车辆信息表》有关要求。质量保证部件、里程和时间可根据实际情况由企业自行掌握。

7. 其他载明事项是拍卖企业需要对车辆进行特殊说明的事项。

8. 当车辆拍卖成交时，拍卖人在签章栏中签章。

三、二手车拍卖成交确认书

拍卖人：

买受人：

签订地点：

签订时间：

经审核本拍卖标的手续齐全，符合国家有关规定，属于合法车辆。

拍卖人于＿＿＿年＿月＿日在＿＿＿＿＿＿＿＿举行拍卖会上，竞标号码为＿＿＿＿＿＿的竞买人＿＿＿＿＿＿＿＿＿＿，经过公开竞价，成功竞得＿＿＿＿＿＿＿＿＿＿。拍卖标的物的详情见附件《拍卖车辆信息》。依照《二手车流通管理办法》、《中华人民共和国拍卖法》及有关法律、行政法规之规定，双方签订拍卖成交确认书如下：

一、成交拍卖标的：拍卖编号为＿＿＿＿＿＿＿＿的二手机动车，车牌号码为＿＿＿＿＿＿＿＿＿＿。

二、成交价款及佣金：标的成交价款为人民币大写＿＿＿＿＿＿＿＿元（￥＿＿＿＿＿＿＿＿），佣金比例为成交总额的＿＿＿＿＿%，佣金为人民币大写＿＿＿＿＿＿＿＿元（￥＿＿＿＿＿＿＿＿），合计大写＿＿＿＿＿＿＿＿元（￥＿＿＿＿＿＿＿＿）。

三、付款方式：拍卖标的已经拍定，其买受人在付足全款后方可领取该车。

四、交接：拍卖人在买受人付足全款后，应将拍出的车辆移交给买受人，并向买受人提供车辆转移登记所需的号牌、《机动车登记证书》《机动车行驶证》有效的机动车安全技术检验合格标志、车辆购置税完税证明、养路费缴付凭证、车船使用税缴付凭证、车辆保险单等法定证明、凭证。

　　五、转移登记：买受人应自领取车辆及法定证明、凭证之日起 30 日内，向公安机关交通管理部门申办转移登记手续。

　　六、质量保证：_____。

　　七、声明：买受人已充分了解拍卖标的全部情况，承认并且愿意遵守《中华人民共和国拍卖法》和国家有关法律、行政法规之各项条款。

　　八、其他约定事项：

_____

_____

_____

_____

　　买受人（签章）：　　　　　拍卖人（签章）：
　　法定代表人：　　　　　　　法定代表人：

附录 D 　《二手车买卖合同》

国家工商行政管理总局制定

国家工商行政管理总局红头文件·工商市字［2007］155 号

使 用 说 明

一、本合同文本是依据《中华人民共和国合同法》、《二手车流通管理办法》等有关法律、法规和规章制定的示范文本，供当事人约定使用。

二、本合同所称二手车，是指从办理完注册登记手续到达到国家强制报废标准之前进行交易并转移所有权的汽车（包括三轮汽车、低速载货汽车，即原农用运输车）、挂车和摩托车。

三、本合同签订前，买卖双方应充分了解合同的相关内容。卖方应向买方提供车辆的使用、修理、事故、检验以及是否办理抵押登记、缴纳税费、报废期等真实情况和信息；买方应了解、查验车辆的状况。

四、双方当事人应结合具体情况选择本合同协议条款中所提供的选择项，空格处应以文字形式填写完整。

五、本合同"其他约定"条款，供双方当事人自行约定。

六、本合同示范文本由国家工商行政管理总局负责解释，并在全国范围内推行使用。

二 手 车 买 卖 合 同 范 本

合同编号：_____

卖方：_____

住所：_____

法定代表人：_____

（如为自然人）身份证号码：_____

电话号码：_____

买方：_____

住所：_____

法定代表人：_____

（如为自然人）身份证号码：_____

电话号码：_____

根据《中华人民共和国合同法》、《二手车流通管理办法》等有关法律、法规、规章的规定，就二手车的买卖事宜，买卖双方在平等、自愿、协商一致的基础上签订本合同。

第一条　车辆基本情况

1. 车主名称：_____；车牌号码：_____；厂牌型号：_____。

2. 车辆状况说明见附件一。

3. 车辆相关凭证见附件二。

第二条　车辆价款、过户手续费及支付时间、方式

1. 车辆价款及过户手续费

本车价款（不含税费或其他费用）为人民币：_____元（小写：_____元）。

过户手续费（包含税费）为人民币：_____元（小写：_____元）。

2. 支付时间、方式

待本车过户、转籍手续办理完成后_____个工作日内，买方向卖方支付本车价款（采用分期付款方式的可另行约定）。

过户手续费由_____方承担。_____方应于本合同签订之日起_____个工作日内，将过户手续费支付给双方约定的过户手续办理方。

第三条　车辆的过户、交付及风险承担

_____方应于本合同签订之日起_____个工作日内，将办理本车过户、转籍手续所需的一切有关证件、资料的原件及复印件交给_____方，该方为过户手续办理方。

卖方应于本车过户、转籍手续办理完成后_____个工作日内在_____（地点）向买方交付车辆及相关凭证（见附件一）。

在车辆交付买方之前所发生的所有风险由卖方承担和负责处理；在车辆交付买方之后所发生的所有风险由买方承担和负责处理。

第四条　双方的权利和义务

1. 卖方应按照合同约定的时间、地点向买方交付车辆。

2. 卖方应保证合法享有车辆的所有权或处置权。

3. 卖方保证所出示及提供的与车辆有关的一切证件、证明及信息合法、真实、有效。

4. 买方应按照合同约定支付价款。

5. 对转出本地的车辆，买方应了解、确认车辆能在转入所在地办理转入手续。

第五条　违约责任

1. 卖方向买方提供的有关车辆信息不真实，买方有权要求卖方赔偿因此造成的损失。

2. 卖方未按合同的约定将本车及其相关凭证交付买方的，逾期每日按本车价款总额的_____%向买方支付违约金。

3. 买方未按照合同约定支付本车价款的，逾期每日按本车价款总额_____%向卖方支付违约金。

4. 因卖方原因致使车辆不能办理过户、转籍手续的，买方有权要求卖方返还车辆价款并承担一切损失；因买方原因致使车辆不能办理过户、转籍手续的，卖方有权要求买方返还车辆并承担一切损失。

5. 任何一方违反合同约定的，均应赔偿由此给对方造成的损失。

第六条　合同争议的解决方式

因本合同发生的争议，由当事人协商或调解解决；协商或调解不成的，按下列第_____种方式解决：

1. 提交_____仲裁委员会仲裁；

2. 依法向人民法院起诉。

第七条　合同的生效

本合同一式_____份，经双方当事人签字或盖章之日起生效。

第八条　其他约定

_____

_____

_____

附件一：车辆状况说明书（车辆信息表）

附件二：车辆相关凭证：

1. 《机动车登记证书》

2. 《机动车行驶证》

3. 有效的机动车安全技术检验合格标志

4. 车辆购置税完税证明

5. 车船使用税缴付凭证

6. 车辆养路费缴付凭证

7. 车辆保险单

8. 购车发票

（此页无正文）

卖方：_____（签章）

卖方开户银行：_____

账号：_____

户名：_____

买方：_____（签章）

买方开户银行：_____

账号：_____

户名：_____

签订地点：_____

签订日期：__ 年__月__日

附件一：

车辆状况说明书
（车辆信息表）

<table>
<tr><td rowspan="8">车辆基本信息</td><td>厂牌型号</td><td colspan="2"></td><td>牌照号码</td><td colspan="2"></td></tr>
<tr><td>初次登记日期</td><td colspan="2">年　月　日</td><td>里程</td><td colspan="2">万千米</td></tr>
<tr><td>品牌名称</td><td colspan="2">□进口　□国产</td><td>车身颜色</td><td colspan="2"></td></tr>
<tr><td>年检证明</td><td colspan="2">□有（　年　月　日）□无</td><td>养路费交付证明</td><td colspan="2">□有（　年　月　日）□无</td></tr>
<tr><td>车船使用税完税证明</td><td colspan="2">□有（　年　月　日）□无</td><td>交强险</td><td colspan="2">□有（　年　月　日）□无</td></tr>
<tr><td>使用性质</td><td colspan="2">□家用 □公用　□营运 □其他</td><td>路桥费年票</td><td colspan="2">□有（　年　月　日）□无</td></tr>
<tr><td>其他法定凭证、证明</td><td colspan="5">□号牌　　□行驶证　　□登记证书　　□保险单　　□其他</td></tr>
<tr><td colspan="6"></td></tr>
<tr><td rowspan="4">重要配置</td><td>燃料</td><td colspan="2">排量/缸径</td><td></td><td>缸数</td><td></td></tr>
<tr><td>发动机功率</td><td colspan="2">排放标准</td><td></td><td>变速器形式</td><td></td></tr>
<tr><td>气囊</td><td colspan="2">驱动方式</td><td></td><td>ABS</td><td>□有　□无</td></tr>
<tr><td>其他重要参数</td><td colspan="5"></td></tr>
<tr><td rowspan="2">是否为事故车</td><td rowspan="2">□是　　　□否</td><td rowspan="2" colspan="2">损伤位置及损伤状况</td><td colspan="3"></td></tr>
<tr><td colspan="3"></td></tr>
<tr><td>车辆状况描述</td><td colspan="6"></td></tr>
<tr><td>质量保证</td><td>□有　　□无</td><td>质量范围</td><td colspan="4"></td></tr>
</table>

说明书出具人（签章）：　　　　　　　　　　　　　　　　　鉴定评估师（签章）：

　　　　　　年　月　日　　　　　　　　　　　　　　　　　　　　　　　年　月　日

声明	1. 本车辆符合（二手车流通管理办法）有关规定，属合法车辆，可以进行交易。 2. 本表所描述的车辆状况为说明书出具人填表日车辆的静态状况。 3. 本表所列各项内容卖买双方均进行了逐一核对并确认。

卖方（签章）：　　　　　　　　　　　　　　　　　　　　买方（签章）：

　　　　　　年　月　日　　　　　　　　　　　　　　　　　　　　　　　年　月　日

备注	1. 本表由卖方填写，若卖方为二手车经纪、经销企业时，应由注册二手师鉴定评估师根据行业相关法规及标准进行填写并标明鉴定评估师的证书编号。 2. 本表一式三份，一份用来车辆展示，其余作为二手车买卖合同的附件。

填写说明

一、车辆基本信息

（一）"表征里程"项的内容，按照车辆里程表实际显示总里程数填写。

（二）"其他法定凭证、证明"项的内容，根据实际提交证明文件，在对应项前"□"内打"√"，未列明的填入"其他"项中。

二、重要技术配置及参数：

"其他重要参数"：根据实际情况如实填写相关配置信息。

三、是否为事故车

如实明示是否为事故车，在对应项前"□"内打"√"。如果"是"，需在"损伤位置及损伤状况"项中描述损伤位置及损伤状况。损伤位置为可以影响到车辆整体结构的位置，主要为 A、B、C、D 柱，翼子板内板、前纵梁、地板等。损伤状况包括：变形、烧焊、扭曲、锈蚀、褶皱、更换过等。

如果"否"，则无需填写后项内容。

四、车辆状况描述

仅描述静态状况，应包括如下内容：

（一）车身外观状况：需描述外观的损伤位置及损伤状况。

损伤位置包括：翼子板、车门、行李箱盖、行李箱内侧、车顶、保险杠、格栅、玻璃、轮胎、备胎等。

损伤状况包括状态和程度两部分。

损伤状态包括：伤痕、凹陷、弯曲、波纹、锈斑、腐蚀、裂纹、小孔、调换、做漆、痕迹、条纹等。

损伤程度包括：一元硬币可覆盖、10cm×10cm 纸 20cm×20cm 可覆盖、A4 纸可覆盖、A4 纸无法覆盖、花纹深度少于 1.6mm（轮胎损伤）。

（二）发动机舱内状况：需描述发动机外观状态，各液面状态、线路状况。

（三）车内及电器状况：需描述内饰是否有破损，车内是否清洁，仪表是否正常，各部分电器是否工作正常，车窗密封及工作状况是否正常等。

（四）底盘状况：发动机油底壳、变速器、减振器是否有渗漏油现象，转向臂球销、三角臂球销是否松动，传动轴防尘罩是否有破损。

以上部分，如果无任何问题，填写"车辆状况良好"。有任何问题均需明确注明。

五、质量保证

明示车辆是否提供质量保证，在对应项前"□"内打"√"。如果"是"，需在"质保范围"项中填写质保内容。如果"否"，则无须填写后项内容。

附录 E 数 学 用 表

表格名称：年金现值系数表

计算公式为 $f = \dfrac{1-(1+i)^{-n}}{i}$

期数	1%	2%	3%	4%	5%	6%	7%	8%	9%	10%
1	0.9901	0.9804	0.9709	0.9615	0.9524	0.9434	0.9346	0.9259	0.9174	0.9091
2	1.9704	1.9416	1.9135	1.8861	1.8594	1.8334	1.8080	1.7833	1.7591	1.7355
3	2.9410	2.8839	2.8286	2.7751	2.7232	2.6730	2.6243	2.5771	2.5313	2.4869
4	3.9020	3.8077	3.7171	3.6299	3.5460	3.4651	3.3872	3.3121	3.2397	3.1699
5	4.8534	4.7135	4.5797	4.4518	4.3295	4.2124	4.1002	3.9927	3.8897	3.7908
6	5.7955	5.6014	5.4172	5.2421	5.0757	4.9173	4.7665	4.6229	4.4859	4.3553
7	6.7282	6.4720	6.2303	6.0021	5.7864	5.5824	5.3893	5.2064	5.0330	4.8684
8	7.6517	7.3255	7.0197	6.7327	6.4632	6.2098	5.9713	5.7466	5.5348	5.3349
9	8.5660	8.1622	7.7861	7.4353	7.1078	6.8017	6.5152	6.2469	5.9952	5.7590
10	9.4713	8.9826	8.5302	8.1109	7.7217	7.3601	7.0236	6.7101	6.4177	6.1446
11	10.3676	9.7868	9.2526	8.7605	8.3064	7.8869	7.4987	7.1390	6.8052	6.4951
12	11.2551	10.5753	9.9540	9.3851	8.8633	8.3838	7.9427	7.5361	7.1607	6.8137
13	12.1337	11.3484	10.6350	9.9856	9.3936	8.8527	8.3577	7.9038	7.4869	7.1034
14	13.0037	12.1062	11.2961	10.5631	9.8986	9.2950	8.7455	8.2442	7.7862	7.3667
15	13.8651	12.8493	11.9379	11.1184	10.3797	9.7122	9.1079	8.5595	8.0607	7.6061
16	14.7179	13.5777	12.5611	11.6523	10.8378	10.1059	9.4466	8.8514	8.3126	7.8237
17	15.5623	14.2919	13.1661	12.1657	11.2741	10.4773	9.7632	9.1216	8.5436	8.0216
18	16.3983	14.9920	13.7535	12.6593	11.6896	10.8276	10.0591	9.3719	8.7556	8.2014
19	17.2260	15.6785	14.3238	13.1339	12.0853	11.1581	10.3356	9.6036	8.9501	8.3649
20	18.0456	16.3514	14.8775	13.5903	12.4622	11.4699	10.5940	9.8181	9.1285	8.5136
21	18.8570	17.0112	15.4150	14.0292	12.8212	11.7641	10.8355	10.0168	9.2922	8.6487
22	19.6604	17.6580	15.9369	14.4511	13.1630	12.0416	11.0612	10.2007	9.4424	8.7715
23	20.4558	18.2922	16.4436	14.8568	13.4886	12.3034	11.2722	10.3711	9.5802	8.8832
24	21.2434	18.9139	16.9355	15.2470	13.7986	12.5504	11.4693	10.5288	9.7066	8.9847
25	22.0232	19.5235	17.4131	15.6221	14.0939	12.7834	11.6536	10.6748	9.8226	9.0770
26	22.7952	20.1210	17.8768	15.9828	14.3752	13.0032	11.8258	10.8100	9.9290	9.1609
27	23.5596	20.7069	18.3270	16.3296	14.6430	13.2105	11.9867	10.9352	10.0266	9.2372
28	24.3164	21.2813	18.7641	16.6631	14.8981	13.4062	12.1371	11.0511	10.1161	9.3066
29	25.0658	21.8444	19.1885	16.9837	15.1411	13.5907	12.2777	11.1584	10.1983	9.3696
30	25.8077	22.3965	19.6004	17.2920	15.3725	13.7648	12.4090	11.2578	10.2737	9.4269

（续）

期数	11%	12%	13%	14%	15%	16%	17%	18%	19%	20%
1	0.9009	0.8929	0.8850	0.8772	0.8696	0.8621	0.8547	0.8475	0.8403	0.8333
2	1.7125	1.6901	1.6681	1.6467	1.6257	1.6052	1.5852	1.5656	1.5465	1.5278
3	2.4437	2.4018	2.3612	2.3216	2.2832	2.2459	2.2096	2.1743	2.1399	2.1065
4	3.1024	3.0373	2.9745	2.9137	2.8550	2.7982	2.7432	2.6901	2.6386	2.5887
5	3.6959	3.6048	3.5172	3.4331	3.3522	3.2743	3.1993	3.1272	3.0576	2.9906
6	4.2305	4.1114	3.9975	3.8887	3.7845	3.6847	3.5892	3.4976	3.4098	3.3255
7	4.7122	4.5638	4.4226	4.2883	4.1604	4.0386	3.9224	3.8115	3.7057	3.6046
8	5.1461	4.9676	4.7988	4.6389	4.4873	4.3436	4.2072	4.0776	3.9544	3.8372
9	5.5370	5.3282	5.1317	4.9464	4.7716	4.6065	4.4506	4.3030	4.1633	4.0310
10	5.8892	5.6502	5.4262	5.2161	5.0188	4.8332	4.6586	4.4941	4.3389	4.1925
11	6.2065	5.9377	5.6869	5.4527	5.2337	5.0286	4.8364	4.6560	4.4865	4.3271
12	6.4924	6.1944	5.9176	5.6603	5.4206	5.1971	4.9884	4.7932	4.6105	4.4392
13	6.7499	6.4235	6.1218	5.8424	5.5831	5.3423	5.1183	4.9095	4.7147	4.5327
14	6.9819	6.6282	6.3025	6.0021	5.7245	5.4675	5.2293	5.0081	4.8023	4.6106
15	7.1909	6.8109	6.4624	6.1422	5.8474	5.5755	5.3242	5.0916	4.8759	4.6755
16	7.3792	6.9740	6.6039	6.2651	5.9542	5.6685	5.4053	5.1624	4.9377	4.7296
17	7.5488	7.1196	6.7291	6.3729	6.0472	5.7487	5.4746	5.2223	4.9897	4.7746
18	7.7016	7.2497	6.8399	6.4674	6.1280	5.8178	5.5339	5.2732	5.0333	4.8122
19	7.8393	7.3658	6.9380	6.5504	6.1982	5.8775	5.5845	5.3162	5.0700	4.8435
20	7.9633	7.4694	7.0248	6.6231	6.2593	5.9288	5.6278	5.3527	5.1009	4.8696
21	8.0751	7.5620	7.1016	6.6870	6.3125	5.9731	5.6648	5.3837	5.1268	4.8913
22	8.1757	7.6446	7.1695	6.7429	6.3587	6.0113	5.6964	5.4099	5.1486	4.9094
23	8.2664	7.7184	7.2297	6.7921	6.3988	6.0442	5.7234	5.4321	5.1668	4.9245
24	8.3481	7.7843	7.2829	6.8351	6.4338	6.0726	5.7465	5.4509	5.1822	4.9371
25	8.4217	7.8431	7.3300	6.8729	6.4641	6.0971	5.7662	5.4669	5.1951	4.9476
26	8.4881	7.8957	7.3717	6.9061	6.4906	6.1182	5.7831	5.4804	5.2060	4.9563
27	8.5478	7.9426	7.4086	6.9352	6.5135	6.1364	5.7975	5.4919	5.2151	4.9636
28	8.6016	7.9844	7.4412	6.9607	6.5335	6.1520	5.8099	5.5016	5.2228	4.9697
29	8.6501	8.0218	7.4701	6.9830	6.5509	6.1656	5.8204	5.5098	5.2292	4.9747
30	8.6938	8.0552	7.495							

（续）

期数	21%	22%	23%	24%	25%	26%	27%	28%	29%	30%
1	0.8264	0.8197	0.8130	0.8065	0.8000	0.7937	0.7874	0.7813	0.7752	0.7692
2	1.5095	1.4915	1.4740	1.4568	1.4400	1.4235	1.4074	1.3916	1.3761	1.3609
3	2.0739	2.0422	2.0114	1.9813	1.9520	1.9234	1.8956	1.8684	1.8420	1.8161
4	2.5404	2.4936	2.4483	2.4043	2.3616	2.3202	2.2800	2.2410	2.2031	2.1662
5	2.9260	2.8636	2.8035	2.7454	2.6893	2.6351	2.5827	2.5320	2.4830	2.4356
6	3.2446	3.1669	3.0923	3.0205	2.9514	2.8850	2.8210	2.7594	2.7000	2.6427
7	3.5079	3.4155	3.3270	3.2423	3.1611	3.0833	3.0087	2.9370	2.8682	2.8021
8	3.7256	3.6193	3.5179	3.4212	3.3289	3.2407	3.1564	3.0758	2.9986	2.9247
9	3.9054	3.7863	3.6731	3.5655	3.4631	3.3657	3.2728	3.1842	3.0997	3.0190
10	4.0541	3.9232	3.7993	3.6819	3.5705	3.4648	3.3644	3.2689	3.1781	3.0915
11	4.1769	4.0354	3.9018	3.7757	3.6564	3.5435	3.4365	3.3351	3.2388	3.1473
12	4.2784	4.1274	3.9852	3.8514	3.7251	3.6059	3.4933	3.3868	3.2859	3.1903
13	4.3624	4.2028	4.0530	3.9124	3.7801	3.6555	3.5381	3.4272	3.3224	3.2233
14	4.4317	4.2646	4.1082	3.9616	3.8241	3.6949	3.5733	3.4587	3.3507	3.2487
15	4.4890	4.3152	4.1530	4.0013	3.8593	3.7261	3.6010	3.4834	3.3726	3.2682
16	4.5364	4.3567	4.1894	4.0333	3.8874	3.7509	3.6228	3.5026	3.3896	3.2832
17	4.5755	4.3908	4.2190	4.0591	3.9099	3.7705	3.6400	3.5177	3.4028	3.2948
18	4.6079	4.4187	4.2431	4.0799	3.9279	3.7861	3.6536	3.5294	3.4130	3.3037
19	4.6346	4.4415	4.2627	4.0967	3.9424	3.7985	3.6642	3.5386	3.4210	3.3105
20	4.6567	4.4603	4.2786	4.1103	3.9539	3.8083	3.6726	3.5458	3.4271	3.3158
21	4.6750	4.4756	4.2916	4.1212	3.9631	3.8161	3.6792	3.5514	3.4319	3.3198
22	4.6900	4.4882	4.3021	4.1300	3.9705	3.8223	3.6844	3.5558	3.4356	3.3230
23	4.7025	4.4985	4.3106	4.1371	3.9764	3.8273	3.6885	3.5592	3.4384	3.3254
24	4.7128	4.5070	4.3176	4.1428	3.9811	3.8312	3.6918	3.5619	3.4406	3.3272
25	4.7213	4.5139	4.3232	4.1474	3.9849	3.8342	3.6943	3.5640	3.4423	3.3286
26	4.7284	4.5196	4.3278	4.1511	3.9879	3.8367	3.6963	3.5656	3.4437	3.3297
27	4.7342	4.5243	4.3316	4.1542	3.9903	3.8387	3.6979	3.5669	3.4447	3.3305
28	4.7390	4.5281	4.3346	4.1566	3.9923	3.8402	3.6991	3.5679	3.4455	3.3312
29	4.7430	4.5312	4.3371	4.1585	3.9938	3.8414	3.7001	3.5687	3.4461	3.3317
30										

表格名称：年金终值系数表

计算公式为 $f = \dfrac{(1+i)^n - 1}{i}$

期数	1%	2%	3%	4%	5%	6%	7%	8%	9%	10%
1	1.0000	1.0000	1.0000	1.0000	1.0000	1.0000	1.0000	1.0000	1.0000	1.0000
2	2.0100	2.0200	2.0300	2.0400	2.0500	2.0600	2.0700	2.0800	2.0900	2.1000
3	3.0301	3.0604	3.0909	3.1216	3.1525	3.1836	3.2149	3.2464	3.2781	3.3100
4	4.0604	4.1216	4.1836	4.2465	4.3101	4.3746	4.4399	4.5061	4.5731	4.6410
5	5.1010	5.2040	5.3091	5.4163	5.5256	5.6371	5.7507	5.8666	5.9847	6.1051
6	6.1520	6.3081	6.4684	6.6330	6.8019	6.9753	7.1533	7.3359	7.5233	7.7156
7	7.2135	7.4343	7.6625	7.8983	8.1420	8.3938	8.6540	8.9228	9.2004	9.4872
8	8.2857	8.5830	8.8923	9.2142	9.5491	9.8975	10.2598	10.6366	11.0285	11.4359
9	9.3685	9.7546	10.1591	10.5828	11.0266	11.4913	11.9780	12.4876	13.0210	13.5795
10	10.4622	10.9497	11.4639	12.0061	12.5779	13.1808	13.8164	14.4866	15.1929	15.9374
11	11.5668	12.1687	12.8078	13.4864	14.2068	14.9716	15.7836	16.6455	17.5603	18.5312
12	12.6825	13.4121	14.1920	15.0258	15.9171	16.8699	17.8885	18.9771	20.1407	21.3843
13	13.8093	14.6803	15.6178	16.6268	17.7130	18.8821	20.1406	21.4953	22.9534	24.5227
14	14.9474	15.9739	17.0863	18.2919	19.5986	21.0151	22.5505	24.2149	26.0192	27.9750
15	16.0969	17.2934	18.5989	20.0236	21.5786	23.2760	25.1290	27.1521	29.3609	31.7725
16	17.2579	18.6393	20.1569	21.8245	23.6575	25.6725	27.8881	30.3243	33.0034	35.9497
17	18.4304	20.0121	21.7616	23.6975	25.8404	28.2129	30.8402	33.7502	36.9737	40.5447
18	19.6147	21.4123	23.4144	25.6454	28.1324	30.9057	33.9990	37.4502	41.3013	45.5992
19	20.8109	22.8406	25.1169	27.6712	30.5390	33.7600	37.3790	41.4463	46.0185	51.1591
20	22.0190	24.2974	26.8704	29.7781	33.0660	36.7856	40.9955	45.7620	51.1601	57.2750
21	23.2392	25.7833	28.6765	31.9692	35.7193	39.9927	44.8652	50.4229	56.7645	64.0025
22	24.4716	27.2990	30.5368	34.2480	38.5052	43.3923	49.0057	55.4568	62.8733	71.4027
23	25.7163	28.8450	32.4529	36.6179	41.4305	46.9958	53.4361	60.8933	69.5319	79.5430
24	26.9735	30.4219	34.4265	39.0826	44.5020	50.8156	58.1767	66.7648	76.7898	88.4973
25	28.2432	32.0303	36.4593	41.6459	47.7271	54.8645	63.2490	73.1059	84.7009	98.3471
26	29.5256	33.6709	38.5530	44.3117	51.1135	59.1564	68.6765	79.9544	93.3240	109.1818
27	30.8209	35.3443	40.7096	47.0842	54.6691	63.7058	74.4838	87.3508	102.7231	121.0999
28	32.1291	37.0512	42.9309	49.9676	58.4026	68.5281	80.6977	95.3388	112.9682	134.2099
29	33.4504	38.7922	45.2189	52.9663	62.3227	73.6398	87.3465	103.9659	124.1354	148.6309
30	34.7849	40.5681	47.5754	56.0849	66.4388	79.0582	94.4608	113.2832	136.3075	164.4940

（续）

期数	11%	12%	13%	14%	15%	16%	17%	18%	19%	20%
1	1.0000	1.0000	1.0000	1.0000	1.0000	1.0000	1.0000	1.0000	1.0000	1.0000
2	2.1100	2.1200	2.1300	2.1400	2.1500	2.1600	2.1700	2.1800	2.1900	2.2000
3	3.3421	3.3744	3.4069	3.4396	3.4725	3.5056	3.5389	3.5724	3.6061	3.6400
4	4.7097	4.7793	4.8498	4.9211	4.9934	5.0665	5.1405	5.2154	5.2913	5.3680
5	6.2278	6.3528	6.4803	6.6101	6.7424	6.8771	7.0144	7.1542	7.2966	7.4416
6	7.9129	8.1152	8.3227	8.5355	8.7537	8.9775	9.2068	9.4420	9.6830	9.9299
7	9.7833	10.0890	10.4047	10.7305	11.0668	11.4139	11.7720	12.1415	12.5227	12.9159
8	11.8594	12.2997	12.7573	13.2328	13.7268	14.2401	14.7733	15.3270	15.9020	16.4991
9	14.1640	14.7757	15.4157	16.0853	16.7858	17.5185	18.2847	19.0859	19.9234	20.7989
10	16.7220	17.5487	18.4197	19.3373	20.3037	21.3215	22.3931	23.5213	24.7089	25.9587
11	19.5614	20.6546	21.8143	23.0445	24.3493	25.7329	27.1999	28.7551	30.4035	32.1504
12	22.7132	24.1331	25.6502	27.2707	29.0017	30.8502	32.8239	34.9311	37.1802	39.5805
13	26.2116	28.0291	29.9847	32.0887	34.3519	36.7862	39.4040	42.2187	45.2445	48.4966
14	30.0949	32.3926	34.8827	37.5811	40.5047	43.6720	47.1027	50.8180	54.8409	59.1959
15	34.4054	37.2797	40.4175	43.8424	47.5804	51.6595	56.1101	60.9653	66.2607	72.0351
16	39.1899	42.7533	46.6717	50.9804	55.7175	60.9250	66.6488	72.9390	79.8502	87.4421
17	44.5008	48.8837	53.7391	59.1176	65.0751	71.6730	78.9792	87.0680	96.0218	105.9306
18	50.3959	55.7497	61.7251	68.3941	75.8364	84.1407	93.4056	103.7403	115.2659	128.1167
19	56.9395	63.4397	70.7494	78.9692	88.2118	98.6032	110.2846	123.4135	138.1664	154.7400
20	64.2028	72.0524	80.9468	91.0249	102.4436	115.3797	130.0329	146.6280	165.4180	186.6880
21	72.2651	81.6987	92.4699	104.7684	118.8101	134.8405	153.1385	174.0210	197.8474	225.0256
22	81.2143	92.5026	105.4910	120.4360	137.6316	157.4150	180.1721	206.3448	236.4385	271.0307
23	91.1479	104.6029	120.2048	138.2970	159.2764	183.6014	211.8013	244.4868	282.3618	326.2369
24	102.1742	118.1552	136.8315	158.6586	184.1678	213.9776	248.8076	289.4945	337.0105	392.4842
25	114.4133	133.3339	155.6196	181.8708	212.7930	249.2140	292.1049	342.6035	402.0425	471.9811
26	127.9988	150.3339	176.8501	208.3327	245.7120	290.0883	342.7627	405.2721	479.4306	567.3773
27	143.0786	169.3740	200.8406	238.4993	283.5688	337.5024	402.0323	479.2211	571.5224	681.8528
28	159.8173	190.6989	227.9499	272.8892	327.1041	392.5028	471.3778	566.4809	681.1116	819.2233
29	178.3972	214.5828	258.5834	312.0937	377.1697	456.3032	552.5121	669.4475	811.5228	984.0680
30	199.0209	241.3327	293.1992	356.7868	434.7451	530.3117	647.4391	790.9480	966.7122	1181.8816

（续）

期数	21%	22%	23%	24%	25%	26%	27%	28%	29%	30%
1	1.0000	1.0000	1.0000	1.0000	1.0000	1.0000	1.0000	1.0000	1.0000	1.0000
2	2.2100	2.2200	2.2300	2.2400	2.2500	2.2600	2.2700	2.2800	2.2900	2.3000
3	3.6741	3.7084	3.7429	3.7776	3.8125	3.8476	3.8829	3.9184	3.9541	3.9900
4	5.4457	5.5242	5.6038	5.6842	5.7656	5.8480	5.9313	6.0156	6.1008	6.1870
5	7.5892	7.7396	7.8926	8.0484	8.2070	8.3684	8.5327	8.6999	8.8700	9.0431
6	10.1830	10.4423	10.7079	10.9801	11.2588	11.5442	11.8366	12.1359	12.4423	12.7560
7	13.3214	13.7396	14.1708	14.6153	15.0735	15.5458	16.0324	16.5339	17.0506	17.5828
8	17.1189	17.7623	18.4300	19.1229	19.8419	20.5876	21.3612	22.1634	22.9953	23.8577
9	21.7139	22.6700	23.6690	24.7125	25.8023	26.9404	28.1287	29.3692	30.6639	32.0150
10	27.2738	28.6574	30.1128	31.6434	33.2529	34.9449	36.7235	38.5926	40.5564	42.6195
11	34.0013	35.9620	38.0388	40.2379	42.5661	45.0306	47.6388	50.3985	53.3178	56.4053
12	42.1416	44.8737	47.7877	50.8950	54.2077	57.7386	61.5013	65.5100	69.7800	74.3270
13	51.9913	55.7459	59.7788	64.1097	68.7596	73.7506	79.1066	84.8529	91.0161	97.6250
14	63.9095	69.0100	74.5280	80.4961	86.9495	93.9258	101.4654	109.6117	118.4108	127.9125
15	78.3305	85.1922	92.6694	100.8151	109.6868	119.3465	129.8611	141.3029	153.7500	167.2863
16	95.7799	104.9345	114.9834	126.0108	138.1085	151.3766	165.9236	181.8677	199.3374	218.4722
17	116.8937	129.0201	142.4295	157.2534	173.6357	191.7345	211.7230	233.7907	258.1453	285.0139
18	142.4413	158.4045	176.1883	195.9942	218.0446	242.5855	269.8882	300.2521	334.0074	371.5180
19	173.3540	194.2535	217.7116	244.0328	273.5558	306.6577	343.7580	385.3227	431.8696	483.9734
20	210.7584	237.9893	268.7853	303.6006	342.9447	387.3887	437.5726	494.2131	558.1118	630.1655
21	256.0176	291.3469	331.6059	377.4648	429.6809	489.1098	556.7173	633.5927	720.9642	820.2151
22	310.7813	356.4432	408.8753	469.0563	538.1011	617.2783	708.0309	811.9987	931.0438	1067.2796
23	377.0454	435.8607	503.9166	582.6298	673.6264	778.7707	900.1993	1040.3583	1202.0465	1388.4635
24	457.2249	532.7501	620.8174	723.4610	843.0329	982.2511	1144.2531	1332.6586	1551.6400	1806.0026
25	554.2422	650.9551	764.6054	898.0916	1054.7912	1238.6363	1454.2014	1706.8031	2002.6156	2348.8033
26	671.6330	795.1653	941.4647	1114.6336	1319.4890	1561.6818	1847.8358	2185.7079	2584.3741	3054.4443
27	813.6759	971.1016	1159.0016	1383.1457	1650.3612	1968.7191	2347.7515	2798.7061	3334.8426	3971.7776
28	985.5479	1185.7440	1426.5719	1716.1007	2063.9515	2481.5860	2982.6444	3583.3438	4302.9470	5164.3109
29	1193.5129	1447.6077	1755.6835	2128.9648	2580.9394	3127.7984	3788.9583	4587.6801	5551.8016	6714.6042
30	1445.1507	1767.0813	2160.4907	2640.9164	3227.1743	3942.0260	4812.9771	5873.2306	7162.8241	8729.9855

表格名称：复利终值系数表

计算公式为 $f = (1+i)^n$

期数	1%	2%	3%	4%	5%	6%	7%	8%	9%	10%
1	1.0100	1.0200	1.0300	1.0400	1.0500	1.0600	1.0700	1.0800	1.0900	1.1000
2	1.0201	1.0404	1.0609	1.0816	1.1025	1.1236	1.1449	1.1664	1.1881	1.2100
3	1.0303	1.0612	1.0927	1.1249	1.1576	1.1910	1.2250	1.2597	1.2950	1.3310
4	1.0406	1.0824	1.1255	1.1699	1.2155	1.2625	1.3108	1.3605	1.4116	1.4641
5	1.0510	1.1041	1.1593	1.2167	1.2763	1.3382	1.4026	1.4693	1.5386	1.6105
6	1.0615	1.1262	1.1941	1.2653	1.3401	1.4185	1.5007	1.5869	1.6771	1.7716
7	1.0721	1.1487	1.2299	1.3159	1.4071	1.5036	1.6058	1.7138	1.8280	1.9487
8	1.0829	1.1717	1.2668	1.3686	1.4775	1.5938	1.7182	1.8509	1.9926	2.1436
9	1.0937	1.1951	1.3048	1.4233	1.5513	1.6895	1.8385	1.9990	2.1719	2.3579
10	1.1046	1.2190	1.3439	1.4802	1.6289	1.7908	1.9672	2.1589	2.3674	2.5937
11	1.1157	1.2434	1.3842	1.5395	1.7103	1.8983	2.1049	2.3316	2.5804	2.8531
12	1.1268	1.2682	1.4258	1.6010	1.7959	2.0122	2.2522	2.5182	2.8127	3.1384
13	1.1381	1.2936	1.4685	1.6651	1.8856	2.1329	2.4098	2.7196	3.0658	3.4523
14	1.1495	1.3195	1.5126	1.7317	1.9799	2.2609	2.5785	2.9372	3.3417	3.7975
15	1.1610	1.3459	1.5580	1.8009	2.0789	2.3966	2.7590	3.1722	3.6425	4.1772
16	1.1726	1.3728	1.6047	1.8730	2.1829	2.5404	2.9522	3.4259	3.9703	4.5950
17	1.1843	1.4002	1.6528	1.9479	2.2920	2.6928	3.1588	3.7000	4.3276	5.0545
18	1.1961	1.4282	1.7024	2.0258	2.4066	2.8543	3.3799	3.9960	4.7171	5.5599
19	1.2081	1.4568	1.7535	2.1068	2.5270	3.0256	3.6165	4.3157	5.1417	6.1159
20	1.2202	1.4859	1.8061	2.1911	2.6533	3.2071	3.8697	4.6610	5.6044	6.7275
21	1.2324	1.5157	1.8603	2.2788	2.7860	3.3996	4.1406	5.0338	6.1088	7.4002
22	1.2447	1.5460	1.9161	2.3699	2.9253	3.6035	4.4304	5.4365	6.6586	8.1403
23	1.2572	1.5769	1.9736	2.4647	3.0715	3.8197	4.7405	5.8715	7.2579	8.9543
24	1.2697	1.6084	2.0328	2.5633	3.2251	4.0489	5.0724	6.3412	7.9111	9.8497
25	1.2824	1.6406	2.0938	2.6658	3.3864	4.2919	5.4274	6.8485	8.6231	10.8347
26	1.2953	1.6734	2.1566	2.7725	3.5557	4.5494	5.8074	7.3964	9.3992	11.9182
27	1.3082	1.7069	2.2213	2.8834	3.7335	4.8223	6.2139	7.9881	10.2451	13.1100
28	1.3213	1.7410	2.2879	2.9987	3.9201	5.1117	6.6488	8.6271	11.1671	14.4210
29	1.3345	1.7758	2.3566	3.1187	4.1161	5.4184	7.1143	9.3173	12.1722	15.8631
30	1.3478	1.8114	2.4273	3.2434	4.3219	5.7435	7.6123	10.0627	13.2677	17.4494

（续）

期数	11%	12%	13%	14%	15%	16%	17%	18%	19%	20%
1	1.1100	1.1200	1.1300	1.1400	1.1500	1.1600	1.1700	1.1800	1.1900	1.2000
2	1.2321	1.2544	1.2769	1.2996	1.3225	1.3456	1.3689	1.3924	1.4161	1.4400
3	1.3676	1.4049	1.4429	1.4815	1.5209	1.5609	1.6016	1.6430	1.6852	1.7280
4	1.5181	1.5735	1.6305	1.6890	1.7490	1.8106	1.8739	1.9388	2.0053	2.0736
5	1.6851	1.7623	1.8424	1.9254	2.0114	2.1003	2.1924	2.2878	2.3864	2.4883
6	1.8704	1.9738	2.0820	2.1950	2.3131	2.4364	2.5652	2.6996	2.8398	2.9860
7	2.0762	2.2107	2.3526	2.5023	2.6600	2.8262	3.0012	3.1855	3.3793	3.5832
8	2.3045	2.4760	2.6584	2.8526	3.0590	3.2784	3.5115	3.7589	4.0214	4.2998
9	2.5580	2.7731	3.0040	3.2519	3.5179	3.8030	4.1084	4.4355	4.7854	5.1598
10	2.8394	3.1058	3.3946	3.7072	4.0456	4.4114	4.8068	5.2338	5.6947	6.1917
11	3.1518	3.4786	3.8359	4.2262	4.6524	5.1173	5.6240	6.1759	6.7767	7.4301
12	3.4985	3.8960	4.3345	4.8179	5.3503	5.9360	6.5801	7.2876	8.0642	8.9161
13	3.8833	4.3635	4.8980	5.4924	6.1528	6.8858	7.6987	8.5994	9.5964	10.6993
14	4.3104	4.8871	5.5348	6.2613	7.0757	7.9875	9.0075	10.1472	11.4198	12.8392
15	4.7846	5.4736	6.2543	7.1379	8.1371	9.2655	10.5387	11.9737	13.5895	15.4070
16	5.3109	6.1304	7.0673	8.1372	9.3576	10.7480	12.3303	14.1290	16.1715	18.4884
17	5.8951	6.8660	7.9861	9.2765	10.7613	12.4677	14.4265	16.6722	19.2441	22.1861
18	6.5436	7.6900	9.0243	10.5752	12.3755	14.4625	16.8790	19.6733	22.9005	26.6233
19	7.2633	8.6128	10.1974	12.0557	14.2318	16.7765	19.7484	23.2144	27.2516	31.9480
20	8.0623	9.6463	11.5231	13.7435	16.3665	19.4608	23.1056	27.3930	32.4294	38.3376
21	8.9492	10.8038	13.0211	15.6676	18.8215	22.5745	27.0336	32.3238	38.5910	46.0051
22	9.9336	12.1003	14.7138	17.8610	21.6447	26.1864	31.6293	38.1421	45.9233	55.2061
23	11.0263	13.5523	16.6266	20.3616	24.8915	30.3762	37.0062	45.0076	54.6487	66.2474
24	12.2392	15.1786	18.7881	23.2122	28.6252	35.2364	43.2973	53.1090	65.0320	79.4968
25	13.5855	17.0001	21.2305	26.4619	32.9190	40.8742	50.6578	62.6686	77.3881	95.3962
26	15.0799	19.0401	23.9905	30.1666	37.8568	47.4141	59.2697	73.9490	92.0918	114.4755
27	16.7387	21.3249	27.1093	34.3899	43.5353	55.0004	69.3455	87.2598	109.5893	137.3706
28	18.5799	23.8839	30.6335	39.2045	50.0656	63.8004	81.1342	102.9666	130.4112	164.8447
29	20.6237	26.7499	34.6158	44.6931	57.5755	74.0085	94.9271	121.5005	155.1893	197.8136
30	22.8923	29.9599	39.1159	50.9502						

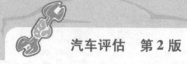

（续）

期数	21%	22%	23%	24%	25%	26%	27%	28%	29%	30%
1	1.2100	1.2200	1.2300	1.2400	1.2500	1.2600	1.2700	1.2800	1.2900	1.3000
2	1.4641	1.4884	1.5129	1.5376	1.5625	1.5876	1.6129	1.6384	1.6641	1.6900
3	1.7716	1.8158	1.8609	1.9066	1.9531	2.0004	2.0484	2.0972	2.1467	2.1970
4	2.1436	2.2153	2.2889	2.3642	2.4414	2.5205	2.6014	2.6844	2.7692	2.8561
5	2.5937	2.7027	2.8153	2.9316	3.0518	3.1758	3.3038	3.4360	3.5723	3.7129
6	3.1384	3.2973	3.4628	3.6352	3.8147	4.0015	4.1959	4.3980	4.6083	4.8268
7	3.7975	4.0227	4.2593	4.5077	4.7684	5.0419	5.3288	5.6295	5.9447	6.2749
8	4.5950	4.9077	5.2389	5.5895	5.9605	6.3528	6.7675	7.2058	7.6686	8.1573
9	5.5599	5.9874	6.4439	6.9310	7.4506	8.0045	8.5948	9.2234	9.8925	10.6045
10	6.7275	7.3046	7.9259	8.5944	9.3132	10.0857	10.9153	11.8059	12.7614	13.7858
11	8.1403	8.9117	9.7489	10.6571	11.6415	12.7080	13.8625	15.1116	16.4622	17.9216
12	9.8497	10.8722	11.9912	13.2148	14.5519	16.0120	17.6053	19.3428	21.2362	23.2981
13	11.9182	13.2641	14.7491	16.3863	18.1899	20.1752	22.3588	24.7588	27.3947	30.2875
14	14.4210	16.1822	18.1414	20.3191	22.7374	25.4207	28.3957	31.6913	35.3391	39.3738
15	17.4494	19.7423	22.3140	25.1956	28.4217	32.0301	36.0625	40.5648	45.5875	51.1859
16	21.1138	24.0856	27.4462	31.2426	35.5271	40.3579	45.7994	51.9230	58.8079	66.5417
17	25.5477	29.3844	33.7588	38.7408	44.4089	50.8510	58.1652	66.4614	75.8621	86.5042
18	30.9127	35.8490	41.5233	48.0386	55.5112	64.0722	73.8698	85.0706	97.8622	112.4554
19	37.4043	43.7358	51.0737	59.5679	69.3889	80.7310	93.8147	108.8904	126.2422	146.1920
20	45.2593	53.3576	62.8206	73.8641	86.7362	101.7211	119.1446	139.3797	162.8524	190.0496
21	54.7637	65.0963	77.2694	91.5915	108.4202	128.1685	151.3137	178.4060	210.0796	247.0645
22	66.2641	79.4175	95.0413	113.5735	135.5253	161.4924	192.1683	228.3596	271.0027	321.1839
23	80.1795	96.8894	116.9008	140.8312	169.4066	203.4804	244.0538	292.3003	349.5935	417.5391
24	97.0172	118.2050	143.7880	174.6306	211.7582	256.3853	309.9483	374.1144	450.9756	542.8008
25	117.3909	144.2101	176.8593	216.5420	264.6978	323.0454	393.6344	478.9049	581.7585	705.6410
26	142.0429	175.9364	217.5369	268.5121	330.8722	407.0373	499.9157	612.9982	750.4685	917.3333
27	171.8719	214.6424	267.5704	332.9550	413.5903	512.8670	634.8929	784.6377	968.1044	1192.5333
28	207.9651	261.8637	329.1115	412.8642	516.9879	646.2124	806.3140	1004.3363	1248.8546	1550.2933
29	251.6377	319.4737	404.8072	511.9516	646.2349	814.2276	1024.0187	1285.5504	1611.0225	2015.3813
30										

表格名称：复利现值系数表

计算公式为 $f = (1+i)^{-n}$

期数	1%	2%	3%	4%	5%	6%	7%	8%	9%	10%
1	0.9901	0.9804	0.9709	0.9615	0.9524	0.9434	0.9346	0.9259	0.9174	0.9091
2	0.9803	0.9612	0.9426	0.9246	0.9070	0.8900	0.8734	0.8573	0.8417	0.8264
3	0.9706	0.9423	0.9151	0.8890	0.8638	0.8396	0.8163	0.7938	0.7722	0.7513
4	0.9610	0.9238	0.8885	0.8548	0.8227	0.7921	0.7629	0.7350	0.7084	0.6830
5	0.9515	0.9057	0.8626	0.8219	0.7835	0.7473	0.7130	0.6806	0.6499	0.6209
6	0.9420	0.8880	0.8375	0.7903	0.7462	0.7050	0.6663	0.6302	0.5963	0.5645
7	0.9327	0.8706	0.8131	0.7599	0.7107	0.6651	0.6227	0.5835	0.5470	0.5132
8	0.9235	0.8535	0.7894	0.7307	0.6768	0.6274	0.5820	0.5403	0.5019	0.4665
9	0.9143	0.8368	0.7664	0.7026	0.6446	0.5919	0.5439	0.5002	0.4604	0.4241
10	0.9053	0.8203	0.7441	0.6756	0.6139	0.5584	0.5083	0.4632	0.4224	0.3855
11	0.8963	0.8043	0.7224	0.6496	0.5847	0.5268	0.4751	0.4289	0.3875	0.3505
12	0.8874	0.7885	0.7014	0.6246	0.5568	0.4970	0.4440	0.3971	0.3555	0.3186
13	0.8787	0.7730	0.6810	0.6006	0.5303	0.4688	0.4150	0.3677	0.3262	0.2897
14	0.8700	0.7579	0.6611	0.5775	0.5051	0.4423	0.3878	0.3405	0.2992	0.2633
15	0.8613	0.7430	0.6419	0.5553	0.4810	0.4173	0.3624	0.3152	0.2745	0.2394
16	0.8528	0.7284	0.6232	0.5339	0.4581	0.3936	0.3387	0.2919	0.2519	0.2176
17	0.8444	0.7142	0.6050	0.5134	0.4363	0.3714	0.3166	0.2703	0.2311	0.1978
18	0.8360	0.7002	0.5874	0.4936	0.4155	0.3503	0.2959	0.2502	0.2120	0.1799
19	0.8277	0.6864	0.5703	0.4746	0.3957	0.3305	0.2765	0.2317	0.1945	0.1635
20	0.8195	0.6730	0.5537	0.4564	0.3769	0.3118	0.2584	0.2145	0.1784	0.1486
21	0.8114	0.6598	0.5375	0.4388	0.3589	0.2942	0.2415	0.1987	0.1637	0.1351
22	0.8034	0.6468	0.5219	0.4220	0.3418	0.2775	0.2257	0.1839	0.1502	0.1228
23	0.7954	0.6342	0.5067	0.4057	0.3256	0.2618	0.2109	0.1703	0.1378	0.1117
24	0.7876	0.6217	0.4919	0.3901	0.3101	0.2470	0.1971	0.1577	0.1264	0.1015
25	0.7798	0.6095	0.4776	0.3751	0.2953	0.2330	0.1842	0.1460	0.1160	0.0923
26	0.7720	0.5976	0.4637	0.3607	0.2812	0.2198	0.1722	0.1352	0.1064	0.0839
27	0.7644	0.5859	0.4502	0.3468	0.2678	0.2074	0.1609	0.1252	0.0976	0.0763
28	0.7568	0.5744	0.4371	0.3335	0.2551	0.1956	0.1504	0.1159	0.0895	0.0693
29	0.7493	0.5631	0.4243	0.3207	0.2429	0.1846	0.1406	0.1073	0.0822	0.0630
30	0.7419	0.5521	0.4120	0.3083	0.2314	0.1741	0.1314	0.0994	0.0754	0.0573

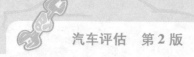

（续）

期数	11%	12%	13%	14%	15%	16%	17%	18%	19%	20%
1	0.9009	0.8929	0.8850	0.8772	0.8696	0.8621	0.8547	0.8475	0.8403	0.8333
2	0.8116	0.7972	0.7831	0.7695	0.7561	0.7432	0.7305	0.7182	0.7062	0.6944
3	0.7312	0.7118	0.6931	0.6750	0.6575	0.6407	0.6244	0.6086	0.5934	0.5787
4	0.6587	0.6355	0.6133	0.5921	0.5718	0.5523	0.5337	0.5158	0.4987	0.4823
5	0.5935	0.5674	0.5428	0.5194	0.4972	0.4761	0.4561	0.4371	0.4190	0.4019
6	0.5346	0.5066	0.4803	0.4556	0.4323	0.4104	0.3898	0.3704	0.3521	0.3349
7	0.4817	0.4523	0.4251	0.3996	0.3759	0.3538	0.3332	0.3139	0.2959	0.2791
8	0.4339	0.4039	0.3762	0.3506	0.3269	0.3050	0.2848	0.2660	0.2487	0.2326
9	0.3909	0.3606	0.3329	0.3075	0.2843	0.2630	0.2434	0.2255	0.2090	0.1938
10	0.3522	0.3220	0.2946	0.2697	0.2472	0.2267	0.2080	0.1911	0.1756	0.1615
11	0.3173	0.2875	0.2607	0.2366	0.2149	0.1954	0.1778	0.1619	0.1476	0.1346
12	0.2858	0.2567	0.2307	0.2076	0.1869	0.1685	0.1520	0.1372	0.1240	0.1122
13	0.2575	0.2292	0.2042	0.1821	0.1625	0.1452	0.1299	0.1163	0.1042	0.0935
14	0.2320	0.2046	0.1807	0.1597	0.1413	0.1252	0.1110	0.0985	0.0876	0.0779
15	0.2090	0.1827	0.1599	0.1401	0.1229	0.1079	0.0949	0.0835	0.0736	0.0649
16	0.1883	0.1631	0.1415	0.1229	0.1069	0.0930	0.0811	0.0708	0.0618	0.0541
17	0.1696	0.1456	0.1252	0.1078	0.0929	0.0802	0.0693	0.0600	0.0520	0.0451
18	0.1528	0.1300	0.1108	0.0946	0.0808	0.0691	0.0592	0.0508	0.0437	0.0376
19	0.1377	0.1161	0.0981	0.0829	0.0703	0.0596	0.0506	0.0431	0.0367	0.0313
20	0.1240	0.1037	0.0868	0.0728	0.0611	0.0514	0.0433	0.0365	0.0308	0.0261
21	0.1117	0.0926	0.0768	0.0638	0.0531	0.0443	0.0370	0.0309	0.0259	0.0217
22	0.1007	0.0826	0.0680	0.0560	0.0462	0.0382	0.0316	0.0262	0.0218	0.0181
23	0.0907	0.0738	0.0601	0.0491	0.0402	0.0329	0.0270	0.0222	0.0183	0.0151
24	0.0817	0.0659	0.0532	0.0431	0.0349	0.0284	0.0231	0.0188	0.0154	0.0126
25	0.0736	0.0588	0.0471	0.0378	0.0304	0.0245	0.0197	0.0160	0.0129	0.0105
26	0.0663	0.0525	0.0417	0.0331	0.0264	0.0211	0.0169	0.0135	0.0109	0.0087
27	0.0597	0.0469	0.0369	0.0291	0.0230	0.0182	0.0144	0.0115	0.0091	0.0073
28	0.0538	0.0419	0.0326	0.0255	0.0200	0.0157	0.0123	0.0097	0.0077	0.0061
29	0.0485	0.0374	0.0289	0.0224	0.0174	0.0135	0.0105	0.0082	0.0064	0.0051
30	0.0437	0.0334	0.0256	0.0196	0.0151					

（续）

期数	21%	22%	23%	24%	25%	26%	27%	28%	29%	30%
1	0.8264	0.8197	0.8130	0.8065	0.8000	0.7937	0.7874	0.7813	0.7752	0.7692
2	0.6830	0.6719	0.6610	0.6504	0.6400	0.6299	0.6200	0.6104	0.6009	0.5917
3	0.5645	0.5507	0.5374	0.5245	0.5120	0.4999	0.4882	0.4768	0.4658	0.4552
4	0.4665	0.4514	0.4369	0.4230	0.4096	0.3968	0.3844	0.3725	0.3611	0.3501
5	0.3855	0.3700	0.3552	0.3411	0.3277	0.3149	0.3027	0.2910	0.2799	0.2693
6	0.3186	0.3033	0.2888	0.2751	0.2621	0.2499	0.2383	0.2274	0.2170	0.2072
7	0.2633	0.2486	0.2348	0.2218	0.2097	0.1983	0.1877	0.1776	0.1682	0.1594
8	0.2176	0.2038	0.1909	0.1789	0.1678	0.1574	0.1478	0.1388	0.1304	0.1226
9	0.1799	0.1670	0.1552	0.1443	0.1342	0.1249	0.1164	0.1084	0.1011	0.0943
10	0.1486	0.1369	0.1262	0.1164	0.1074	0.0992	0.0916	0.0847	0.0784	0.0725
11	0.1228	0.1122	0.1026	0.0938	0.0859	0.0787	0.0721	0.0662	0.0607	0.0558
12	0.1015	0.0920	0.0834	0.0757	0.0687	0.0625	0.0568	0.0517	0.0471	0.0429
13	0.0839	0.0754	0.0678	0.0610	0.0550	0.0496	0.0447	0.0404	0.0365	0.0330
14	0.0693	0.0618	0.0551	0.0492	0.0440	0.0393	0.0352	0.0316	0.0283	0.0254
15	0.0573	0.0507	0.0448	0.0397	0.0352	0.0312	0.0277	0.0247	0.0219	0.0195
16	0.0474	0.0415	0.0364	0.0320	0.0281	0.0248	0.0218	0.0193	0.0170	0.0150
17	0.0391	0.0340	0.0296	0.0258	0.0225	0.0197	0.0172	0.0150	0.0132	0.0116
18	0.0323	0.0279	0.0241	0.0208	0.0180	0.0156	0.0135	0.0118	0.0102	0.0089
19	0.0267	0.0229	0.0196	0.0168	0.0144	0.0124	0.0107	0.0092	0.0079	0.0068
20	0.0221	0.0187	0.0159	0.0135	0.0115	0.0098	0.0084	0.0072	0.0061	0.0053
21	0.0183	0.0154	0.0129	0.0109	0.0092	0.0078	0.0066	0.0056	0.0048	0.0040
22	0.0151	0.0126	0.0105	0.0088	0.0074	0.0062	0.0052	0.0044	0.0037	0.0031
23	0.0125	0.0103	0.0086	0.0071	0.0059	0.0049	0.0041	0.0034	0.0029	0.0024
24	0.0103	0.0085	0.0070	0.0057	0.0047	0.0039	0.0032	0.0027	0.0022	0.0018
25	0.0085	0.0069	0.0057	0.0046	0.0038	0.0031	0.0025	0.0021	0.0017	0.0014
26	0.0070	0.0057	0.0046	0.0037	0.0030	0.0025	0.0020	0.0016	0.0013	0.0011
27	0.0058	0.0047	0.0037	0.0030	0.0024	0.0019	0.0016	0.0013	0.0010	0.0008
28	0.0048	0.0038	0.0030	0.0024	0.0019	0.0015	0.0012	0.0010	0.0008	0.0006
29	0.0040	0.0031	0.0025	0.0020	0.0015	0.0012	0.0010	0.0008	0.0006	0.0005
30										

附录 F　河南地区一类维修企业部分车型维修标准

附表 F-1　车辆购置价8万~20万车型维修标准—钣喷修理

费用/元 修理部位	钣金			拆装换件工时费用	漆料费
	小	中	大		
前杠(后杠)	76		152	48	304(上152　下152)
前杠衬(后杠衬)				前30后26	
前叶子板	49	83	125	38	266
散热器大框	38	80	114	133	152
前机盖	87	152	190	57	460
前轮旋	114	152	228	152	190
前后纵梁(一根)	152	304	760	500	152
前围	114	152	228		190
前风窗立柱	76	114	152		114
前立柱(A柱)	38	57	76	114	114
前门(后门)	68	106	163	152	266(上152　下152)
中立柱(B柱)	38	114	190	114	114
大边(铁)	152	190	266	190	114
车顶	95	190	304	304	456
车底板驾驶室内	38	152	323		228
后叶子板	80	120	200	380(拆风窗456)	288
行李箱盖	87	152	209	57	430
后围	57	114	190	76	190
后车底板	114	152	190	266	152

附表 F-2　车辆购置价8万~20万车型维修标准—钣金修理

费用/元 修理部位	换件工时费用	漆料费	费用/元 修理部位	换件工时费用	漆料费
全车		3040(抛光190)	机盖拉索	57	
反光镜	38	57	机盖锁	30	
车身门框/个		76	门锁	57　机构76	
门装饰条/个	18	38	车门总成支架	152	
门把手	57	30	开门装置	30	
后车门内饰板	57		车门内饰板/个	38	
车顶装饰板	190		车门密封条	30	
后门装饰板	57		后保险杠底护板	30	
靠背框架	114		后杠支撑	14	
后座椅坐垫	18		前风窗玻璃	114	
头枕	3		前车门玻璃	57/导轨76	
后车门下装饰板	30		烤漆附件	38	
门下护板	30	114	烤漆件	32/20	
底大边护板	30	76	A柱饰板	18	
划痕处理/道		38(抛光18)	B柱内装饰板	45	
漆面局部修补		小114 中171 大2280	C柱内饰板	45	
漆面局部抛光/块		22	行李箱盖上饰板	30	
更换车身	6460-83600 含喷漆	总成大修除外	导轨	38	
全车打蜡		高级76 普通18	后座椅靠背	57	
行李箱锁	上38 下32 机构38		后座椅框架	114	
行李箱亮条	30		后车门装饰条	30	
行李箱密封条	30				

附表 F-3　车辆购置价 8 万 ~ 20 万车型维修标准—机修部分

费用/元 维修项目	修理配件	更换配件	费用/元 维修项目	修理配件	更换配件
更换转向柱上部		190	调整制动开关		22
更换转向机、四轮定位		456	拆装制动踏板		58
拆装转向机护套		57	拆装前制动托架		22
拆装转向横拉杆、四轮定位		304	拆装后制动托架		30
拆装横拉杆球头、四轮定位		190	拆装前制动盘护板		22
更换两横拉杆球头、定位		323	拆装两前制动盘护板		45
拆装转向机减振器		87	拆装后制动盘护板		22
拆装助力转向软管、排气		87	更换前制动片		38
拆装转向储液罐、排气		87	更换后制动片		38
更换转向助力泵、排气		171	更换前制动盘（含换片）		48
更换后减振器		38	更换两前制动盘（含换片）		91
拆装两后减振器		76	更换后制动盘（含换片）		45
拆装单个车轮		4	更换两后制动盘（含换片）		91
前后轮胎调位		45	拆装驻车制动拉杆		76
平衡单个车轮（含拆装）		30	调整驻车制动拉索		22
两前轮平衡（含拆装）		60	拆装驻车制动拉索		40
四轮动平衡		120	调整驻车制动开关		38
更换单个车轮总成（不含平衡）		11	制动系统排气		38
更换两轮总成（不含平衡）		22	拆装制动液高度传感器		22
更换两个轮胎外胎（不含平衡）		30	更换制动总泵（含排气）		57
更换单个外胎（不含平衡）		15	拆装前制动钳（含排气）		57
四轮定位（不含调整）		152	修理前制动钳（含排气）		76
四轮定位（含调整）		228	拆装后制动钳（含排气）		57
更换前轮转速传感器（不含检测）		28	拆装两后制动钳（含排气）		114
更换后轮转速传感器（不含检测）		28	更换制动助力器		57
更换制动液压高度传感器		20	拆装点火锁芯		38

（续）

维修项目	修理配件	更换配件	维修项目	修理配件	更换配件
大修发动机（4缸含拆装）	1300		更换气缸盖（4缸）		380
大修发动机（6缸含拆装）	1750		更换气缸盖（6缸）		570
更换发动机机爪	190		拆装机油冷却器		38
更换曲轴	1520		更换发动机小油底壳（6缸）		114
更换发动机传动带	76		更换发动机大油底壳		228
更换发动机油底（4缸）	152		更换硅油风扇耦合器		38
拆装自动变速器	380		拆装手动变速器		380
更换发动机传动带及涨紧轮	140		更换液压单元（含排气）		70
更换副车架（前桥）	228		更换 ABS 和 EDS 控制单元		150
更换下控制臂	76		拆装转向盘		45
更换左半轴内球笼	114		更换喇叭及气囊划坏		128
拆装稳定杆连接件	76		拆装转向柱上部		114
更换左侧前减振器	106		拆装发动机（4缸）		570
更换两前减振器	190		拆装发动机（6缸）		760
拆装后桥总成	190		自动变速器大修（含拆装）		1140
更换左侧后减振器	87		更换自动变速器油及变滤		76
拆装两后减振器	182		更换散热器		38
修理前座椅	106		更换油箱		76
更换前座椅框架	114		清洗节气门及进气道6缸		152

附表 F-4　车辆购置价 8 万～20 万车型维修标准—电工部分

维修项目	修理配件	更换配件
电脑检测（含电脑消码）		361
拆装驾驶人安全气囊		216
更换蒸发器		76
拆装鼓风机		57
更换仪表总成（含匹配）		148
更换汽车低音喇叭		38
检查电器系统（VAG1466）		38
拆装控制电器		57
更换收音机		47
更换前照灯清洗喷水器/个		47
更换并调整前照灯		47
更换后牌照板		30
更换左尾灯		19

（续）

费用/元 维修项目	修理配件	更换配件
更换右电动后视镜		76
更换发电机（6 缸）		76
空调抽空加 R134a（含料）		228
拆装侧面转向灯		18
更换雾灯		30
拆装副驾驶人 安全气囊		684
拆装鼓风机		57
更换冷凝器（不含加 134）		38
更换电子扇		57
更换空气流量计		76
仪表台拆装		380
加冷媒 R134a（含料）	固定费用：180	

参 考 文 献

[1] 刘仲国，鲁植雄．旧机动车鉴定与评估［M］．2版．北京：人民交通出版社，2013.

[2] 何宝文，王海宝．汽车评估［M］．大连：大连理工大学出版社，2009.

[3] 张宪华．出险汽车损伤评估与修复技术标准实用手册［M］．北京：银声音像出版社，2004.

[4] 平狄克·鲁宾费尔德．微观经济学［M］．张军，等译．8版．北京：中国人民大学出版社，2013.

[5] 魏学志．旧机动车鉴定估价标准、交易规范及旧机动车鉴定估价师业务操作实用手册［M］．北京：人民交通出版社，2004.

[6] 曹剑峰．财务管理［M］．北京：经济科学出版社，2014.

[7] 杨晓晨．精明之选：二手车买卖实战技巧与案例分析［M］．北京：机械工业出版社，2009.

任 务 工 单

任务工单一

任务名称	车辆的简易估价		学时	4	班 级	
学生姓名			学生学号		任务成绩	
实训设备			实训场地		日 期	
客户任务	根据客户提供的简单车辆信息,做初步估价					
任务目的	正确使用整车观测法和重置成本法估算车辆价格					

一、资讯

1. 整车观测法有何特点?

_____

_____

_____

2. 重置成本法的具体内容和计算方法。

_____

_____

_____

3. 简易估价需要哪些车辆信息?

_____

_____

_____

二、决策与计划

根据任务要求,确定需要的车辆信息,制订详细的工作步骤。

1. 根据提供的车辆信息明确计算步骤。

_____

_____

_____

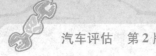

2. 讨论确定各个具体计算参数的选择标准。

_____

_____

_____

3. 分析影响参数选择的各种因素。
(1) _____
(2) _____
(3) _____
(4) _____

三、实施

1. 实践练习时所用车辆有何特点？

_____

_____

_____

2. 估算车辆价格时应该注意的问题。

_____

_____

_____

3. 记录在计算过程中遇到的问题。

_____

_____

_____

四、检查与评估

1. 检查车辆价格的计算结果是否符合实际。

2. 根据任务完成的情况进行自我评估，并提出改进意见。

3. 教师对小组工作情况进行评估和点评。

_____

_____

_____

4. 学生本次任务成绩：_____。

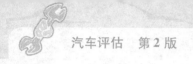
任务工单二

任务名称	标准流程的车辆估价	学时	8	班 级	
学生姓名		学生学号		任务成绩	
实训设备		实训场地		日 期	
客户任务	根据客户提供的车辆信息，对车辆进行正确估价				
任务目的	按照评估的标准流程估算车辆价格				

一、资讯

1. 计价标准的类型及适用范围。

_____

_____

_____

2. 车辆折旧的常用计算方法及适用场合。

_____

_____

_____

3. 车辆成新率的计算及调整方法。

_____

_____

_____

4. 机动车交易前需检查哪些凭证？

_____

_____

_____

二、决策与计划

根据提供的车辆信息，分步完成车辆的估价过程，明确工作内容及要求。

1. 根据车辆估价的工作内容明确计算步骤。

_____

_____

_____

2. 讨论确定各个具体计算参数的选择标准。

_____

_____

_____

3. 分析影响参数选择的各种因素。

（1）_____

（2）_____

（3）_____

（4）_____

三、实施

1. 实践练习时所用车辆有何特点?

_____

_____

_____

2. 估算车辆价格时应该注意的问题。

_____

_____

_____

3. 记录在计算过程中遇到的问题。

_____

_____

_____

四、检查与评估

1. 检查车辆价格的计算结果是否符合实际。

2. 根据任务完成的情况进行自我评估，并提出改进意见。

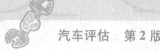
3. 教师对小组工作情况进行评估和点评。

_____

_____

_____

4. 学生本次任务成绩：_____。

任务工单三

任务名称	经营性车辆的估价	学时	6	班 级	
学生姓名		学生学号		任务成绩	
实训设备		实训场地		日 期	
客户任务	根据客户提供的车辆信息，对车辆进行正确估价				
任务目的	按照评估的标准流程估算车辆价格				

一、资讯

1. 货币时间价值与车辆估价的关系。

_____

_____

_____

2. 经营性车辆的现金流入类型和相对应的计算公式。

_____

_____

_____

3. 折现率的选择及其对车辆估价金额的影响。

_____

_____

_____

二、决策与计划

根据提供的车辆信息，分步完成车辆的估价过程，明确工作内容及要求。

1. 根据经营性车辆的特点明确计算步骤。

_____

_____

_____

2. 讨论确定各个具体计算参数的数值。

_____

_____

_____

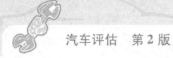
3. 分析影响参数选择的各种因素。

(1) _____

(2) _____

(3) _____

(4) _____

三、实施

1. 比较不同折现率对计算结果的影响。

_____

_____

_____

2. 估算车辆价格时应该注意的问题。

_____

_____

_____

3. 记录在计算过程中遇到的问题。

_____

_____

_____

四、检查与评估

1. 检查车辆价格的计算结果是否符合实际。

2. 根据任务完成的情况进行自我评估，并提出改进意见。

3. 教师对小组工作情况进行评估和点评。

_____

_____

_____

4. 学生本次任务成绩：_____。

任务工单四

任务名称	其他类型的车辆估价	学时	2	班级	
学生姓名		学生学号		任务成绩	
实训设备		实训场地		日期	
客户任务	根据客户提供的车辆信息，对车辆进行正确估价				
任务目的	按照评估的标准流程估算车辆价格				

一、资讯

1. 现行市价法的计算方法和注意事项。

_____

_____

_____

2. 清算价格法的计算方法和使用范围。

_____

_____

_____

3. 现行市价法和清算价格法的优缺点。

_____

_____

_____

二、决策与计划

根据提供的车辆信息，分步完成车辆的估价过程，明确工作内容及要求。

1. 根据车辆估价的工作内容明确计算步骤。

_____

_____

_____

2. 讨论确定各个具体计算参数的数值。

_____

_____

_____

3. 分析影响估价计算方法选择的各种因素。

(1) _____

(2) _____

(3) _____

(4) _____

三、实施

1. 实践练习时所用的参照物或参照数值具有哪些特殊性？

_____

_____

_____

2. 采用现行市价法和清算价格在估算车辆价格时应该注意哪些问题？

_____

_____

_____

3. 记录在计算过程中遇到的问题。

_____

_____

_____

四、检查与评估

1. 检查车辆价格的计算结果是否符合实际。

2. 根据任务完成的情况进行自我评估，并提出改进意见。

3. 教师对小组工作情况进行评估和点评。

_____

_____

_____

4. 学生本次任务成绩：_____。

任务工单五

任务名称	车辆技术状况静态检查	学时	10	班 级	
学生姓名		学生学号		任务成绩	
实训设备		实训场地		日 期	
客户任务	对车辆性能做出鉴定，识别事故和问题车辆				
任务目的	通过目测或简单工具了解车辆的工作性能				

一、资讯

1. 车辆静态检查的项目和内容。

_____

_____

_____

2. 车辆钣金和涂装的检查方法。

_____

_____

_____

3. 车辆机械和电器设备的检查方法。

_____

_____

_____

二、决策与计划

分布完成车辆的检查过程，明确工作内容及要求。

1. 根据车辆的具体情况明确检查步骤。

_____

_____

_____

2. 记录车辆的可疑特征。

_____

_____

_____

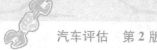
3. 讨论分析车辆可疑特征的处理结果。

（1）_____

（2）_____

（3）_____

（4）_____

三、实施

1. 说明练习车辆的鉴定结果。

_____

_____

_____

2. 记录在分析鉴别过程中遇到的问题。

_____

_____

_____

3. 总结车辆在静态检查时的注意事项。

_____

_____

_____

四、检查与评估

1. 检查车辆的鉴定结果是否符合实际。

2. 根据任务完成的情况进行自我评估，并提出改进意见。

3. 教师对小组工作情况进行评估和点评。

_____

_____

_____

4. 学生本次任务成绩：_____。

任务工单六

任务名称	车辆技术状况动态检查	学时	4	班　级	
学生姓名		学生学号		任务成绩	
实训设备		实训场地		日　期	
客户任务	对车辆性能做出鉴定，识别事故和问题车辆				
任务目的	通过目测或简单工具了解车辆的工作性能				

一、资讯

1. 车辆动态检查的项目和内容。

_____

_____

_____

2. 车辆起动后各个设备的检查方法。

_____

_____

_____

3. 在试车时车辆工作性能的检查方法。

_____

_____

_____

二、决策与计划

分步完成车辆的检查过程，明确工作内容及要求。

1. 根据车辆的具体情况明确检查步骤。

_____

_____

_____

2. 记录车辆的可疑特征。

_____

_____

_____

3. 讨论分析车辆可疑特征的处理结果。

（1）＿＿＿＿＿＿＿＿＿＿＿＿＿＿＿＿＿＿＿＿＿＿＿＿＿＿＿＿
（2）＿＿＿＿＿＿＿＿＿＿＿＿＿＿＿＿＿＿＿＿＿＿＿＿＿＿＿＿
（3）＿＿＿＿＿＿＿＿＿＿＿＿＿＿＿＿＿＿＿＿＿＿＿＿＿＿＿＿
（4）＿＿＿＿＿＿＿＿＿＿＿＿＿＿＿＿＿＿＿＿＿＿＿＿＿＿＿＿

三、实施

1. 阐述练习车辆的鉴定结果。

＿＿＿＿＿＿＿＿＿＿＿＿＿＿＿＿＿＿＿＿＿＿＿＿＿＿＿＿＿＿＿＿＿
＿＿＿＿＿＿＿＿＿＿＿＿＿＿＿＿＿＿＿＿＿＿＿＿＿＿＿＿＿＿＿＿＿
＿＿＿＿＿＿＿＿＿＿＿＿＿＿＿＿＿＿＿＿＿＿＿＿＿＿＿＿＿＿＿＿＿

2. 记录在分析鉴别过程中遇到的问题。

＿＿＿＿＿＿＿＿＿＿＿＿＿＿＿＿＿＿＿＿＿＿＿＿＿＿＿＿＿＿＿＿＿
＿＿＿＿＿＿＿＿＿＿＿＿＿＿＿＿＿＿＿＿＿＿＿＿＿＿＿＿＿＿＿＿＿
＿＿＿＿＿＿＿＿＿＿＿＿＿＿＿＿＿＿＿＿＿＿＿＿＿＿＿＿＿＿＿＿＿

3. 总结车辆在动态检查时的注意事项。

＿＿＿＿＿＿＿＿＿＿＿＿＿＿＿＿＿＿＿＿＿＿＿＿＿＿＿＿＿＿＿＿＿
＿＿＿＿＿＿＿＿＿＿＿＿＿＿＿＿＿＿＿＿＿＿＿＿＿＿＿＿＿＿＿＿＿
＿＿＿＿＿＿＿＿＿＿＿＿＿＿＿＿＿＿＿＿＿＿＿＿＿＿＿＿＿＿＿＿＿

四、检查与评估

1. 检查车辆的鉴定结果是否符合实际。

2. 根据任务完成的情况进行自我评估，并提出改进意见。

3. 教师对小组工作情况进行评估和点评。

＿＿＿＿＿＿＿＿＿＿＿＿＿＿＿＿＿＿＿＿＿＿＿＿＿＿＿＿＿＿＿＿＿
＿＿＿＿＿＿＿＿＿＿＿＿＿＿＿＿＿＿＿＿＿＿＿＿＿＿＿＿＿＿＿＿＿
＿＿＿＿＿＿＿＿＿＿＿＿＿＿＿＿＿＿＿＿＿＿＿＿＿＿＿＿＿＿＿＿＿

4. 学生本次任务成绩：＿＿＿＿＿＿＿＿＿＿＿＿＿＿＿＿。

任务工单七

任务名称	车辆常见故障维修费用评估	学时	10	班 级	
学生姓名		学生学号		任务成绩	
实训设备		实训场地		日 期	
客户任务	根据车辆的故障现象估算维修费用				
任务目的	掌故各种常见故障现象的产生原因和维修项目计费方法				

一、资讯

1. 车辆故障的外观特征有哪些?

_____

_____

_____

2. 发动机常见故障和产生原因有哪些?

_____

_____

_____

3. 底盘常见故障和产生原因有哪些?

_____

_____

_____

二、决策与计划

根据任务要求,确定所需要的车辆信息,制订详细的工作步骤。

1. 根据所提供的车辆信息明确计算步骤。

_____

_____

_____

2. 讨论确定各个具体计算参数的选择标准。

_____

_____

_____

3．分析影响维修费用的各种因素。

（1）＿＿＿＿＿＿＿＿＿＿＿＿＿＿＿＿＿＿＿＿＿＿＿＿＿＿＿

（2）＿＿＿＿＿＿＿＿＿＿＿＿＿＿＿＿＿＿＿＿＿＿＿＿＿＿＿

（3）＿＿＿＿＿＿＿＿＿＿＿＿＿＿＿＿＿＿＿＿＿＿＿＿＿＿＿

（4）＿＿＿＿＿＿＿＿＿＿＿＿＿＿＿＿＿＿＿＿＿＿＿＿＿＿＿

三、实施

1．实践练习所用车辆有何特点？

＿＿＿＿＿＿＿＿＿＿＿＿＿＿＿＿＿＿＿＿＿＿＿＿＿＿＿＿＿＿＿

＿＿＿＿＿＿＿＿＿＿＿＿＿＿＿＿＿＿＿＿＿＿＿＿＿＿＿＿＿＿＿

＿＿＿＿＿＿＿＿＿＿＿＿＿＿＿＿＿＿＿＿＿＿＿＿＿＿＿＿＿＿＿

2．估算车辆维修费用时应该注意的问题。

＿＿＿＿＿＿＿＿＿＿＿＿＿＿＿＿＿＿＿＿＿＿＿＿＿＿＿＿＿＿＿

＿＿＿＿＿＿＿＿＿＿＿＿＿＿＿＿＿＿＿＿＿＿＿＿＿＿＿＿＿＿＿

＿＿＿＿＿＿＿＿＿＿＿＿＿＿＿＿＿＿＿＿＿＿＿＿＿＿＿＿＿＿＿

3．记录在计算过程中所遇到的问题。

＿＿＿＿＿＿＿＿＿＿＿＿＿＿＿＿＿＿＿＿＿＿＿＿＿＿＿＿＿＿＿

＿＿＿＿＿＿＿＿＿＿＿＿＿＿＿＿＿＿＿＿＿＿＿＿＿＿＿＿＿＿＿

＿＿＿＿＿＿＿＿＿＿＿＿＿＿＿＿＿＿＿＿＿＿＿＿＿＿＿＿＿＿＿

四、检查与评估

1．检查车辆维修费用的计算结果是否符合实际。

2．请根据自己任务完成的情况，对自己的工作进行自我评估，并提出改进意见。

3．教师对小组工作情况进行评估，并进行点评。

＿＿＿＿＿＿＿＿＿＿＿＿＿＿＿＿＿＿＿＿＿＿＿＿＿＿＿＿＿＿＿

＿＿＿＿＿＿＿＿＿＿＿＿＿＿＿＿＿＿＿＿＿＿＿＿＿＿＿＿＿＿＿

＿＿＿＿＿＿＿＿＿＿＿＿＿＿＿＿＿＿＿＿＿＿＿＿＿＿＿＿＿＿＿

4．学生本次任务成绩：＿＿＿＿＿＿＿＿＿＿＿＿＿。

任务工单八

任务名称	车辆的收购与销售定价	学时	2	班　级	
学生姓名		学生学号		任务成绩	
实训设备		实训场地		日　期	
客户任务	制订待评估车辆的收购与销售价格				
任务目的	通过对车辆价值的分析估算车辆的市场价格				

一、资讯

1. 二手车经营企业的工作内容。

_____

_____

_____

2. 二手车收购价格的计算方法。

_____

_____

_____

3. 二手车销售定价的计算方法。

_____

_____

_____

二、决策与计划

根据提供的车辆信息，分步完成车辆的估价过程，明确工作内容及要求。

1. 根据车辆的具体情况制定收购定价和销售定价。

_____

_____

_____

2. 确定车辆的翻新维修内容和利润空间。

_____

_____

_____

3. 分析影响销售定价的各种因素。

（1）_____

（2）_____

（3）_____

（4）_____

三、实施

1. 采取的翻新措施对销售的影响。

_____

_____

_____

2. 估算车辆价格时应该注意的问题。

_____

_____

_____

3. 记录在计算过程中遇到的问题。

_____

_____

_____

四、检查与评估

1. 检查车辆价格的计算结果是否符合实际。

2. 根据任务完成的情况进行自我评估，并提出改进意见。

3. 教师对小组工作情况进行评估和点评。

_____

_____

_____

4. 学生本次任务成绩：_____。

任务工单九

任务名称	车辆碰撞损伤评估	学时	10	班 级	
学生姓名		学生学号		任务成绩	
实训设备		实训场地		日 期	
客户任务	对事故车辆的维修价格做出初步的估算				
任务目的	通过对事故车辆损坏零件的检查制订正确的维修工艺				

一、资讯

1. 车辆钣金结构的组成内容。

_____

_____

_____

2. 车辆机械和电器设备的安装位置。

_____

_____

_____

3. 车辆在受到任意方向碰撞时的损伤分析。

_____

_____

_____

二、决策与计划

分步完成车辆的检查过程，明确工作内容及要求。

1. 根据练习车辆的具体情况确定维修内容。

_____

_____

_____

2. 根据损坏零部件的具体情况确定维修方法。

_____

_____

_____

3. 讨论分析练习车辆疑难问题的处理结果。

(1) _____

(2) _____

(3) _____

(4) _____

三、实施

1. 阐述练习车辆的鉴定结果。

_____

_____

_____

2. 记录在损坏零件的分析过程中遇到的问题。

_____

_____

_____

3. 总结车辆在维修估价时的注意事项。

_____

_____

_____

四、检查与评估

1. 检查车辆的鉴定结果是否符合实际。

2. 根据任务完成的情况进行自我评估，并提出改进意见。

3. 教师对小组工作情况进行评估和点评。

_____

_____

_____

4. 学生本次任务成绩：_____。